개정판

The Tree of Life

생명나무학교

지도자용

생명나무학교 (지도자용) – 개정판

2010년 9월 30일 인쇄
2010년 10월 5일 발행

지은이 | 소강석
발행인 | 이형규
발행처 | 쿰란출판사
디자인 | 디자인퍼플 031-782-9005(010-4315-8194)

주소 | 서울 종로구 이화동 184-3
TEL | 02-745-1007, 745-1301~2, 747-1212, 743-1300
영업부 | 02-747-1004, FAX / 02-745-8490
본사평생전화번호 | 0502-756-1004
홈페이지 | http://www.qumran.co.kr
E-mail | qumran@hitel.net
qumran@paran.com
한글인터넷주소 | 쿰란, 쿰란출판사

등록 | 제1-670호(1988.2.27)

책임교열 | 최진희 · 김숙희

값 13,000원

ISBN 978-89-5922-960-4 94230
978-89-5922-831-7 (세트)

개정판

The Tree of Life

생명나무학교

지도자용

개정판

The Tree of Life

생명나무학교

Contents

생명나무학교 차례

생명나무학교 지도자용 가이드

유의사항

1과 선악과나무를 아십니까? 09

2과 생명나무를 아십니까? 31

3과 오늘날 우리에게 있어서 무엇이 선악과를 따 먹는 것입니까? 61

4과 선악과를 따 먹으면(선택하면) 어떤 결과가 임합니까? 83

5과 사탄은 어떻게 선악과를 따 먹도록(선택하도록) 유혹합니까? 101

6과 선악과를 선택한 사람들 I – 함 119

7과 선악과를 선택한 사람들 II – 사울, 고라, 다단, 아비람, 온 135

8과 선악과를 선택한 사람들 III – 마르다, 헤롯, 바리새인, 제사장 155

9과 오늘날 우리에게 있어서 무엇이 생명나무를 선택하는 것입니까? 173

10과 생명나무를 선택하면 어떤 결과가 임합니까? 195

11과 생명나무를 선택한 사람들 I – 이삭 211

12과 생명나무를 선택한 사람들 II – 에스더와 모르드개 231

13과 생명나무를 선택한 사람들 III – 다윗 255

14과 생명나무를 선택한 사람들 IV – 마리아 275

15과 어떻게 생명나무를 선택할 것입니까? I 293

16과 어떻게 생명나무를 선택할 것입니까? II 313

17과 교회 갈등과 생명나무 335

18과 생명나무로 교회의 영광을 회복하십시오 361

생명나무학교 지도자용 가이드

1. 본 교재를 강의하기 위해서는 생명나무학교 지도자용을 충분히 숙지해야 합니다.
   지도자용을 충분히 숙지한 이후에 자신의 말로 바꾸어서 강의해야 합니다.

2. 지도자용은 가급적이면 강의 시간에 사용하지 마십시오.
   지도자용의 내용은 이미 강의 전에 숙지하고 있어야 합니다. 지도자가 강의 시간에 책을 보고 한다면 전달하는 면에 있어서 많은 한계가 있습니다.
   가급적 지도자도 강의 이전에 지도자용을 읽고 자신의 것으로 만든 이후에 교육에 임하는 것이 좋습니다.

3. 서로 나눔을 위해서 조별로 움직이는 것이 좋습니다.
   전체 성경공부를 인도할 수 있는 성도를 총무로 세워야 합니다. 나눔에 있어서 전체 나눔을 가질 수도 있고 조별 나눔으로 끝낼 수도 있으며 조별 나눔이 끝난 이후에 의미 있는 나눔에 대해서 조별끼리 발표해도 됩니다.

4. 각조는 5-6명의 그룹으로 구성합니다.
   너무 많으면 모든 사람들이 대화할 수 있는 기회가 줄어듭니다. 또한 너무 적으면 대화가 금방 끝나므로 다른 조와의 일치를 위해 5-6명으로 한 조를 구성하는 것이 좋습니다.

5. 지도자는 반드시 한 과를 한 번에 끝내지 않아도 좋습니다.
   지도자는 성도들의 정확한 이해를 도와야 하며 충분한 피드백을 통해 생명나무 신앙인으로 양육하는 것을 목적으로 해야 합니다.

6. 생명나무 강의를 진행할 때는, 이론에 해당되는 과(1-5, 9-10, 15-18과)는 교재에 충실하게 교수합니다. 그러나 교회 일정과 상황에 따라 시간이 단축되면 인물을 다루는(6-8, 11-14과) 과는 요약 설명하여 시간을 조정할 수 있습니다.

7. 한 과의 마무리는 '생명나무 멘토링'을 참석한 성도들이 읽고 전체를 정리한 이후에 지도자가 그 교훈을 정리하여 격려하는 메시지로 끝마칩니다.

8. 지도자는 성도들이 주중에 각과를 예습하고, 각과를 마친 후에는 생명나무 다이어리를 써 오도록 지도합니다.

9. 생명나무 다이어리를 활용하여 간증의 시간을 갖거나, 다이어리를 벽에 게시하여 감동을 나누고 시상도 할 수 있습니다. 교재의 전과를 마치면 생명나무 소감이나 수업을 받으면서 일어났던 삶의 변화를 간증하는 시간을 가집니다.

10. 생명나무학교 기수가 끝나면 생명나무학교 수료증을 수여합니다.

유의 사항

1. 생명나무반에 입교하신 것을 축하합니다.
   생명나무반은 신앙생활의 본질이며 정수입니다. 성경 중심의 신앙생활로의 체질 개선 및 신앙의 새판짜기를 위한 필수 과정입니다. 생명나무를 통해 하나님이 원하시는 깊은 뜻을 재점검하시기 바랍니다.

2. 말씀을 전하는 지도자를 사랑하며 신뢰하십시오.
   말씀을 전하는 지도자와 좋은 관계를 맺고 있을 때 더 깊은 은혜를 경험할 수 있습니다. 뿐만 아니라 옥토의 마음밭을 유지할 수 있습니다. 또한 지도자를 신뢰해야 합니다. 지도자가 성경공부 시간을 통해 선포하는 모든 내용은 성경을 근거로 한 것임을 절대로 잊지 말아야 합니다.

3. 모든 교육 일정에 따라 최선을 다해 임해 주십시오.
   생명나무 책을 같이 읽으면서 생명나무반 수업에 임하면 더 깊은 이해를 얻을 수 있습니다. 수업이 진행되기 앞서 꼭 그 과에 맞추어 생명나무 책을 읽는 것을 추천합니다.

4. 절대로 지각이나 결석을 해서는 안 됩니다.
   생명나무반은 매 강의마다 중요하지 않은 과가 없을 정로도 각과마다 다른 색깔의 의미가 있습니다 그러므로 결석을 해서는 안 됩니다. 또한 지각을 하는 것도 안 됩니다. 매 강의 시작에 모두 열린 마음으로 같이 시작할 수 있도록 제 시간에 출석해야 합니다.

5. 생명나무반이 진행되는 동안 오직 성경공부에 삶의 우선순위를 두어야 합니다.
   생명나무반을 진행하는 동안 많은 일들이 생길 수 있습니다. 하지만 생명나무반은 남는 시간을 드리는 것이 아니라 먼저 시간을 드려야 한다는 분명한 기준이 있어야 합니다. 절대로 다른 상황이나 여건과 타협하지 말고 생명나무반에 우선순위를 두어야 합니다.

6. 함께 생명나무반에 임하는 성도들과 깊은 교제를 해야 합니다.
   서로 나눔과 대화를 하는 데 있어서 열린 마음은 더 진솔한 나눔으로 인도합니다. 그러므로 같이 성경공부에 임하는 성도들과 마음을 열고 서로 깊은 교제를 나누어야 합니다.

7. 생명나무반은 실천 중심의 신앙생활을 지향합니다.
   생명나무반은 단지 지식 중심의 신앙생활이 아닌 실천 중심의 신앙 생활을 통한 체질 변화를 요구합니다. 그러므로 단지 말씀을 아는 것보다는 삶과 교회 안에서 어떻게 실천할 것인지를 먼저 고민해야 합니다.

생명나무학교 The Tree of Life

1과 선악과나무를 아십니까?

8여호와 하나님이 동방의 에덴에 동산을 창설하시고 그 지으신 사람을 거
기 두시니라 9여호와 하나님이 그 땅에서 보기에 아름답고 먹기에 좋은
나무가 나게 하시니 동산 가운데에는 생명나무와 선악을 알게 하는 나무
도 있더라 10강이 에덴에서 흘러나와 동산을 적시고 거기서부터 갈라져
네 근원이 되었으니 11첫째의 이름은 비손이라 금이 있는 하윌라 온 땅을
둘렀으며 12그 땅의 금은 순금이요 그곳에는 베델리엄과 호마노도 있으며
13둘째 강의 이름은 기혼이라 구스 온 땅을 둘렀고 14셋째 강의 이름은 힛
데겔이라 앗수르 동쪽으로 흘렀으며 넷째 강은 유브라데더라 15여호와 하
나님이 그 사람을 이끌어 에덴 동산에 두어 그것을 경작하며 지키게 하
시고 16여호와 하나님이 그 사람에게 명하여 이르시되 동산 각종 나무의
열매는 네가 임의로 먹되 17선악을 알게 하는 나무의 열매는 먹지 말라 네
가 먹는 날에는 반드시 죽으리라 하시니라(창 2:8-17).

본문 묵상

하나님이 에덴 동산에 만드신 것은 무엇입니까?(9-10절)

에덴 동산을 적시고 에덴 동산에게 갈라져 네 근원이 된 강은 무엇입니까?(10-14절)

아담과 하와는 에덴 동산에 대해 어떤 책임이 있습니까?(15절)

하나님께서는 아담과 하와에게 선악과에 대해 어떤 명령을 하셨습니까?(17절)

도 입

1. 아이스 브레이크

- 어떻게 생명나무 성경 공부에 참여하게 되었는지 나누어 봅시다.
- 생명나무 성경 공부에 어떤 기대가 있습니까?

2. 찬양

3. 중보기도

- 세계 모든 민족과 하나님나라 확장을 위해
- 우리 교회의 부흥을 위해, 담임 목사님을 위해
- 생명나무반 참석자와 깨달음이 있는 시간이 되기 위해

4. 목적

- 1강에서는 선악과의 의미를 안다.
- 하나님께서 선악과를 만드신 이유, 먹지 말라고 하신 이유를 안다.
- 선악과를 따 먹는 것이 현실 가운데 어떤 의미인지를 안다.

생각하기 깨워 보기

선악과나무와 생명나무의 사건은 창세기 2장과 3장의 사건으로 이미 종결되었다. 지금 우리 앞에 존재하지 않는다. 우리는 지금 예수 그리스도의 완성된 구속의 빛 안에서 거듭난 하나님의 자녀로 살아가고 있다. 그럼에도 불구하고 우리는 선악과나무와 생명나무를 공부해야 한다. 신앙의 기원인 에덴 동산으로 거슬러 올라가, 혹은 구약의 배경과 언어를 통해 신앙의 본질이 무엇인가를 깨달아야 한다. 그래서 우리 안에 신앙의 본성의 판을 새롭게 짜야 한다. 왜냐하면 생명나무에는 신앙생활의 본질과 그 교훈이 담겨 있기 때문이다.

역사적으로 볼 때 선악과나무 사건은 단회적 사건으로 끝난 것이 사실이다. 창세기 3장에서 선악과나무를 통해서 사탄이 하와를 유혹하지 않았는가? 그리고 하나님께서 선악과나무와 생명나무를 더 이상 존재하지 않게 하였다. 그

러나 그 사건에 대한 교훈은 지금도 계속된다고 볼 수 있다. 왜냐하면 사탄이 선악과 사건의 패러다임을 가지고 지금도 끊임없이 우리를 유혹하고 있기 때문이다. 그런 의미에서 우리는 선악과나무와 그 사건을 공부하는 것이다.

많은 사람들이 창세기 2-3장을 읽을 때마다 이런 질문을 한다. "하나님은 왜 선악과를 만드셨을까?", "무엇 때문에 선악과를 만들어 놓으시고 인간을 시험하셨을까?" 여러분은 어떻게 생각해 왔는가? 그 질문의 답을 단지 추론하기에 앞서 성경을 통해 선악과나무에 대한 배경을 먼저 살펴보고 심도 있게 고찰하여 올바른 답을 찾아야 한다.

명심하기 본문 탐색

■ 에덴 동산의 크기

1. 에덴 동산은 얼마나 컸을까요?

〈창 2:10-14〉 10강이 에덴에서 흘러나와 동산을 적시고 거기서부터 갈라져 네 근
원이 되었으니 11첫째의 이름은 비손이라 금이 있는 하윌라 온 땅을 둘렀으며 12
그 땅의 금은 순금이요 그곳에는 베델리엄과 호마노도 있으며 13둘째 강의 이름
은 기혼이라 구스 온 땅을 둘렀고 14셋째 강의 이름은 힛데겔이라 앗수르 동쪽으
로 흘렀으며 넷째 강은 유브라데더라.

우리는 어쩌면 지금까지 에덴 동산을 하나의 조그만 앞동산이나 동네 뒷동산쯤으로 생각해 왔을지도 모른다. 그러나 성경을 보면 에덴 동산에서 강이 네 개나 흘러 나왔다고 기록을 하고 있다. 창세기 2장 11절에서는 '비손 강', 13절에서는 '기혼 강', 14절에서는 '힛데겔 강'과 '유브라데 강'이 발원

하는 것을 볼 수 있다. 그렇게 본다면 에덴 동산은 하나의 큰 산맥과도 같았을 것으로 추정해 볼 수 있다.

넓은 에덴 동산에서 선악과나무를 찾는 것은 쉬운 일이 아니다. 하지만 인간의 욕망이 이를 가능하게 했다고 추론해 볼 수 있다. 에덴 동산의 선악과나무는 하나이다. 네 개의 강이 흘렀다는 것은 에덴 동산이 적어도 지리산이나 설악산 정도는 되었다고 추정해 볼 수 있고, 선악과나무는 에덴 동산의 가운데 있었다. 성경에 분명하게 기록되어 있다.

2. 생명나무와 선악과는 에덴 동산의 어느 곳에 있었습니까?

〈창 2:9〉 여호와 하나님이 그 땅에서 보기에 아름답고 먹기에 좋은 나무가 나게 하시니 동산 가운데에는 생명나무와 선악을 알게 하는 나무도 있더라.

Q 에덴 동산의 크기에 비해 선악과 위치를 볼 때 선악과를 찾는 것은 어떠했을지 나누어 봅시다.

A 이런 큰 산맥 동산 한 중앙에 생명나무와 선악과나무가 있었던 것이다. 그런데 선악과나무는 단 한 그루였다. 다른 유실수는 수십, 수백만 그루가 있었을 것이다. 그런 수십, 수백만 그루의 유실수 가운데 동산 중앙에 있는 딱 한 그루의 선악과나무를 찾는 일은 쉽지 않았을 것이다.

3. 찾기 쉽지 않은 선악과를 찾아가 먹었다는 것은 우리 인간의 어떤 모습을 보여주고 있는지 다음 구절을 근거로 나누어 봅시다.

〈롬 7:5〉 우리가 육신에 있을 때에는 율법으로 말미암는 죄의 정욕이 우리 지체 중에 역사하여 우리로 사망을 위하여 열매를 맺게 하였더니.

인간의 욕망과 호기심이 바로 그 선악과를 찾게 하였다. 이렇게 찾기 힘든 선악과를, 산삼 뿌리를 찾는 것만큼 힘든 일일지 모를 선악과나무를 아담과 하와는 부지런히 찾아다녔던 것이다. 에덴 동산에는 순금과 각종 보석이 풍부하였고 아담과 하와가 임의로 풍족히 먹을 수 있는 각종 나무의 열매가 있었는데도 불구하고 말이다.

Q 욕망과 호기심으로 인해 어떤 것을 찾고 탐구하고 경험했다가 차라리 하지 말 것을 하고 후회했던 경험을 나누어 봅시다.

A 선악과를 선택할 바에야 처음부터 모르는 것이 유익하다.

4. 에덴 동산에는 무엇이 있었는지 정리해 봅시다.

〈창 2:11-14〉 [11]첫째의 이름은 비손이라 금이 있는 하윌라 온 땅을 둘렀으며 [12]그 땅의 금은 순금이요 그곳에는 베델리엄과 호마노도 있으며 [13]둘째 강의 이름은 기혼이라 구스 온 땅을 둘렀고 [14]셋째 강의 이름은 힛데겔이라 앗수르 동쪽으로 흘렀으며 넷째 강은 유브라데더라.

에덴 동산을 적시는 4개의 큰 강이 있었다. 이 강물은 오염이 안 된 물로, 그곳엔 순금과 보석도 있었다.

〈창 2:15〉 여호와 하나님이 그 사람을 이끌어 에덴 동산에 두어 그것을 경작하며 지키게 하시고.

에덴 동산을 경작하고 지키는 아담과 하와가 있었다.

〈창 2:16-17, 19〉 [16]여호와 하나님이 그 사람에게 명하여 이르시되 동산 각종 나무의 열매는 네가 임의로 먹되 [17]선악을 알게 하는 나무의 열매는 먹지 말라 네가 먹는 날에는 반드시 죽으리라 하시니라.
19여호와 하나님이 흙으로 각종 들짐승과 공중의 각종 새를 지으시고 아담이 무
엇이라고 부르나 보시려고 그것들을 그에게로 이끌어 가시니 아담이 각 생물을
부르는 것이 곧 그 이름이 되었더라.

각종 나무의 열매가 있었고 동산 중앙에는 선악과나무와 생명나무가 있었다. 뿐만 아니라 에덴 동산에는 각종 들짐승과 공중의 각종 새가 존재했다. 그러니 굉장히 살기가 좋았을 것이다.

Q 에덴 동산에서의 아담과 하와의 삶은 어떠했을까요?
그들은 왜 더 많은 욕망을 품었을까요?
1) 아담과 하와는 어떻게 생겼을까?
2) 아담과 하와의 의식주 생활 패턴은 어떠했을까?
3) 부부 관계는 어떠했을까?

A 1) 각자의 생각을 나누어 본다.
2) 하나님께서는 아담과 하와에게 걱정없이 먹을 수 있는 음식을 주었다.
당시 아담과 하와는 하나님께서 만들어 놓으신 모든 실과들을 먹으면서 생활했다.
하나님이 이르시되 내가 온 지면의 씨 맺는 모든 채소와 씨 가진 열매 맺는 모든 나무를 너희에게 주노니 너희의 먹을 거리가 되리라(창 1:29).
그러나 짐승과 모든 새들은 푸른 풀을 먹을 거리로 주셨다.
또 땅의 모든 짐승과 하늘의 모든 새와 생명이 있어 땅에 기는 모든 것에게는 내가 모든 푸른 풀을 먹을 거리로 주노라 하시니 그대로 되니라(창 1:30).
3) 아담과 하와의 부부 관계와 출산은 가능했다.
왜냐하면 하나님은 타락한 하와에게 출산의 고통을 크게 더한다고 말씀하셨다. 이것은 에덴 동산에서도 출산이 가능했다는 것을 말한다(창 3:16).
부부 관계 또한 하와를 향한 아담의 고백을 보면 둘은 금슬이 좋은 부부였을 것이다(창 2:23).

5. 자유로운 에덴 동산에서도 '주의' 게시판이 있었습니다. 그것은 무엇이었습니까?

〈창 2:16-17〉 [16]여호와 하나님이 그 사람에게 명하여 이르시되 동산 각종 나무의 열매는 네가 임의로 먹되 [17]선악을 알게 하는 나무의 열매는 먹지 말라 네가 먹는 날에는 반드시 죽으리라 하시니라.

에덴 동산은 풍부하고 아름다운 과실로 가득하였다. 네 개의 푸른 강이 흘렀고 빛나는 보석들도 있었다. 아담과 하와는 모든 게 만족스럽고 행복한 삶이 가능하였다. 그러나 창세기 2장 16-17절을 보면 에덴 동산에 '주의'를 알리는 게시판이 있었다. 그 내용은 "선악과나무의 열매는 먹지 말라 네가 먹는 날에는 반드시 죽으리라"는 것이었다.

주의 : 선악과나무 열매를 따 먹지 말라

6. 선악과의 문자적 의미는 무엇일까요?

〈창 2:17〉 선악을 알게 하는 나무의 열매는 먹지 말라 네가 먹는 날에는 반드시 죽으리라 하시니라.

〈창 2:17 (NIV)〉 but you must not eat from the tree of the knowledge of good and evil, for when you eat of it you will surely die.

히브리어: 에츠 하 다트 토브 바 라(עץ הדעת טוב ורע)
영　　어: The tree of knowledge of good and evil
여기서 '에츠'는 '나무', '하'는 관사로서 '그', '다트'는 '지식', '토브'는 '선', '와'는 '그리고', '라'는 '악'이라는 뜻이다.

직역적 해석: '선과 악의 지식의 나무'
성경적 해석: '선악을 알게 하는 나무'
해석적 의미: '선과 악에 대해서 지식을 얻게 하는 나무'

전체적으로 종합해서 해석해 보면, 선악과나무는 '선과 악에 대해서 지식을 얻고 판단을 할 수 있게 하는 나무' 라는 뜻이다. 그러니까 아담과 하와가 선악과나무 열매를 따 먹은 순간 먼저 선과 악에 대해서 눈을 떴지 않은가? 그리고 선과 악을 판단하고 분간할 수 있는 능력이 자기 안에 생겼다. 선과 악에 대해서 아주 똑똑한 사람이 되어 가는 것이다. 그런 의미에서 교부 어거스틴은 이 나무를 '지식의 나무' 라고 명명하기도 했다.

7. 선악과를 선택하면 어떤 결과가 있습니까?

〈창 2:17〉 선악을 알게 하는 나무의 열매는 먹지 말라 네가 먹는 날에는 반드시 죽으리라 하시니라.

선악과를 선택하면 선과 악을 알고 판단할 수 있는 지혜와 능력은 얻게 되지만 결국은 죽는다. 여기서 '죽는다' 는 표현은 '침체된다' 는 의미의 관용어이다. "네가 먹는 날에는 반드시 죽으리라" 고 했지 않았는가? 죽을 뿐만 아니라 온갖 질병과 죽음과 재앙의 노예가 되어버리고 만다. 그래서 아담과 하와는 선악과나무를 선택함으로써 죽음과 저주와 재앙의 노예가 되었을 뿐만 아니라 그 모든 것들을 자기 후손들에게 물려주고 말았던 것이다.

결론적으로 말하면, 여기서 선악과의 문자적 의미인 지식을 얻는다는 것, 즉 판단력이 생기고 똑똑해진다는 것은 부정적인 의미이다. 선악과를 따 먹으면 판단력과 분별력, 지식을 얻게 된다. 그러나 아담과 하와의 영은 죽는다. 그래서 하나님은 '죽는다' 는 것을 강조하고 사탄은 '눈이 밝아진다' 는 것을 강조한다. 사탄이 '눈이 밝아진다' 고 유혹하는 것은 완전히 거짓은 아니지만 하나님의 진리를 왜곡하고 숨겨버린 것이다. 즉 부정적 의미에서 사실을 말한 것이다. 그러므로 우리는 이러한 사탄의 유혹을 벗어나 하나님의 진리를 깨달아야 한다.

우리 삶 가운데 이러한 상황들이 어떻게 나타나는지 살펴보자.

■ **십일조의 예**

십일조의 선악과를 따 먹으니까 똑똑함(지혜)이 생긴다. '십일조 안 해도 사업만 잘되고 더 좋아지더라.' 스스로 하나님의 언약을 판단하고 자의적 해석을 내리는 것이다. 그리고 부정적인 소리로 다른 사람들에게도 유혹한다. 십일조를 떼먹으면 당장 생활에 보탬은 된다. 그러나 내 심령은 가책을 받고 기쁨이 사라진다. 그리고 물질의 노예, 죄, 저주의 노예가 된다.

■ **주일 성수의 예**

'어떻게 하면 인생을 재미있게 즐겁게 지낼까? 주일날 교회 안 나가도 장사만 잘되더라.' 그래서 관악산에 가고, 도봉산에 가고, 골프장에 가고, 낚시터에 간다. 주일 성수를 어기는 선악과를 따 먹으면 육신의 즐거움이 있다. 그러나 영적 기쁨은 사라지고 허무와 공허, 탈선으로 인한 죄를 낳을 뿐이다.

■ **불평과 원망의 예**

불평과 원망의 선악과를 따 먹으면 '이것은 이래서 잘못했고, 저것은 저래서 잘못했고' 하고 계속 불평이 쌓인다. 교회 안에서 부정적이고 원망의 말을 한다. 잘난 체하며 교만한 소리를 잘한다. 굉장히 똑똑한 것처럼 보이지만 결국 그 사람은 죽는다. 불평하면 똑똑해지지만 심령은 죽는다.

■ **부부생활의 예**

바람을 피우면 남자에 대한 혹은 여자에 대한 지혜가 생긴다. 이 남자 저 남자, 이 여자 저 여자 만나다 보면 이성이나 사랑에 눈이 밝아지고 영리하게 된다. 그래서 남편이나 아내를 판단하게 되고 결국은 싫증을 느끼는 것이다. 내가 바람을 피워 배우자 외의 이성을 경험하다 보면 부정적 의미의 지혜를 얻는다. 그러나 결국 우리 마음에 기쁨이 없어 더 큰 욕망을 찾아 방황하게 되며, 결국에는 비참한 말로와 파국을 맞게 된다.

■ **교회 회의의 경우**

교회 회의는 일반 세상 회의와 다릅니다. 왜냐면 교회의 주인은 주님이시기 때문입니다. 그렇게 볼 때 교회의 회의는 옳고 그름을 결정하는 것이 아니라 하나님의 뜻을 발견하고 그것을 이루는 방향으로 진행되어야 합니다. 결코 내 생각과 내 뜻, 나의 주장을 관철시키는 방향으로 진행되어서는 안 됩니다. 내 생각이 옳다 할지라도 그것이 하나님의 뜻과 맞지 않는다면 철회할 수도, 자제할 수도 있어야 합니다. 이것이 바로 생명나무인 것입니다.

그러므로 회의의 본질은 항상 선악의 개념으로 봐야 합니다. 회의 절차상 하자가 없고 적법한 진행이라 할지라도 교회 회의가 선악을 선택하는 경우가 많기 때문입니다. 그러므로 교회 회의는 '어떻게 하면 하나님의 뜻을 찾을 것인가' 라는 생명나무 신앙으로 진행되어야 합니다.

〈전 3:16〉 또 내가 해 아래에서 보건대 재판하는 곳 거기에도 악이 있고 정의를 행하는 곳 거기에도 악이 있도다.

8. 그러면 하나님께서 왜 아담에게 선악과나무를 주셨을까요?

〈창 2:8-9〉 8여호와 하나님이 동방의 에덴에 동산을 창설하시고 그 지으신 사람을 거기 두시니라 9여호와 하나님이 그 땅에서 보기에 아름답고 먹기에 좋은 나무가 나게 하시니 동산 가운데에는 생명나무와 선악을 알게 하는 나무도 있더라.

〈창 2:16-17〉 16여호와 하나님이 그 사람에게 명하여 이르시되 동산 각종 나무의 열매는 네가 임의로 먹되 17선악을 알게 하는 나무의 열매는 먹지 말라 네가 먹는 날에는 반드시 죽으리라 하시니라.

선악과는 그 자체에 능력이 있는 것이 아니라 언약 관계의 의미이기 때문에 중요하다. 이를 오해하여 선악과 자체에 능력이 있다고 생각하면 안 된다. 그렇다면 왜 하나님은 선악과를 따 먹지 말라고 하셨을까? 그 이유는, 인간은 하나님이 아니요 오직 하나님만을 섬기는 존재라는 사실을 깨닫도록 하기 위해서이다. 하나님의 다스림과 통치 안에 있는 인간이 하나님의 다스림과 통치 속에서 하나님을 섬겨야만 행복한 존재로 살아갈 수 있기 때문에 하나님은 선악과를 따 먹지 말라고 하신 것이다. 그러므로 선악과나무가 오늘 우리에게 주는 언약의 교훈은 인간의 행복은 창조주이신 하나님께 매이는 것이요, 그분의 통치를 받으며 살아야 한다는 사실이다.

신명기 28장 1절에서도 하나님의 말씀을 듣고 그 명령을 행하는 자에게 세계 모든 민족 위에 뛰어난 복을 주시겠다고 약속하셨다. 즉 세계 모든 민족 위에 뛰어난 백성이 되기 위해서는 먼저 하나님의 말씀에 순종해야 그 축복을 얻을 수 있는 것이다.

《 하나님이 아담에게 선악과나무를 주신 이유 》

① 인간은 하나님이 아니기에 오직 하나님을 섬겨야 한다는 사실을 깨닫게 하기 위해
② 제한적 계명(하나님의 통치, 다스림)을 통해 행복한 삶을 살도록 하기 위해

Q 하나님은 왜 아담과 하와에게 선악과를 못 따 먹게 하셨을까요?

A 우리는 선악과를 따 먹지 못하게 하시는 하나님이 자칫 인색한 분이라고 생각할 수 있다. 이는 하나님이 어떤 분이신가를 제대로 파악하지 못하는 것이다. 16-17절 말씀을 통해 우리는 선악과를 따 먹지 말라고 하는 하나님의 의중을 잘 이해해야 한다. 우리가 200만 평이 넘는 큰 동산을 소유한 주인이라고 생각해 보자. 그곳에는 사과나무, 배나무, 밤나무 등 수많은 나무들이 있다. 그래서 어느 날 이웃과 친지를 초대해서 그곳에 있는 모든 나무의 열매를 따 가라고 허락하였다. 다만 동산 중앙에 앵두나무가 한 그루 있는데, 거기에 이런 금지 명령을 적은 표지판을 세워 놓았다.
'이것만큼은 절대 따 가지 마시오. 이 앵두나무는 지금 내가 접을 붙이고 임상실험을 하고 있는 중입니다. 그래서 연구비가 1000만 원이 들기 때문에, 이를 어길 시 벌금 1000만 원을 내야 합니다.'

그렇다고 해서 초대를 받은 사람들이 "이 동산의 주인은 정말 깍쟁이야, 우리를 시험 들게 하려고 어떻게 저것만 먹지 못하게 하는 거야?"라고 욕할 수 있을까? 이것은 결코 인색한 것이 아니다. 에덴 동산의 하나님도 그렇다. 절대로 인색하신 분이 아니다. 우리 하나님은 우리에게 모든 것을 풍성히 주길 원하시는 하나님이시다.

9. 오늘날 우리에게 선악과의 교훈은 어떤 것일까요?

〈창 39:4-9〉 4요셉이 그의 주인에게 은혜를 입어 섬기매 그가 요셉을 가정 총무
로 삼고 자기의 소유를 다 그의 손에 위탁하니 5그가 요셉에게 자기의 집과 그의
모든 소유물을 주관하게 한 때부터 여호와께서 요셉을 위하여 그 애굽 사람의
집에 복을 내리시므로 여호와의 복이 그의 집과 밭에 있는 모든 소유에 미친지
라 6주인이 그의 소유를 다 요셉의 손에 위탁하고 자기가 먹는 음식 외에는 간섭
하지 아니하였더라 요셉은 용모가 빼어나고 아름다웠더라 7그 후에 그의 주인의
아내가 요셉에게 눈짓하다가 동침하기를 청하니 8요셉이 거절하며 자기 주인의
아내에게 이르되 내 주인이 집안의 모든 소유를 간섭하지 아니하고 다 내 손에
위탁하였으니 9이 집에는 나보다 큰 이가 없으며 주인이 아무것도 내게 금하지
아니하였어도 금한 것은 당신뿐이니 당신은 그의 아내임이라 그런즉 내가 어찌
이 큰 악을 행하여 하나님께 죄를 지으리이까.

요셉은 보디발의 집에 모든 것을 관장하는 일을 위임 받았다. 그러나 단 하나 보디발의 부인만은 요셉에게 맡기지 않았다. 왜일까? 부인까지 맡기면 주인이 바뀌게 되기 때문이다. 이러한 제한을 둠으로써 요셉이 모든 것을 관장한다고 하더라도 결국 주인은 요셉이 아닌 보디발이라는 사실을 말하는 것이다. 마찬가지로 선악과의 교훈은, 에덴 동산의 아담과 하와에게 선악과의 제한을 둠으로써 진정한 주인은 하나님이시라는 사실을 보여주기 위함이다.

예) 목회자의 위치

Q 선악과를 앞에 두고 하나님의 생각과 인간의 욕망과의 차이가 어떻게 다를까를 서로 이야기해 봅시다.

A 하나님의 생각 : 야, 너희들은 이 계명을 잘 지키고 생명나무를 선택하고 영생을 얻어라. 나를 사랑하는 자는 내 계명을 지키지 않느냐. 제한적 계명을 생각하면서 잘 지켜라.
인간의 생각 : 꼭 저것을 안 따 먹어야 하나님을 잘 섬기는 것일까? 경계를 넘어가면 어떻게 될까? 왜 하나님은 저런 것을 주셔서 귀찮게 할까?

선악과는 지금 어디에도 없다. 그 나무 자체에 어떠한 능력이 있는 것이 아니다. 선악과나무 자체에 무슨 독이 있거나 마력이 있는 것도 아니다. 단지 언약 관계라는 데에 그 의미가 있는 것이다. 만약 선악과 자체에 어떠한 능력이 있다면, 아담과 하와만이 죄가 있고 후손들은 직접적인 죄가 없는 것이 될 수 있기 때문이다. 그래서 인간에게 이러한 사실을 깨닫게 하시고 완전하지 못한 우리의 삶을 제한하기 위하여 선악과를 주신 것이다.

'다른 나무의 열매는 괜찮지만 선악과를 먹으면 죽는다' 는 제한적 계명이 있기 때문에 인간은 죽지 않기 위해서라도 그 제한적인 계명을 통해 하나님을 인정하고 섬기는 것이다. 우리가 하나님을 섬기는 존재로 만들어졌다면(사 43:21; 신 6:4-5, 신 10:12-13) 마땅히 하나님이 정한 율법과 계명을 지켜야 하는 것이다(요 14:21-23). 하나님은 선악과를 통하여 우리가 '나는 하나님이 아니다. 인간이다. 그렇기에 하나님을 섬겨야 하는 존재이며, 하나님의 언약을 지켜야 하는 존재이다' 라는 것을 깨닫기를 원하신다.

신학적 배경 설명

창 2:16-17의 말씀을 조직신학에서는 행위 언약이라고 한다.

선악과는 하나의 행위 언약의 계명이라고 볼 수 있다. 그러나 이 계명은 아담과 하와를 유혹하고 넘어지게 하는 그런 의미에서의 시험이 아니다. 오히려 아담과 하와를 높이고 승귀시키고 구원하고 영생을 얻도록 하기 위한 기회로서의 시험이었다. 그러니까 선악과나무는 아담과 하와에게 기회(opportunity)였지 유혹(temptation)이 아니며 진정한 생명을 위한 시험(test)이라고 할 수 있었다. 그래서 아담과 하와가 선악과나무가 아닌 생명나무를 선택했다면 언제나 감사와 찬양을 했을 것이다. "아! 내가 하나님의 은혜로 선악과나무를 선택하지 않고 생명나무를 선택했다. 내게 진정한 생명을 주시고 승귀시켜 주시기 위한 테스트에 합격하였다" 하며 얼마나 큰 감사와 찬양을 했겠는가? 그런데 사탄은 이것을 유혹의 기회로 심판과 죽음의 기회로 바꾸어버렸다. 그리고 결국 불행하게도 아담과 하와는 선악과나무를 따 먹음으로써 죽음과 저주를 이 땅에 가져오고 말았다.

그러면 구체적인 행위 언약의 내용은 무엇인가?

〈창2:16-17〉 16 여호와 하나님이 그 사람에게 명하여 이르시되 동산 각종 나무의 열매는 네가 임의로 먹되 17 선악을 알게 하는 나무의 열매는 먹지 말라 네가 먹는 날에는 반드시 죽으리라 하시니라

※ 신학자 게할더스 보스의 설명

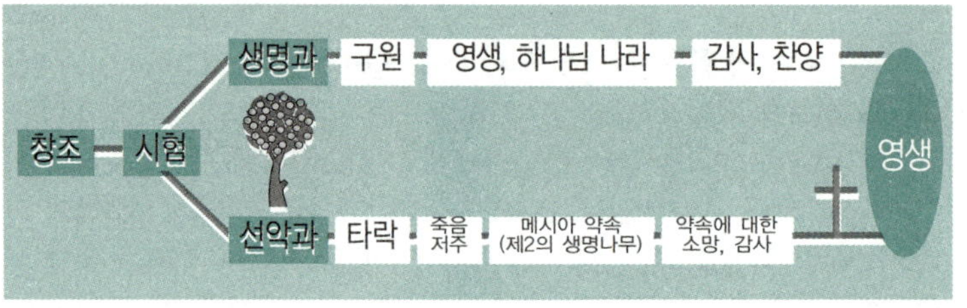

하나님이 천지를 창조하셨다. 그리고 아담과 하와에게 시험을 하시고 언약을 맺으셨다. 그 주제가 바로 선악과나무요 생명나무이다. 만약에 아담과 하와가 생명나무를 선택하면 도표대로 영원한 구원을 받고 영생을 얻어 하나님 나라를 건설하고 확장하게 되었을 것이다. 그리고 은혜로 선악과를 먹지 않고 생명나무를 선택하였다고 너무너무 감사했을 것이다. 그러나 불행하게도 그들은 선악과를 선택함으로써 죄로 타락하게 되었다. 그리고 이 땅에 죽음과 저주를 가져오고 말았다. 그러나 하나님은 약속하셨다. 다시 우리를 구원할 메시아를 보내 주겠다고 말이다. 그래서 아담과 하와뿐만 아니라 모든 구약의 백성들은 이 하나님의 약속을 바라보며 이 약속에 대한 소망과 감사를 하고 살았다.

그리고 마침내 때가 차매 하나님이 약속하신 메시아가 오셨다. 그분이 바로 우리가 믿는 예수 그리스도이시다. 아담과 하와가 선악과나무를 따 먹고 지은 모든 죄를 속죄하기 위하여 십자가에 죽으셨다. 그래서 이제는 그를 믿는 모든 사람들이 다 영생을 얻도록 한 것이다. 그러나 우리는 지금도 끊임없이 계속해서 사탄의 유혹을 받고 있다. 그런 의미에서 우리는 선악과나무와 생명나무를 통한 교훈과 신앙의 원리를 깨달아야 하는 것이다.

나눔 갖기 서로 나눔

■ 선악과를 찾기 힘든 상황에서도 따 먹은 것은 무엇 때문인가?

인간의 정욕과 욕심 때문이다.

■ 하나님께서 선악과를 주신 이유와 따 먹지 말라고 하신 이유는 무엇인가?

하나님의 통치 안에 복종하는 것이 복이고 축복이다. 하나님은 선악과를 통하여 '나는 하나님이 아니다. 인간이다. 그렇기에 하나님을 섬겨야 하는 존재이며, 하나님의 언약을 지켜야 하는 존재이다'라는 것을 깨닫기를 원하신다.

■ 선악과를 따 먹을 때 나의 이성과 영혼에는 어떤 변화가 있는가?

나의 이성은 선악을 판단할 줄 아는 능력이 생기지만 나의 영혼은 침체되고 죽는다.

■ 생명나무와 예수 그리스도를 어떻게 연관시킬 수 있는가?

우리는 생명나무를 통해 영생과 생명을 경험할 수 있었지만 아담의 타락으로 인해 실패하였다. 그러나 하나님께서는 제2의 생명나무 되신 예수님을 통해 참다운 영생과 생명을 경험할 수 있게 해주셨다.

무기 삼기 생활 적용

오늘날 에덴 동산이나 선악과나무는 존재하지 않는다. 그러나 교훈적 선악과는 존재하고 그 교훈을 우리의 삶에 적용할 수 있다. 사탄은 지금도 아담과 하와를 유혹하여 넘어뜨렸던 그 유혹의 원리와 방법, 시스템을 가지고 끊임없이 우리를 넘어뜨리려고 한다. 그러므로 현재적 상황에 맞는 선악과나무의 교훈과 의미를 연구하는 것은 매우 중요하다. 우리의 신앙 패턴 속에 선악과적 요소가 있지는 않은지 점검하고 살펴보아야 한다.

선악과의 의미와 행위 언약의 교훈을 우리의 삶에 적용해 보자.

1. 교회 안에서(주일성수, 헌금, 봉사, 목회자와 교우관계 등)

2. 회의할 때(제직회, 공동의회 진행 시)

〈전 3:16〉 또 내가 해 아래에서 보건대 재판하는 곳 거기에도 악이 있고 정의를 행하는 곳 거기에도 악이 있도다.

3. 가정에서(부모, 부부, 자녀 문제 등)

4. 사업장, 직장에서

하나님은 우리가 영생을 소유하고, 행복하게 살기를 원하시는 분이다. 누구보다도 우리를 향한 사랑의 마음이 크신 분이다. 그렇다고 하여 하나님은 생명나무의 실과를 직접 따서 우리 입에 넣어주지 않으신다. 그리고 선악과를 따 먹지 못하도록 우리의 손을 붙들어 매지도 않으신다. 하나님은 우리 스스로 생명나무의 실과를 따 먹고 행복하기를 원하실 뿐이다. 하나님은 우리가 어떤 나무의 열매를 따 먹을 것인지는 전적으로 우리의 자유의지, 선택에 맡겨 두신 것이다. 내가 생명나무를 선택하여 행복을 누리며 살 것인가, 아니면 선악과를 따 먹고 불행하게 살 것인가 하는 선택은 나에게 있는 것이다.

"주여! 선악과의 의미와 교훈을 깨닫게 하셔서 감사합니다.
우리는 끝까지 선악과를 지키며 살게 하옵소서."

멘토링

하나,

성경에서 엄청난 유혹의 순간에 악을 택하지 않고 생명을 택한 인물이 있습니다. 바로 요셉입니다(창 39:4-9). 보디발은 요셉에게 집의 모든 것을 관장하도록 했습니다. 그러나 단 하나 보디발의 부인만은 요셉에게 맡기지 않았습니다. 부인까지 맡기면 주인이 바뀌게 되기 때문입니다. 이러한 제한을 둠으로써 모든 것을 관장한다고 하더라도 결국 주인은 요셉이 아닌 보디발이라는 사실을 말하는 것입니다.

그래서 요셉은 그 선을 넘지 않기 위해 유혹으로부터 필사적으로 도망을 갑니다. 이 선악과를 따 먹지 않기 위해 몸부림을 칩니다. 이로 인해 잠시 누명을 쓰고 어려움을 당하지만 선악과를 선택하지 않기 위해 최선을 다했던 요셉을 하나님께서는 높여 주셨습니다. 요셉은 실생활 속에서도 아담과 하와처럼 선악과를 선택하지 않기 위해 노력하였고 끝내는 생명나무를 선택하여 자손 만대의 축복을 누릴 수 있었습니다.

시대는 다르지만 비슷한 형식의 인생을 살아가는 우리도 요셉의 본을 받아 선악과를 선택하지 않고 생명나무를 선택하는 성도가 되어야 합니다.

둘,

사람이 양심의 가책이 들 때 뇌 사진을 찍으면 핑크색으로 변한다고 합니다. 그래서 사람을 잡아먹는 식인종들에게 사람을 잡아먹는 것 그 자체는 자신들 속에서 윤리화되어 있지만, 그들이 사람을 잡아먹을 때 뇌 사진을 찍어보면 온통 붉은색으로 변한다고 합니다. 사람을 죽이고 난 뒤의 살인범의 뇌 사진과 똑같더라는 것이죠. 이처럼 사람에게는 누구나 선악과에 기초한 양심이 있습니다.

마찬가지입니다. 우리가 신앙생활을 할 때 너무 불평하고 파헤치면 결국은 선악과를 따 먹는 것입니다. 그리고 양심의 가책이 생깁니다. 아무리 내가 옳은 일을 했다 해도 하나님이 우리에게 주신 양심은 속일 수가 없습니다.

다이어리

제1과를 공부한 후의 삶의 변화와 깨달음을 적고 서로 나눕시다.

The Tree of Life
생명나무학교

2과 생명나무를 아십니까?

8여호와 하나님이 동방의 에덴에 동산을 창설하시고 그 지으신 사람을 거
기 두시니라 9여호와 하나님이 그 땅에서 보기에 아름답고 먹기에 좋은
나무가 나게 하시니 동산 가운데에는 생명나무와 선악을 알게 하는 나무
도 있더라(창 2:8-9).

여호와 하나님이 이르시되 보라 이 사람이 선악을 아는 일에 우리 중 하나같이 되었으니 그가 그의 손을 들어 생명나무 열매도 따 먹고 영생할까 하노라 하시고(창 3:22).

본문 묵상

동산 가운데 있었던 나무들은 무엇입니까?(2장 9절)

생명나무를 따 먹을 경우 어떻게 됩니까?(3장 22절)

생각하기 깨워 보기

에덴 동산 중앙에는 선악과나무뿐만 아니라 생명나무도 있었다. 아담과 하와는 선악과만큼 제한을 받아야 했고 행위 언약을 지켜야 했다. 그것은 아담과 하와의 행복을 위해 마련된 것이었기 때문이다. 그러면 생명나무는 왜 만들어 놓으셨을까? 그것은 하나님께서 아담과 하와로 하여금 생명나무 열매를 따 먹음으로써 영원히 구원받고 영생에 이르도록 하기 위함이었다.

하나님은 선악과나무는 따 먹지 말라고 하셨지만 생명나무 열매를 따 먹지 말라고 하신 적이 없다. 그러므로 하나님의 보이지 않는 의도는, 아담과 하와가 선악과나무를 선택하지 말고 생명나무를 선택함으로써 영원히 살고 영원한 구원에 이르도록 하는 것이었다. 생명나무는 시험으로가 아니라 구원의 기회요 영생의 기회로 주셨던 것이다. 바로 이러한 사실을 창세기 3장 22절에서 알 수 있다.

> "여호와 하나님이 이르시되 보라 이 사람이 선악을 아는 일에 우리 중 하나같이 되었으니 그가 그의 손을 들어 생명나무 열매도 따 먹고 영생할까 하노라 하시고"(창 3:22).

선악과가 하나의 시험이면서도 거룩한 언약이었다면 생명나무는 하나의 구원과 영생의 기회이면서 거룩한 언약이었던 것이다. 그러나 아담과 하와는 선악과나무의 행위 언약을 지키지 못하고 언약에 불순종하여 망하고 말았다.

그렇다면 생명나무의 교훈과 의미는 무엇인가? 오늘은 그 생명나무의 의미에 대해서 공부해 보자.

명심하기 본문 탐색

아담과 하와가 선악과를 따 먹고 하나님 앞에 저주를 받아 죽음과 온갖 저주의 노예로 전락해버렸다. 그리고 에덴 동산에서 쫓겨났다. 그 후로 그들은 에덴 동산 변방에서 배회하며 살았다. 그런데 그때까지만 해도 생명나무가 에덴 동산에 있었다. 그래서 하나님은 천사들로 하여금 생명나무를 화염검으로 지키게 하셨다. 아담과 하와가 그것을 따 먹고 영생할까 하는 염려 때문에 그것을 지키게 하신 것이다. 그러므로 생명나무는 아담과 하와를 영생하도록 하기 위해서 만들어진 것이고 구원의 기회를 위해서 지어 준 것이라고 이야기할 수 있다.

물론 여기서 우리가 오해하지 말아야 할 것은, 선악과나무나 생명나무 자체에 어떤 마력이나 능력이 있어서 사람을 죽이고 살리고 하는 것이 아니라는 사실이다. 그것은 하나님과의 언약 때문에 그렇게 되는 것일 뿐이다. 그러므로 하나님의 언약 자체가 중요한 것이다.

1. 에덴 동산에 있던 세 종류의 실과는 무엇이며 어떻게 분포되어 있었습니까?

〈창 2:8-9〉 [8]여호와 하나님이 동방의 에덴에 동산을 창설하시고 그 지으신 사람을 거기 두시니라 [9]여호와 하나님이 그 땅에서 보기에 아름답고 먹기에 좋은 나무가 나게 하시니 동산 가운데에는 생명나무와 선악을 알게 하는 나무도 있더라.

에덴 동산에는 세 종류의 나무가 있었다. 첫 번째가 생명나무, 두 번째가 선악과, 세 번째로 아름답고 먹기에 좋은 여러 종류의 나무이다. 각 나무가 에덴 동산에 분포된 모습을 보면, 각 종류의 나무는 에덴 동산 전 지역에 있었고 생명나무와 선악과나무는 에덴 동산의 중앙에 있었다.

2. 생명나무의 문자적 의미는 무엇입니까?

〈창 2:9〉 여호와 하나님이 그 땅에서 보기에 아름답고 먹기에 좋은 나무가 나게 하시니 동산 가운데에는 생명나무와 선악을 알게 하는 나무도 있더라.

히브리어: 에츠 하 하임(עץ החיים)
여기서 '에츠'는 '나무', '하'는 관사로서 '그', '하임'은 '생명'이라는 뜻이다. 그래서 영어성경은 'The tree of life'라는 말로 단순하게 직역을 해놓았다.

〈창 2:9 (NIV)〉 And the LORD God made all kinds of trees grow out of the ground-trees that were pleasing to the eye and good for food. In the middle of the garden were the tree of life and the tree of the knowledge of good and evil.

영어: the tree of life

생명나무는 '생명을 알게 하는 나무' 라는 의미이다. 어거스틴은 생명나무를 예수 그리스도의 모형으로, 종교개혁자 칼빈은 생명나무를 하나님이 특별하게 주신 성만찬으로 해석하였다.

3. 생명나무를 선택했을 때에는 어떤 결과가 있습니까?

〈창 3:22〉 여호와 하나님이 이르시되 보라 이 사람이 선악을 아는 일에 우리 중 하나같이 되었으니 그가 그의 손을 들어 생명나무 열매도 따 먹고 영생할까 하노라 하시고.

생명나무를 따 먹으면 영생을 한다. 즉 생명나무는 생명을 주고 영생을 주는 나무였다.

Q 그러면 여기서 생명이라는 말은 어떤 의미로 받아들여야 합니까?

A 신앙 적용 차원에서 볼 때 생명은 하나님, 은혜, 말씀, 교회, 찬양, 순종, 아멘 등을 선택하는 것으로 교훈 받을 수 있다. 왜냐면 그것이 내게 생명이 되기 때문이다. 그러므로 아담과 하와가 이 생명나무를 선택하고 생명의 열매를 따 먹었더라면 선과 악에 대해서 전혀 몰랐을 것이다. 또한 죄나 죽음이나 저주 같은 것도 전혀 몰랐을 것이다. 무엇을 알았을까? 오직 생명만 알게 되었을 것이다. 그저 생명밖에 모르고 오직 생명만 충만한 존재였을 것이다.

Q 당신이 신앙생활하면서 무언가 선택해야 할 상황에서 갈등했지만 결국 하나님이 원하시는 방향으로 선택했을 때, 어떤 기쁨과 은혜가 있었는지 나누어 봅시다.

A 주일날 행사로 인해 주일성수를 하지 못할 상황이었지만 결국 주일성수를 선택함으로 마음 가운데 잘했다는 생각과 평안이 찾아왔을 때.
헌신하고 봉사하는 데 많은 애로사항이 있었지만 그래도 주님이 기뻐하시기에 순종했을 때 누린 기쁨과 은혜.
예) 헌금, 봉사, 충성, 순종, 전도 등

4. 생명나무 열매는 어떻게 생겼을까요?

고대 근동의 전설에 의하면 생명나무는 석류나무였다고 한다. 그래서 제사장의 의복에도 석류 열매를 달게 했다. 그 이유는 에덴 동산의 생명나무를 교훈하기 위해서이다.

출애굽기 28장 33절에서 대제사장이 입을 에봇 받침 겉옷 가장자리에 석류를 수놓게 하였음을 볼 수 있다.

〈출 28:33〉 그 옷 가장자리로 돌아가며 청색, 자색, 홍색 실로 석류를 수놓고 금방울을 간격을 두어 달되,

또한 석류의 모양은 솔로몬 성전의 기둥을 장식하는 데에 사용되기도 하였다.

〈제사장 의복 사진〉

〈왕상 7:18–20〉 [18]기둥을 이렇게 만들었고 또 두 줄 석류를 한 그물 위에 둘러 만들어서 기둥 꼭대기에 있는 머리에 두르게 하였고 다른 기둥 머리에도 그렇게

하였으며 [19]주랑 기둥 꼭대기에 있는 머리의 네 규빗은 백합화 모양으로 만들었
으며 [20]이 두 기둥 머리에 있는 그물 곁 곧 그 머리의 공같이 둥근 곳으로 돌아가
며 각기 석류 이백 개가 줄을 지었더라.

Q **왜 이스라엘 백성들은 생명나무를 석류 열매로 생각했을까요? 우리의 거룩한 상상력을 동원하여 이야기해 봅시다.**

A **(예를 들면) 석류의 알이 알알이 박혀 있는 것처럼 생명이 알알이 박혀 있어야 하기 때문이다. 이처럼 교회도 생명이 풍성해야 한다 등.**

5. 하나님은 왜 생명나무를 만드셨을까요?

〈창 3:22〉 여호와 하나님이 이르시되 보라 이 사람이 선악을 아는 일에 우리 중 하나같이 되었으니 그가 그의 손을 들어 생명나무 열매도 따 먹고 영생할까 하노라 하시고.

하나님께서 선악과나무를 만든 것은 하나의 기준이었다. 본래 하나님의 뜻은 아담과 하와가 생명나무를 선택하여 영생의 축복을 누리는 것이다. 많은 사람들이 오해하기를 에덴 동산에서 아담과 하와가 완전한 존재로 지음을 받았는데 다시 무슨 구원을 받고 영생을 얻어야 하느냐고 말한다. 그러나 아담과 하와는 하나님이 만드시고자 했던 수준에서 완전한 사람으로 지음받은 것이지, 그가 영생을 받거나 영원한 구원을 받은 상태가 절대로 아니라는 사실을 알아야 한다. 아담과 하와 역시 영원한 구원을 받아야 할 대상이고 영생을 얻어야 할 존재였다.

물론 아담이 받을 구원과 영생은 지금 우리와는 조금 다르다고 말해야 하겠지만, 어쨌든 아담과 하와도 행위 언약의 시험을 분명히 통과해야 했다. 아무리 에덴 동산에 죄가 없었고 그들이 아직은 범죄를 하지 않았다 할지라도 선악과의 시험을 반드시 통과해야 했다. 그것을 통과하고 합격해야 영생을 얻고 구원을 받을 수 있었던 것이다.

신학적 배경 설명

아담과 하와는 생명나무를 선택하지 아니하고 선악과나무를 선택함으로써 영생의 기회를 박탈당하고 말았다. 그럼에도 불구하고 하나님은 제2의 생명나무 되시는 메시아 예수를 보내 주시겠다고 약속하셨다. 그래서 아담과 그의 후손들은 이 하나님의 약속을 바라보며 하나님께 소망을 갖게 되었고 감사하며 살았다. 그리고 마침내 갈라디아서 4장 4절의 말씀대로 때가 차매 하나님이 약속하신 메시아가 오신 것이다. 오셨을 뿐만 아니라 십자가에 죽으시고 그를 믿는 자마다 영생을 얻게 하여 주셨다. 바로 그분이 우리가 믿는 예수 그리스도이시다.

> "때가 차매 하나님이 그 아들을 보내사 여자에게서 나게 하시고 율법 아래에 나게 하신 것은"(갈 4:4).

지금까지의 설명은 생명나무를 구원사적이고 기독론적으로 본 것이다. 그래서 이런 신학적 해석의 관점에서 보면 생명나무는 에덴 동산에서 그리스도의 모형으로 끝난 것이다. 사실 생명나무나 선악과나무는 에덴 동산에서 단회적 사건으로 끝났다. 예수 그리스도의 십자가 복음으로 구원을 받은 우리와는 아무 상관도 없다. 제2의 생명나무 되시는 예수 그리스도가 이 땅에 오셔서 우리를 구원해 주셨기 때문이다. 즉 우리는 완성된 구원의 빛 안에서 살아가는 신약 성도요, 거듭난 하나님의 자녀들이기 때문에 생명나무와 직접적인 관련이 없다. 그러나 우리에게는 생명나무를 구원사적으로만 보지 않고 구원 적용 차원에서 보고 교훈을 받아야 할 필요가 있다. 에덴 동산의 배경으로 거슬러 올라가거나 혹은 구약의 조명 속에서 구약의 용어를 빌려서 생명나무를 구원 적용 차원으로 다시 우리의 신앙에 교훈을 받을 수 있다.

Tip

■ 생명나무의 중요성 1 – 성전의 정문이 동쪽으로 난 이유

아담과 하와는 선악과를 선택한 이유로 에덴 동산에서 쫓겨나 에덴의 동쪽에 거주하게 되었습니다.

〈창 3:24〉 이같이 하나님이 그 사람을 쫓아내시고 에덴 동산 동쪽에 그룹들과 두루 도는 불칼을 두어 생명 나무의 길을 지키게 하시니라.

〈창 4:16 〉 가인이 여호와 앞을 떠나서 에덴 동쪽 놋 땅에 거주하더니.

에덴의 동쪽으로 아담과 하와가 쫓겨난 이후 거기서 아담과 하와는 동침해서 자기 자식들을 낳았습니다. 물론 하와는 엄청난 해산의 고통 속에서 자녀를 출산했을 것입니다. 그리고 아담은 땀 흘려 일을 해야 했습니다. 에덴동산에는 가시나무나 엉겅퀴가 없었지만 에덴동산 동쪽에는 가시와 엉겅퀴가 엄청나게 잘 자랐기 때문입니다. 그러니 땀 흘려 일하지 않으면 안 되었던 것입니다. 결국 이들의 삶은 선악과를 따먹은 죄로 인해 고통과 아픔을 겪어야 했습니다. 이것이 에덴의 동쪽의 삶이었습니다.

그런데 지금 우리가 사는 세상에도 에덴의 동쪽의 삶이 있습니다. 그래서 세상 사람들을 보면 죄와 저주 속에서 살아갑니다. 서로가 서로를 죽이고 찌르고, 심지어는 스스로를 죽입니다. 자식이 부모를 죽이고 부모가 자식을 죽이고 형제가 형제를 죽이는 것입니다. 우리는 이 가시를 이겨야 하고 뿌리까지 송두리째 뽑을 수 있는데 그 방법은 바로 예수의 이름으로 생명나무를 선택하는 것입니다.

지금 우리는 예수의 이름으로 모든 가시를 이길 수 있는 비결이 있지

만 에덴의 동쪽에서는 그것을 몰랐습니다. 그래서 그들은 항상 에덴 동산을 사모했습니다. 가시가 전혀 없는 에덴, 행복만이 보장된 에덴, 감사과 기쁨이 넘치는 에덴을 항상 사모한 것입니다. 그런데 에덴 동산 중에서도 바로 핵심이 되는 생명나무를 사모한 것입니다. 그래서 언제나 그들은 에덴의 동쪽에서 에덴을 바라봤습니다. **그러나 그들은 절대로 에덴 동산에 들어갈 수 없었습니다. 왜냐면 하나님은 아담과 하와를 내쫓으신 후에 바로 천사를 시켜서 에덴 동산 동쪽 문을 굳게 지키게 하셨기 때문입니다. 혹시 그들이 에덴으로 돌아와 생명나무 열매를 따먹고 영생할까 싶어 그렇게 하신 것입니다.**

〈창 3:22〉 여호와 하나님이 이르시되……그가 그의 손을 들어 생명나무 열매도 따먹고 영생할까 하노라 하시고…….

〈창 3:24〉 하나님이 그 사람을 쫓아내시고 에덴 동산 동쪽에 그룹들과 두루 도는 불칼을 두어 생명나무의 길을 지키게 하시니라.

그들은 절대로 에덴 동산의 생명나무를 따 먹을 수 없었습니다. 또 하나님은 언약의 하나님이시기 때문에 언약을 어긴 그들에게 생명나무를 허락하실 수 없었습니다. 그래서 우리에게는 하나님이 다시 은혜를 주시는 수밖에 없었습니다. 그래서 하나님은 예수 그리스도를 제 2의 생명나무로 우리에게 주신 것입니다.

하지만 당시 아담과 하와는 생명나무의 열매를 따 먹을 수 없었습니다. 그러자 인간은 에덴을 향한 그리움과 갈망이 더 깊어지게 되었습니다. 생명나무에 대한 사랑이 더 강렬해진 것입니다. **그 그리움과 갈망은 구약 백성들에게 계속 이어졌습니다.** 아니 하나님께서 구약 백성들로 하여금 그 그리움을 갖도록 하셨습니다. 그러다가 **하나님이 그 그리**

움을 담아 둘 곳을 정하셨는데 그곳이 바로 하나님의 성전이었습니다. 하나님의 성전에 그 그리움을 담아 놓으신 것입니다.

그래서 하나님은 에덴의 정문이 동쪽으로 나 있었던 것처럼 성막과 성전의 정문도 동쪽에 두신 것입니다. 성경에서는 하나님의 성전의 정문이 바로 동쪽이라고 말하고 있습니다.

〈겔 47:1〉 그가 나를 데리고 성전 문에 이르시니 성전의 앞면이 동쪽을 향하였는데 그 문지방 밑에서 물이 나와 동쪽으로 흐르다가 성전 오른쪽 제단 남쪽으로 흘러 내리더라.

구약 백성들이 성전에 출입할 때는 언제나 동쪽 문을 이용했습니다. 그 동문으로 성전에 들어가서 번제단에서 제사를 지냈습니다. 그리고 성소를 거쳐 지성소로 들어가게 된 것입니다. **구약 백성들은 그 지성소에 있었던 속죄소와 법궤의 영광을 예수 그리스도, 곧 생명나무로 생각했습니다. 그리고 구약 백성들은 지성소에 들어가서 생명나무 열매를 따 먹는다고 생각했습니다. 그래서 죄 용서함을 받고 생명과 온갖 축복과 기적을 얻는다고 믿은 것입니다.** 성전의 동문은 그야말로 축복의 문, 은총의 문이었습니다. 그래서 성전 동문으로 들어가는 것 자체가 에덴으로 들어가는 것으로 생각한 것입니다. 그러니 성전 동문으로 들어가는 것이 이스라엘 백성들에게는 큰 영광이었습니다. 구약 백성들에게는 성전에 들어가는 것만으로도 최고의 축복이었습니다. 이렇게 생명나무는 이스라엘 백성들에게 엄청나게 중요한 진리였습니다.

■ 생명나무의 중요성 2– 주님이 행하신 치유의 주된 목적은 생명나무를 선택하게 하기 위함.

우리 예수님이 이 땅에 오셔서 하신 일을 크게 두 가지로 볼 수 있습니다. 하나는 하나님 나라의 복음을 전파하는 것이고 다른 하나는 병자를 고치시는 것이었습니다. 구약 시대 때는 귀머거리, 벙어리, 소경과 같은 지체불구자들은 성전에 못 들어갔습니다. 불결한 자도 성전에 못 들어갔습니다. 예를 든다면 피부병 환자, 문둥병 환자, 시체를 보거나 만진 자, 심지어는 생리 중에 있는 여자, 계속해서 하혈을 하고 있는 여자는 다 성전에 못 들어갔습니다(레 21:17-23, 22:3). **이런 사람들이 성전에 못 들어간 이유는 성전은 하나님이 계신 곳인데 그 하나님은 완전하시기 때문입니다.** 이 완전하신 하나님이 성전에 계시기 때문에 불완전하고 온전치 않은 사람들은 못 들어간 것입니다.

그런데 우리 예수님은 하나님 나라의 왕으로 오셔서 하나님 나라의 복음을 선포하셨습니다. 그리고 나서 하셨던 일이 치유 사역이었습니다. 즉 병 고치는 사역을 하셨습니다. 예수님이 이렇게 병을 고쳐주신 데는 많은 목적이 있지만 가장 중요한 목적은 병자들을 고쳐 하나님의 성전에 들어갈 수 있게 만들기 위해서였습니다. 정상적으로 깨끗하게 회복시켜 주셔서 하나님을 대면하게 만들어 주신 것입니다.

결국 이들은 주님의 치유로 인해 하나님을 만날 수 있는 자격을 얻게 되어 성전 동편 문을 통해 하나님의 성전으로 들어갈 수 있게 된 것입니다. 그리고 그 안에서 생명나무의 기쁨과 행복을 누릴 수 있게 된 것입니다. 이토록 생명나무는 이스라엘 백성들에게 있어서 중요한 진리였습니다.

■ 생명나무의 중요성 3- 휘장을 통한 진리

구약에서는 휘장을 통과해서 지성소에 들어갈 수 있는 사람은 대제사장뿐이었습니다. 대제사장만이 지성소에 들어가서 법궤에 임재하신

하나님을 보고 올 수 있었습니다. **다시 말하면 대제사장만이 생명나무를 따 먹고 온 것입니다. 그리고 그 대제사장을 통해서 구약 백성들이 생명나무의 은혜를 받았던 것입니다.** 바로 이것을 성전의 휘장에서도 잘 보여주고 있습니다. 성전의 휘장에는 그룹(천사)의 모습이 그려져 있습니다. 그룹 천사가 두 손을 들고 하나님께 찬양하고 영광을 돌리고 있습니다. **그 휘장의 그림 또한 에덴 동산을 열망하며 그렇게 한 것입니다.**

에덴 동산의 동쪽 문에서 천사들이 화염검을 들고 지키고 있기에 생명나무를 따 먹지 못하게 된 모습을 상기하기 위해서 그렇게 휘장에 그린 것입니다. 그런데 예수 그리스도가 대제사장으로 오셔서 성전의 휘장을 찢어버리셨습니다.

〈마 27:51〉 이에 성소 휘장이 위로부터 아래까지 찢어져 둘이 되고 땅이 진동하며 바위가 터지고

그 후로는 누구든지 지성소에 들어가서 누구나 생명나무를 따 먹을 수 있도록 해주셨습니다. 아무든지 은혜의 보좌 앞에 나아가 생명나무를 따 먹을 수 있게 된 것입니다.

■ 생명나무의 중요성 4- 우리가 하나님의 성전이 되어 생명나무 신앙으로 살아야 함을 강조.

아무튼 구약의 성전은 에덴의 모형이라고 할 수 있습니다. 에덴으로 가는 중간 기능과 역할을 한다고 볼 수 있습니다. 아니 성전의 컨셉은 임마누엘 자체였습니다. **하나님이 언제나 성전에 임재해 계신다고 생각했기 때문입니다. 그래서 구약 백성들은 성전에서 하나님의 임재를 경험하며 생명을 얻고 축복을 받은 것입니다. 그런데 예수님이 오셔서 자신이 하나님의 성전이라고 말씀하셨습니다. 거기다가 이 성전을 헐면 자신이 새로운 성전을 세우겠다고 말씀하셨습니다(요 2:19-21).** 결국 예수님은 십자가에 못 박혀 죽으셨지만 사실 그렇게 해서 새로운 성전이 지어진 것입니다. **그 새 성전은 예수님의 육체였습니다. 왜냐하면 예수님의 육체 안에 하나님이 계셨기 때문입니다. 그런데 예수님이 십자가에 죽으심으로써 자신의 육체 안에 계신 성령을 그를 믿는 성도들에게 이월되게 하셨습니다.** 그래서 이제는 성도들의 몸이 하나님의 성전이 되도록 하신 것입니다.

〈고전 3:16〉 너희는 너희가 하나님의 성전인 것과 하나님의 성령이 너희 안에 계시는 것을 알지 못하느냐.

〈고전 6:19-20〉 19너희 몸은 너희가 하나님께로부터 받은 바 너희 가운데 계신 성령의 전인 줄을 알지 못하느냐 너희는 너희 자신의 것이 아니라 20값으로 산 것이 되었으니 그런즉 너희 몸으로 하나님께 영광을 돌리라.

이렇게 하나님은 개인적으로는 우리 몸이 성전 되게 해주셨습니다. 물론 개인적으로는 우리 몸도 성전이지만 예수님은 이런 성전을 보여주셨습니다. 하나님의 더 큰 성전을 이루게 하신 것입니다. **그게 바로**

그리스도의 몸 된 교회인 것입니다. 이제 우리는 지체로서의 성전이고 교회는 주님의 몸으로서의 성전인 것입니다. 우리는 지체로서의 부분적인 성전이지만 교회는 그리스도의 몸으로서 전체적인 성전이라고 할 수 있습니다.

에덴 동산 ⇒ 성막+성전 ⇒ 예수 그리스도 성전(요 2:19) ⇒ 성도성전(개인성전) / 교회성전(전체성전) ⇒ 천상 성전

그러므로 우리 몸도 하나님의 성전이라면 우리 몸 안에도 에덴의 구조가 이월돼 있어야 합니다. 거기에는 언제나 생명나무가 자리 잡고 있어야 합니다. 그러나 언제나 우리 안에는 선악과가 있습니다. 우리 안에 생명나무가 중심이 돼 있어야 하는데, 생명나무가 자리를 잡고 있지 않고 선악과나무가 자리 잡고 있는 것입니다. 그러니 타락한 성전입니다. **그렇기 때문에 우리는 언제나 주님을 주인으로 모시는 신앙, 생명나무가 우리 마음 한가운데 자리 잡고 있어야 합니다. 그럴 때 진정한 성전, 완전한 성전인 것입니다.** 바로 그런 사람들에게 하나님의 기적과 축복이 쏟아지는 것입니다. 저절로 에덴의 축복이 임하는 것입니다. 왜냐면 그 사람은 기적과 축복의 원리와 법칙대로 살기 때문입니다.

■ 결론

구약 백성들은 자신들의 죄 문제를 해결 받고 생명과 구원을 얻기 위해서 반드시 성전의 제단을 통과해야 했습니다. 그리고 성소를 통과해서 지성소에 가서 하나님을 만나야 했습니다. 구약 백성들은 그것을 에덴 동산에 들어가서 생명나무 열매를 따 먹는 것이라고 생각했습니다.

그런데 그 길을 우리 예수님이 여신 것입니다. 바로 우리 예수님이 새 성전을 이루셨던 것입니다. 그리고 그 새 성전은 주님의 몸된 교회로 이루어진 것입니다. 그 교회는 종말에 가서는 하나님의 나라로 이루어지게 될 것입니다. 그래서 오늘날 우리가 예수 그리스도를 통해서 교회에 오는 것은 큰 축복입니다. **더군다나 성전 정문을 통해서 교회에 들어와 정상적인 신앙생활을 하고 생명나무를 선택하는 것은 가장 큰 축복입니다.**

에덴 동산 ⇒ 성막+성전 ⇒ 예수 그리스도 성전(요 2:19) ⇒ 성도성전(개인성전) / 교회성전(전체성전) ⇒ 천상 성전

Q 생명나무를 구원 적용적 차원에서 우리의 삶에 적용해 볼 때 어떤 의미와 교훈을 받을 수 있습니까?

A 예수님을 통해서 구원받고 그 구원의 은혜와 은총을 누리며 살아가고 있다.

6. 만일 아담과 하와가 생명나무 열매를 따 먹었더라면 타락을 경험하지 않고 영생을 했을 것입니다. 왜 그랬을까요?

〈창 2:16-17〉 16여호와 하나님이 그 사람에게 명하여 이르시되 동산 각종 나무의 열매는 네가 임의로 먹되 17선악을 알게 하는 나무의 열매는 먹지 말라 네가 먹는 날에는 반드시 죽으리라 하시니라.

〈창 3:22〉 여호와 하나님이 이르시되 보라 이 사람이 선악을 아는 일에 우리 중 하나같이 되었으니 그가 그의 손을 들어 생명나무 열매도 따 먹고 영생할까 하노라 하시고.

죽음은 선악과를 따 먹지 말라고 하신 하나님의 말씀에 대해 불순종의 대가로 인간에게 임한 것이다. 따라서 선악과를 따 먹지 않았다면 영생할 수 있는 것이다. 이것은 하나님의 약속이며 언약이다.

신학적 배경 설명

하나님께서는 창세기 2장 16-17절 말씀을 통해 우리와 행위 언약을 맺으셨다. 이는 선악과나무 그 자체에 무슨 효험이나 능력이 있는 것이 아니다. 오직 '선악과의 열매를 따 먹지 말라'는 하나님의 말씀에 우리가 순종하는가, 불순종하는가의 행동을 통해 그 효력이 발휘되는 것이다. 에덴 동산에서는 이 행위 언약을 지킴으로 구원을 얻는다. 매튜 헨리 주석에서 "생명나무는 아담에게 그가 무죄한 상태로 계속 순종만 하면 창조주가 베푸는 은혜로 말미암아 장수와 행복을, 더 나아가서는 불멸과 영원한 축복까지 받게 될 것을 보증하는 징표와 인종이 되도록 계획된 것이었다. 아담은 이 나무의 열매를 먹고 또 영원히 살 수도 있었을 것이다"라고 말한다.

Q 왜 아담과 하와는 생명나무를 선택하지 못하고 선악과 열매를 따 먹었을까요? 여러분은 어떤 선택을 하였을까요? 함께 나누어 봅시다.

A 1) 마음의 교만 때문이다.

〈욥 15:25〉 이는 그의 손을 들어 하나님을 대적하며 교만하여 전능자에게 힘을 과시하였음이니라.

2) 자기 욕심 때문이다.

〈약 1:14〉 오직 각 사람이 시험을 받는 것은 자기 욕심에 끌려 미혹됨이니.

3) 유혹의 욕심을 따라가는 옛 자아 때문이다.

〈엡 4:22〉 너희는 유혹의 욕심을 따라 썩어져가는 구습을 따르는 옛 사람을 벗어버리고.

Q 만약에 당신이 에덴 동산 중앙에 있는 생명나무와 선악과 앞에 있다면 어떻게 하시겠습니까? 정말 선악과를 따 먹지 않을 자신이 있는지 나누어 봅시다.

A 선악과를 따 먹지 않을 자신은 아무도 없다. 왜냐하면 선악과를 따 먹지 않을 사람은 지금 하나님의 말씀에 무조건 순종할 수 있는 사람이기 때문이다. 어쩔 수 없이 무너질 수밖에 없는 존재가 바로 우리 인간이다.

■ 구속사적인 차원과 신학적인 차원에서 생명나무의 의미

7. 생명나무를 선택하지 못한 인간에게 어떤 결과가 나타났습니까?

〈창 3:24〉 이같이 하나님이 그 사람을 쫓아내시고 에덴 동산 동쪽에 그룹들과 두루 도는 불칼을 두어 생명나무의 길을 지키게 하시니라.

8. 사탄으로 인해 생명을 선택하지 못한 인간들에게 하나님께서는 어떤 회복을 말씀하십니까?

〈창 3:15〉 내가 너로 여자와 원수가 되게 하고 네 후손도 여자의 후손과 원수가 되게 하리니 여자의 후손은 네 머리를 상하게 할 것이요 너는 그의 발꿈치를 상하게 할 것이니라 하시고,

창세기 3장 15절은 여러 가지 예표이고 상징적인 의미를 담고 있다. 여인의 후손은 성령으로 잉태하는 아들, 예수 그리스도를 예표한다. 이는 제2의 생명나무를 상징한다고 볼 수 있다. 제2의 생명나무 되시는 예수님이 '말씀이 육신이 되신 성육신의 사건' 으로 오셨다(요 1:14).

9. 사탄의 머리를 박살 낼 여자의 후손은 어떻게 태어났습니까?

〈요 1:14〉 말씀이 육신이 되어 우리 가운데 거하시매 우리가 그의 영광을 보니 아버지의 독생자의 영광이요 은혜와 진리가 충만하더라.

말씀이 육신이 되어 우리 가운데 거하시게 된 것이다. 예수님은 우리를 생명으로 이끄실 제2의 생명나무로 오신 것이다.

10. 성경은 생명과 영생에 대해 어떻게 말씀하고 있습니까?

〈요 17:3〉 영생은 곧 유일하신 참 하나님과 그가 보내신 자 예수 그리스도를 아는 것이니이다.

'안다'는 말의 헬라어는 '기노스코'(γινώσκω)와 '오이다'(οἶδα)가 있는데, 기노스코(γινώσκω)는 경험적인 앎을 말하는 반면 오이다(οἶδα)는 지식적으로 아는 것을 말한다. 요한복음에서 말하는 앎이란 예수님을 경험하고 예수님과 함께하는 것을 통해 아는 기노스코(γινώσκω)이다. 곧 예수님을 생명으로 아는 것이다. 주님을 만나고 주님의 생명이 내게 있고 주님과 동행하는 것, 이것이 바로 영생이다. 그러므로 우리가 주님을 만나면 만날수록 율법적으로 믿는 것이 아니라 생명으로, 은혜로 생명나무를 선택하며 믿어야 하는 것이다.

Q 당신은 생명 되신 예수님을 통해 어떤 회복과 생명을 경험하고 있습니까?

A 예수님을 만난 사람에게는 기쁨과 회복과 은혜가 넘친다. 자신이 경험하게 된 평강과 화평, 기도 응답, 가정의 회복, 은혜 등을 나눈다.

11. 성경은 생명 되신 예수님에 대해 어떻게 말씀하고 있습니까?

〈계 2:7〉 귀 있는 자는 성령이 교회들에게 하시는 말씀을 들을지어다 이기는 그에게는 내가 하나님의 낙원에 있는 생명나무의 열매를 주어 먹게 하리라.

Q 생명나무의 열매를 주어 먹게 한다는 의미는 무엇인지 나누어 봅시다.

A 앞의 말씀에서 "생명나무의 열매를 주어 먹게 한다"는 것은 천국에서 완전히 예수님을 차지한다는 것, 주님을 소유한다는 것이다. 그러므로 우리는 전심으로 주님을 사랑할 때 주님의 생명, 사랑, 은혜를 소유할 수 있다.

Q 생명나무 열매를 먹을 수 있는 사람은 승리하는 자라고 말하고 있습니다. 그렇다면 신앙의 갈등 가운데 어떻게 하는 것이 이기는 것인지 나누어 봅시다.

A 생명나무이신 주님이 주시는 생명, 사랑, 은혜를 얻기 위해서는 이기는 자가 되어야 한다. 그러기 위해 무엇보다 예수님과 말씀을 선택하고 말씀대로 사는 삶을 살아야 한다. 말씀을 선택하고 순종하는 삶이 무엇인지, 어떻게 순종하며 살 것인지, 불순종의 유혹에 대해 어떻게 할지 나눈다.

〈계 22:2〉 길 가운데로 흐르더라 강 좌우에 생명나무가 있어 열두 가지 열매를 맺되 달마다 그 열매를 맺고 그 나무 잎사귀들은 만국을 치료하기 위하여 있더라.

이는 종말론적으로 예수님을 표현할 때, 예수님을 '나무'로 비유, 상징한 것이다. 즉 예수님이 생명나무라는 것을 말한다. 우리는 제2의 생명나무를 따 먹음으로 구원을 받았다. 그런데 구원을 받았다고 해서 모든 것이 끝인가? 그렇지 않다. 사탄은 선악과의 유혹의 원리를 가지고 지금도 우리를 넘어뜨리려고 한다. 사탄의 원리와 정신, 사상을 따라 계명 바깥으로 나가고자 하는 유혹을 받는다. 이러한 유혹 가운데에도 우리는 생명나무를 선택하고 예수님의 정신과 사상, 주님의 원리를 따라 거룩하게 살아야 한다. 이렇게 주님을 따라 살아가는 것이 주님을 사랑하고 은혜로 살아가는 것이다. 나무의 가지와 잎사귀들은 그 근원인 뿌리에서 영양을 공급 받고 살아야만 한다. 이처럼 우리가 예수님의 생명, 원리, 교훈을 계속해서 먹고 마시며 공급 받으며 사는 것이 생명나무를 선택하는 것이다.

Q 구원을 받았음에도 계속해서 넘어지게 하는 유혹에는 무엇이 있습니까?

A 구원은 받았지만 우리는 선악과를 선택하게끔 하는 사탄의 유혹 속에 빠지게 된다. 내가 쉽게 넘어지게 되는 유혹은 무엇인지 나눈다
(미움, 판단, 시기, 비판, 십일조, 주일성수, 전도, 봉사 등)

12. 생명나무로 나아갈 수 있는 자는 누구라고 말씀하고 있습니까?

〈계 22:14〉 자기 두루마기를 빠는 자들은 복이 있으니 이는 그들이 생명나무에 나아가며 문들을 통하여 성에 들어갈 권세를 받으려 함이로다.

자기 두루마리를 빠는 자라고 말한다. 자기 두루마리를 빠는 사람이란 성결하고 거룩하고 말씀에 순종하는 사람을 지칭하는 것이다. 즉 하나님의 말씀에 따라 생명을 선택하며 하나님의 뜻이라면 누가 조롱할지라도 순종하는 사람의 모습을 말한다.
예) 게할더스 보스가 말한 제2 생명나무를 통한 감사와 찬양의 회복

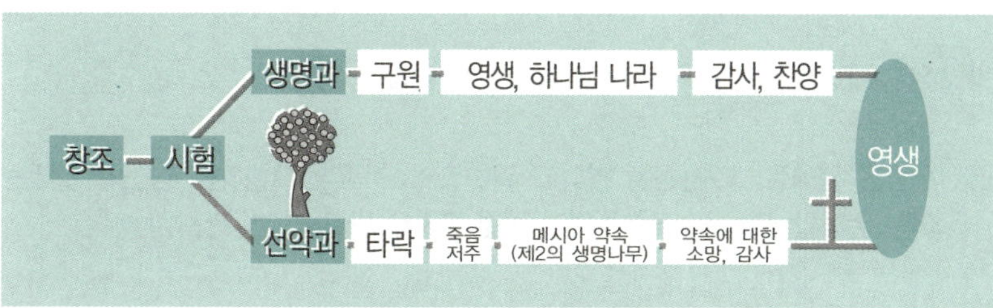

■ 생명나무에 대한 구체적인 의미

13. 성경에서 은유적으로 표현된 생명나무의 의미를 살펴봅시다.

〈잠 3:18〉 지혜는 그 얻은 자에게 생명나무라 지혜를 가진 자는 복되도다.

이 지혜는 하나님의 지혜를 말한다.

여기서 우리는 문자적인 의미만을 보는 것이 아니라 그 안에 담고 있는 비유적, 상징적인 표현을 알 수 있어야 한다. 선악과 그 자체는 사탄의 지혜가 아니다. 선악과를 따 먹으라고 유혹하며 접근하는 것이 사탄의 지혜인 것이다. 이런 관점에서 18절 말씀을 보면, 이는 하나님의 지혜이다. 그 지혜가 바로 예수 그리스도이며 생명나무인 것이다. 예수님이 주시는 생명의 지혜, 이것이 바로 생명나무다. 하나님이 주시는 지혜를 따라 하나님이 원하시는 것을 선택하는 것, 주님을 택하는 것이 바로 올바른 선택이다.

〈잠 11:30〉 의인의 열매는 생명나무라 지혜로운 자는 사람을 얻느니라.

나를 통해서 열매 맺어지는 의의 열매가 생명나무이다. 그러므로 우리는 항상 의의 열매를 맺어야 한다. 성경은 그 사람을 알아보기 위해서는 그 사람의 열매를 보고 알라고 말씀하셨다.

〈마 7:20〉 이러므로 그들의 열매로 그들을 알리라.

Q 성경은 열매로 그 사람을 안다고 말하고 있습니다. 그렇다면 당신의 열매는 어떤 열매입니까? 당신은 주위에 어떤 평가를 받고 있습니까?

A 만일 이유가 있어서 미워한다 할지라도 그것도 선악과이다.

〈요일 3:15〉 그 형제를 미워하는 자마다 살인하는 자니 살인하는 자마다 영생이 그 속에 거하지 아니하는 것을 너희가 아는 바라.

〈잠 13:12〉 소망이 더디 이루어지면 그것이 마음을 상하게 하거니와 소원이 이루어지는 것은 곧 생명나무니라.

소원이 이루어지는 것이 생명나무라고 하는 것은 항상 주님이 원하시는 소원대로 이루어져서 결과가 선이고 기쁨이고 은혜가 되는 것을 말한다. 아무리 내가 옳고 정확하다고 할지라도 그 이룬 결과가 기쁨이 되지 않으면 절대로 생명나무가 아니다.

Q 당신은 내가 옳다는 것 하나 때문에 다른 사람을 무시하고 공격하면서 승리를 경험한 적이 있습니까? 그때 이후의 신앙생활은 어떠했습니까?

A 옳은 것은 좋다. 그러나 허전함이 있어서 안 된다. 모자람이 있어서는 안 된다. 기쁨이 풍족하고 생명이 넘쳐야 한다. 옳은 일을 하다가 공허해져서 시험들면 안 된다. 하나님의 뜻과 생명이 중요하다. 내가 아무리 옳다고 할지라도 내 마음에 기쁨이 사라지는 것은 선악과이다. 생명을 선택하는 사람은 내가 조금 손해가 있고 억울하다 할지라도 선을 도모하고 기쁨을 이루는 방향으로 일을 진행한다.

〈잠 15:4〉 온순한 혀는 곧 생명나무이지만 패역한 혀는 마음을 상하게 하느니라.

Q 당신의 말은 온순함이라는 관점에서 몇 점 정도 줄 수 있습니까? 그 이유는 무엇입니까?

A 아무리 내가 옳다고 할지라도 남에게 상처 주는 것은 생명나무를 선택하는 것이 아니라 선악과를 선택하는 것이다. 이것을 염두하면서 나눈다.

〈막 9:42〉 또 누구든지 나를 믿는 이 작은 자들 중 하나라도 실족하게 하면 차라리 연자맷돌이 그 목에 매여 바다에 던져지는 것이 나으리라.

오늘날 우리에게 있어서 생명나무와 선악과를 어떻게 받아들여야 할까? 우리는 이를 성화 생활에 적용할 줄 알아야 한다. 조직신학적 입장에서 현재의 우리에게 있어서 제2의 생명나무가 예수 그리스도라고 하면, 선악과는 우리 삶을 제한시키는 율법이라고 적용해 볼 수 있다. 곧 선악과의 교훈은 율법으로 비유해 볼 수 있는 것이다. 율법은 무엇인가? 우리의 삶의 계명으로써 거룩의 원리, 성화의 원리로 남겨 준 것이다. 율법 자체가 나쁜 것은 아니다. 하나님이 주신 율법, 그 율법 가운데 우리의 삶을 제한시키는 것이 선악과라고 할 수 있다. 그런데 그 제한하는 것을 어기고 선악과를 따먹는 것은 사탄의 원리 즉, 옛 사람이 살아서 사탄을 좇는 것이다. **그래서 선악과가 우리의 삶을 제한하는 것이다.**

그러나 이러한 제한 안에도 두 가지 유형이 있다. 먼저 선악과적인 제한 안에서만 하는 사람이 있는가 하면, 생명나무를 선택하는 사람도 있다. 전자와 같이 도덕적, 윤리적 의식만 가지고 신앙생활을 하면 생명 충만, 은혜 충만, 기쁨 충만이 될 수 없다. 도리어 위선적, 도덕적, 율법적으로 흐르게 된다. 그래서 우리는 신앙적용적 차원에서 생명나무를 선택해야 한다. 이 생명나무와 성령의 법은 같은 원리라고 볼 수 있다. 그 율법 속에서 거룩한 생각을 하는 것은 내 힘으로 하는 것이 아니다.

생명나무를 선택한 사람도 도덕적이고 윤리적일 수 있다. 하지만 그 사람이 선악과를 따 먹지 않으려고 노력하는 것이 아니라, 생명나무를 따 먹으면 선악과의 유혹에서 자유할 수 있는 것이다. 하나님이 우리에게 선악과를 주신 것은 하나님이 주신 율법이다. 그래서 우리는 그 제한을 받는다. 그러나 이보다 더 중요한 것은 율법을 지키고 계명을 지키는 것도 내 힘으로 하는 것이 아니라, 내 안의 성령의 생명의 법으로 한다는 것이다. 그러므로 우리는 윤리적이며 도덕적인 신앙을 초월하여 생명을 선택하는 생명나무 신앙을 소유해야 한다.

Q 어떻게 하면 선악과를 선택하지 않을 수 있습니까? 자신의 힘과 노력으로 선악과를 선택하지 않을 수 있습니까? 이야기를 나누어 봅시다.

A 자신의 힘으로는 절대로 안 된다. 오직 성령의 생명의 법으로만 가능하다.

나눔 갖기 서로 나눔

- 생명나무는 어떤 나무인지 나누어 보자.
- 생명나무를 선택했을 경우 어떤 결과가 임하는가?
- 생명나무와 예수님은 서로 어떤 관계가 있는가?

무기 삼기 생활 적용

오늘날 에덴 동산이나 생명나무는 존재하지 않는다. 그러나 교훈적 선악과는 존재하고 생명나무의 교훈을 우리의 삶에 적용할 수 있다. 선악과를 율법으로 설명한다면 생명나무는 복음이라고 말할 수 있다. 즉 하나님을 선택하고 은혜를 선택하고 감사와 찬양, 순종과 아멘을 선택하는 것을 교훈으로 삼을 수 있다. 생명나무의 교훈을 우리의 삶에 적용해 보자.

1. 중생과 구원에 연관해서

제2의 생명나무 되신 예수님을 믿는 것이다.

2. 교회 생활과 연관해서

생명, 순종, 은혜, 아멘, 충성, 희생을 선택하는 것이다.

3. 삶의 현장에서

불평과 원망을 선택할 것이 아니라 감사와 찬양을 선택해야 한다. 내게 손해가 되고 힘이 들어도 하나님이 기뻐하시는 쪽으로, 감동을 주시는 대로 아멘하고 순종하는 것이다.

하나님은 우리가 생명나무를 선택하며 살기를 원하신다. 왜냐하면 거기에 참된 기쁨과 만족과 행복이 있기 때문이다. 선악과나무를 선택하면 순간은 기쁨이 있고 자기 만족이 있는 것처럼 보인다. 그러나 뒤돌아서면 후회요 원망이요 불평이요 오히려 자기를 죽이는 독이 되는 것을 볼 수 있다. 나방은 본능에 따라 불꽃으로 날아 들어간다. 그러나 그것이 순간의 희열을 줄 수는 있으나 결국에는 파멸과 죽음의 길인 것이다.

"주여, 우리에게 생명나무를 소유할 수 있게 하시니 감사합니다.
매 삶에 생명나무를 택하는 저희의 삶이 되게 하소서."

멘토링

하나,

석류열매

소강석 목사의 시집 《어젯밤 꿈을 꾸었습니다》 중에서

빨갛게 익어
쫘악 벌어져 있는
널
그저 생각만 해도
입에선 신 침이 솟아오른다.

알알이 박혀 있는 너의 모습을
그냥 보기만 해도
풍성한 생명의 신비함을 느낀다.

아내의 사랑니보다 더 신비스럽고
첫 아들의 처음 솟아오른 이빨보다
더 기이한 너의 모습
게다가 그 신비한 생명들이
알알이 박혀 있지 않는가.
아니 그 생명의 알알들이 너무 가득해
도저히 주체를 못하여
마침내
쫘악 벌어지고 만 너
그러기에 선민들이
널

에덴의 생명나무였을 것이라고
말함직도 하였으리.
바로 네가 인류에게 영생을 준다는
그 생명나무 열매였다고.

둘,

두 부류의 성도

오늘날 경건하게 신앙생활하는 사람들 가운데는 두 가지 부류가 있습니다. 먼저 소극적인 차원에서 '어떻게 하면 선악과나무를 안 따먹을 것인가?' 만을 생각하며 신앙생활을 하는 성도가 있습니다. 그래서 율법적으로만 '주일을 범하지 말아야지, 십일조 안 떼어먹어야지, 또 내가 주의 종이나 교회도 비방하지 말고, 부부생활을 하면서 바람 피우지 말고 거짓말하지 말아야지, 남을 미워하지 말아야지' 하고 생각하는 것입니다.

그러나 생명나무를 선택하는 사람은 이 단계를 넘어간 사람입니다. 그렇게 사는 것은 당연한 것이고 그 단계를 넘어서 이제는 목숨을 걸고 하나님을 섬기며 사랑하려는 사람입니다. 소극적으로 신앙생활하는 사람은 아무리 제한적인 명령에 결격 사유가 없는 것처럼 보이지만 지나간 과거에 결정된 일을 가지고 원망을 하기도 하고, 고통스러운 현실 앞에서 원망하고 탄식을 하는 경우가 많습니다. "나는 왜 이렇게 키가 작고 외모가 잘생기지 못했는가? 나는 왜 이런 가문에서 태어났고 이런 학교를 나왔으며 왜 이런 부모를 만났을까? 나는 왜 이런 배우자를 만나서 고생하고 있단 말인가? 그리고 나는 이런 환경에서 살아야 하는가?" 아무리 율법을 지켜도 내면은 항상 이렇게 번데기 같은 주름진 삶을 사는 경우가 많습니다. 그래서 원망과 불평, 온갖 탄식과 회의로 신음하며 삽니다.

그러나 생명나무를 선택하는 사람은 그런 것에 매여 살지 않습니다. 지나간 과거와 고통스러운 현실이 중요한 것이 아닙니다. 생명나무 성도는 오히려 하나님을 더 사랑하고 잘 섬길 수 있는 기회로 여깁니다. 그러므로 이런 사람은 이미 결정된 운명, 지금 박살나고 깨져버린 현실을 그대로 받아들이고 내가 주님을 더 사랑하고 섬기는 데 목숨을 겁니다.

지나간 과거의 운명은 하나님도 어쩔 수 없지 않습니까? 하나님도 어쩔 수 없는 그것을 어떻게 내가 돌이킬 수 있단 말입니까? 과거에 결정되어버린 운명은 운명이고, 그것을 내일의 찬란한 약속과 기회로 바꾸어 주시는 하나님이시지만 하나님께서 과거를 어떻게 돌이켜 주신단 말입니까? 그러므로 과거에 결정된 운명을 탓하지 말고 내가 주님을 더 사랑하고 섬기는 데 생명을 겁니다. 주님을 더 사랑할 수 있는 일에 목숨을 겁니다. 왜 그렇습니까? 바로 그것이 생명나무를 선택하는 것이기 때문입니다.

다이어리

제2과를 공부한 후의 삶의 변화와 깨달음을 적고 서로 나눕시다.

생명나무학교 The Tree of Life

3과 오늘날 우리에게 있어서 무엇이 선악과를 따 먹는 것입니까?

8 여호와 하나님이 동방의 에덴에 동산을 창설하시고 그 지으신 사람을 거
기 두시니라 9 여호와 하나님이 그 땅에서 보기에 아름답고 먹기에 좋은
나무가 나게 하시니 동산 가운데에는 생명나무와 선악을 알게 하는 나무
도 있더라 (창 2:8-9).

본문 묵상

하나님께서 에덴 동산을 창설하시고 그 땅에서 어떤 것들이 나게 하셨습니까?(9절)

하나님께서 만드신 것 가운데 동산 중앙에 있는 나무는 무엇이었습니까?(9절)

생각하기 깨워 보기

우리는 예수 그리스도의 구속의 완성된 빛 아래서 사는 신약 성도들이다. 현재 우리에게는 에덴 동산도 선악과나무도 존재하지 않는다. 하지만 에덴 동산의 배경 안에서 구약의 용어를 빌려서 오늘날 우리들의 삶을 어떻게 살아가야 할 것인가를 배울 수 있다. 그렇다면 오늘날에는 무엇이 선악과나무를 따 먹는 것일까? 한마디로 사탄의 원리와 유혹을 따르는 것이다. 혹은 사탄의 사상과 정신을 따르는 것이다. 그런데 이것의 주체는 바로 옛 사람이다. 다시 말하자면 구원받고 하나님의 자녀가 되었지만 여전히 옛 사람의 원리와 욕구로 사는 것을 의미한다.

명심하기 본문 탐색

1. 성경은 옛 사람에 대해 어떻게 말하고 있습니까?

〈엡 4:22〉 너희는 유혹의 욕심을 따라 썩어져 가는 구습을 따르는 옛 사람을 벗어버리고

성경에서는 옛 사람의 모습을 유혹의 욕심을 따라 썩어져 가는 구습을 따르는 사람의 모습이라고 말하고 있다.

2. 에베소서 4장 22절에서 말하는 '유혹의 욕심을 따라 썩어져 가는 구습을 따르는' 모습은 무엇을 말합니까?

〈눅 8:12〉 길가에 있다는 것은 말씀을 들은 자니 이에 마귀가 가서 그들이 믿어 구원을 얻지 못하게 하려고 말씀을 그 마음에서 빼앗는 것이요.

원칙적으로 보자면 예수님을 믿기 전의 거듭나지 못한 사람이다.

〈갈 5:20-21〉 [20]우상숭배와 주술과 원수를 맺는 것과 분쟁과 시기와 분 냄과 당짓는 것과 분열함과 이단과 [21]투기와 술 취함과 방탕함과 또 그와 같은 것들이라 전에 너희에게 경계한 것같이 경계하노니 이런 일을 하는 자들은 하나님의 나라를 유업으로 받지 못할 것이요.

또 거듭났다고 해도 실질적으로 아직도 옛 사람에 머물 수도 있다. 이 말은 신앙의 주인이 주님이 아니라, 내가 신앙의 주체요 인생의 주인으로 군림하고 있는 옛 사람인 것이다. 우리 육신을 십자가에 못 박아 육신이 죽는 사람이 되어야 한다.

〈갈 2:20〉 내가 그리스도와 함께 십자가에 못 박혔나니 그런즉 이제는 내가 사

는 것이 아니요 오직 내 안에 그리스도께서 사시는 것이라 이제 내가 육체 가운데 사는 것은 나를 사랑하사 나를 위하여 자기 자신을 버리신 하나님의 아들을 믿는 믿음 안에서 사는 것이라.

〈갈 5:24〉 그리스도 예수의 사람들은 육체와 함께 그 정욕과 탐심을 십자가에 못 박았느니라.

〈고전 15:50〉 형제들아 내가 이것을 말하노니 혈과 육은 하나님 나라를 이어받을 수 없고 또한 썩는 것은 썩지 아니하는 것을 유업으로 받지 못하느니라.

옛 사람이란?
구원 전 : 예수님을 믿기 전의 사람
구원 후 : 신앙생활의 주체가 주님이 아니라 자신인 사람

Q **주님의 일을 하면서 하나님의 뜻이라고 생각했지만 결국은 자신의 욕심과 생각, 이성을 앞세운 행동을 한 적이 있습니까? 무엇인지 나누어 봅시다.**

A **예수님을 믿는다고 하면서 교회 안에서 물의를 일으키는 것은 대부분 자기 욕심과 자기 생각에 기인한다. 예) 억지 주장, 반대를 위한 반대**

3. 옛 사람으로부터 승리하기 위해서는 어떻게 해야 한다고 말합니까?

〈롬 6:6〉 우리가 알거니와 우리의 옛 사람이 예수와 함께 십자가에 못 박힌 것은 죄의 몸이 죽어 다시는 우리가 죄에게 종노릇하지 아니하려 함이니.

성경은 십자가에 못 박혀야 한다고 말하고 있다. 십자가에 못 박혀 내 자아를 죽이고 새로운 피조물로 거듭나야 한다. 나는 십자가에서 죽고 주님이 내 삶의 주인이 되어 주님이 원하시는 대로, 주님의 뜻대로 행동하는 삶을 살아야 한다.

〈고후 5:17〉 그런즉 누구든지 그리스도 안에 있으면 새로운 피조물이라 이전 것은 지나갔으니 보라 새것이 되었도다.

새로운 피조물은 그리스도 안에서 살아가는 사람이다. 그리스도 안에 있다는 것은 그리스도를 주인으로 모시고 사는 사람을 말한다.

Q 옛 사람이 십자가에 못 박힘으로 인해. 새로운 모습으로 변화되었던 경험을 나눕시다.

A 예수 그리스도를 나의 구주로 영접한 것도 옛 사람을 벗은 첫 번째 단계이다. 옛 사람이 십자가에 못 박혀 새로운 모습으로 거듭난다는 것은 예수 그리스도를 믿으면서 신앙의 중심 이동, 거룩한 자아 교환을 말하는 것이다.

4. 옛 사람은 무엇을 추구하며 삽니까?

〈엡 4:22-24〉 [22]너희는 유혹의 욕심을 따라 썩어져 가는 구습을 따르는 옛 사람을 벗어버리고 [23]오직 너희의 심령이 새롭게 되어 [24]하나님을 따라 의와 진리의 거룩함으로 지으심을 받은 새사람을 입으라.

옛 사람이란 심령이 새롭게 되지 못하여 자신의 생각과 자신의 뜻대로 살아가는 사람이다. 하나님의 뜻보다는 자신의 생각이 앞선 사람이다.

〈삼상 15:21-22〉 [21]다만 백성이 그 마땅히 멸할 것 중에서 가장 좋은 것으로 길갈에서 당신의 하나님 여호와께 제사하려고 양과 소를 끌어 왔나이다 하는지라 [22]사무엘이 이르되 여호와께서 번제와 다른 제사를 그의 목소리를 청종하는 것을 좋아하심같이 좋아하시겠나이까 순종이 제사보다 낫고 듣는 것이 숫양의 기름보다 나으니.

사울은 아말렉의 모든 것을 죽이라는 하나님의 말씀을 거역하고 자기 생각대로 좋은 짐승을 가지고 하나님께 제사드릴 생각으로 좋은 짐승을 가져 온 것이다. 아무리 좋은 의도였을지라도 그것은 하나님의 생각이 아니라 자기 생각이었다.

〈창 3:4-6〉 4뱀이 여자에게 이르되 너희가 결코 죽지 아니하리라 5너희가 그것
을 먹는 날에는 너희 눈이 밝아져 하나님과 같이 되어 선악을 알 줄을 하나님이
아심이니라 6여자가 그 나무를 본즉 먹음직도 하고 보암직도 하고 지혜롭게 할
만큼 탐스럽기도 한 나무인지라 여자가 그 열매를 따 먹고 자기와 함께 있는 남
편에게도 주매 그도 먹은지라.

옛 사람으로 살아가는 사람은 죄가 달콤해 보이고 죄가 먹음직, 보암직하게 보인다. 뿐만 아니라 자신만 죄를 짓는 것이 아니라 다른 사람에게도 죄를 짓게끔 유도하며 유혹한다.

Q 누군가의 말을 듣고 괜히 마음이 흔들리고 실족한 경험을 나눕시다.

A 시험 든 사람의 말을 들으면 그의 말이 옳은 것 같지만 결국 나의 신앙도 무너지게 된다(불평, 원망, 공격, 헐뜯음, 비방 등)

〈요일 2:15〉 이 세상이나 세상에 있는 것들을 사랑하지 말라 누구든지 세상을 사랑하면 아버지의 사랑이 그 속에 있지 아니하니.

옛 사람은 불평도 하고, 술도 마시고 교회 봉사도 한다. 새사람은 그렇지 않다. 옛 사람은 유혹의 욕심과 세상을 추구하는 삶을 살아간다. 세상도 사랑하고 주님도 사랑할 수는 없다. 옛 사람은 세상을 사랑한다. 하지만 새사람은 거룩한 욕심을 따라 살아간다. '교회를 더 사랑해야겠다. 목사님의 말씀에 더 순종하며 살겠다' 등의 마음을 갖게 되는 것이다.

※ 창세기 3:4-6 : 하와의 신앙의 반란

하와는 하나님의 말씀을 거역하고 선악과를 따 먹는 신앙의 반란을 일으

켰다. 그것은 마귀의 유혹이 있었기 때문에 일어난 일이었지만 하와가 영적으로 방심을 하고 있었던 것도 원인이었을 것이다. 하와가 영적인 투명함을 지니고 있었다면 한순간의 유혹에 넘어지고 말았겠는가?

우리에게도 때로는 유혹이 올 때가 있다. 갑자기 기도하기가 싫고 예배드리기가 싫다. 이상하게 목사님과의 관계가 멀어진다. 이러한 것들은 옛 사람의 잔재가 내 속에서 유혹하고 넘어지게 하는 것이다. 새사람은 하나님을 예배하는 것을 즐거워하고 기도하고 말씀 읽고 찬양하는 것을 가장 기뻐한다. 하지만 옛 사람의 유혹에 넘어지면 은혜가 떨어지고 신앙의 반란이 일어나기 시작한다.

Q 하와와 같은 신앙의 반란을 했던 경험을 나눕시다.

A 누구에게나 그런 경험은 있게 마련이다. 대부분 사람들은 자신들의 생각이 옳다고 하면서 자신의 반항에 대해 변호한다. 이것은 선악과를 선택하는 것이다.

5. 우리가 그리스도인임에도 불구하고 왜 옛 사람으로 살아가는 것일까요?

1) 우리가 (십자가에 못 박히지) 않았기 때문입니다.

〈갈 5:24〉 그리스도 예수의 사람들은 육체와 함께 그 정욕과 탐심을 십자가에 못 박았느니라.

2) 인생의 주인, 신앙생활의 주체를 (나 자신)으로 삼고 살기 때문입니다.

〈갈 2:20〉 내가 그리스도와 함께 십자가에 못 박혔나니 그런즉 이제는 내가 사는 것이 아니요 오직 내 안에 그리스도께서 사신 것이라 이제 내가 육체 가운데 사는 것은 나를 사랑하사 나를 위하여 자기 자신을 버리신 하나님의 아들을 믿는 믿음 안에서 사는 것이라.

〈고후 13:5〉 너희가 믿음에 있는가 너희 자신을 시험하고 너희 자신을 확증하라 예수 그리스도께서 너희 안에 계신 줄을 너희가 스스로 알지 못하느냐 그렇지 않으면 너희가 버림받은 자니라.

주님을 주인으로 모시지 못한 사람은 하나님께 버림받은 자다. 이것은 구원과는 별개이다. 그는 하나님의 자녀인 것은 분명하지만, 하나님의 자녀로서의 권세를 상실한 채로 사는 자들이다.

Q 당신의 생각이 하나님의 생각과 충돌이 일어날 때는 언제였고 어떤 상황이었는지 나눕시다.

A 순종, 헌신, 헌금, 주일성수, 십일조, 봉사 등에서 충돌이 일어날 수 있다. 하지만 하나님의 뜻에 반한다면 이것은 선악과를 선택하는 것임을 주지시킨다.

3) 은혜(생명력)가 떨어졌기 때문입니다.

〈눅 10:40-42〉 40마르다는 준비하는 일이 많아 마음이 분주한지라 예수께 나아
가 이르되 주여 내 동생이 나 혼자 일하게 두는 것을 생각하지 아니하시나이까
그를 명하사 나를 도와 주라 하소서 41주께서 대답하여 이르시되 마르다야 마르다
야 네가 많은 일로 염려하고 근심하나 42몇 가지만 하든지 혹은 한 가지만이라도
족하니라 마리아는 이 좋은 편을 택하였으니 빼앗기지 아니하리라 하시니라.

은혜가 떨어진 사람들은 말씀 듣기보다는 봉사하는 데 더욱 신경을 쓴다. 봉사할지라도 말씀 듣고 은혜 받기를 소홀히 해서는 안 된다.

〈요 11:39-40〉 39예수께서 이르시되 돌을 옮겨 놓으라 하시니 그 죽은 자의 누이 마
르다가 이르되 주여 죽은 지가 나흘이 되었으매 벌써 냄새가 나나이다 40예수께서
이르시되 내 말이 네가 믿으면 하나님의 영광을 보리라 하지 아니하였느냐 하시니.

마르다는 말씀에 은혜를 받지 못하니까 돌을 옮기라고 하시는 예수님의 의도를 제대로 알지 못하고 부정적인 말만 한다. 우리도 이 땅에 살면서 말씀에 은혜를 받지 못하면 하나님이 원하시는 일에 부정적인 행동과 말을 하면서 교회 내의 안티 세력이 될 수도 있다. 나름대로 이성적으로 판단해서 하는 행동이지만 그것은 선악과를 선택한 행동의 결과이다.

Q 당신은 어떻게 은혜를 경험하고 있습니까? 요한계시록 2장 4-5절의 말씀을 보며, 나에게 첫사랑은 언제였고 지금 상태는 어떠한지 나누어 봅시다.

A 주일예배, 금요 철야, 새벽예배, 수요예배를 통해 은혜 받아야 한다는 것을 주지시킨다.

Q 당신이 말씀에 은혜 받지 못하는 이유는 무엇입입니까? 어떻게 극복할 것입니까?

A 말씀에 은혜 받지 못하게 하는 요소가 무엇인지 알고 그것을 제거하고 극복하기 위해 노력하게 한다.

6. 옛 사람의 삶의 특징은 무엇이며, 이것이 어떻게 선악과를 선택하게 합니까?

1) 세상을 사랑하고 (육신의 정욕)을 추구하게 합니다.

〈딤후 4:10〉 데마는 이 세상을 사랑하여 나를 버리고 데살로니가로 갔고 그레스게는 갈라디아로, 디도는 달마디아로 갔고.

〈눅 17:32〉 롯의 처를 생각하라.

〈창 19:26〉 롯의 아내는 뒤를 돌아보았으므로 소금 기둥이 되었더라.

롯의 아내는 소돔과 고모라 땅에 두고 온 금은보화 때문에 뒤돌아보지 말라는 하나님의 말씀을 거역하고 뒤를 돌아보다가 소금기둥이 되었다.

Q 당신의 경우에도 롯의 아내처럼 주님보다 자꾸 바라보게 되는 것이 있습니까? 그것을 어떻게 극복하겠습니까?

A 자신이 사랑하는 것이 있다면 주님보다 그것을 바라보게 되어 있다.

〈마 6:21〉 네 보물 있는 그곳에는 네 마음도 있느니라.

2) 자기 생각이 (하나님의 생각)보다 더 옳다고 생각하게 합니다.
(불평, 교만, 불순종 등)

〈출 32:9〉 여호와께서 또 모세에게 이르시되 내가 이 백성을 보니 목이 뻣뻣한 백성이로다.

이스라엘 백성들은 금송아지로 우상을 만드는 것은 타당하다고 생각했다. 하지만 그것을 보고 계신 하나님은 그들이 교만하고 목이 뻣뻣한 백성이라고 평가절하하셨다.

〈골 2:20-23〉 [20]너희가 세상의 초등학문에서 그리스도와 함께 죽었거든 어찌하여 세상에 사는 것과 같이 규례에 순종하느냐 [21](곧 붙잡지도 말고 맛보지도 말고 만지지도 말라 하는 것이니 [22]이 모든 것은 한때 쓰이고는 없어지리라) 사람의 명령과 가르침을 따르느냐 [23]이런 것들은 자의적 숭배와 겸손과 몸을 괴롭게 하는 데는 지혜 있는 모양이나 오직 육체 따르는 것을 금하는 데는 조금도 유익이 없느니라.

Q 당신은 당신의 주장이 하나님의 뜻이 아니라는 것을 알면서도 자존심과 체면 때문에 주장했던 경험이 있다면 나눕시다.

A 남을 용서하는 것도, 교회의 어떤 일을 추진하는 데 있어서도, 자신의 생각보다는 하나님의 뜻을 먼저 생각할 수 있도록 권면하라.

우리가 시험 든 사람들을 만나 교회나 목회자의 허물에 대하여 들을 때 처음에는 '정말 그럴까?' 하는 의심이 든다. 그러나 계속해서 그런 말을 듣다 보면 자신도 모르게 교회를 사랑하는 마음과 목회자를 향한 존경심이 사라진다. 그리고 마지막에는 하나님까지 싫어지게 된다.

3) 언제나 (선악 판단)을 일삼고 원망을 추구하고 불평의 노예가 되게 합니다.
감사가 없다. 신앙생활의 목표가 공격적이다. 그러면서 자기 잘못은 아니라고 생각한다.

〈창 3:12-13〉 [12]아담이 이르되 하나님이 주셔서 나와 함께 있게 하신 여자 그가 그 나무 열매를 내게 주므로 내가 먹었나이다 [13]여호와 하나님이 여자에게 이르시되 네가 어찌하여 이렇게 하였느냐 여자가 이르되 뱀이 나를 꾀므로 내가 먹었나이다.

자신의 잘못을 인정하지 않고 핑계를 대기 시작한다. 그리고 죄에 대해 다른 사람에게 전가시키려는 모습을 보인다.

〈고전 10:10〉 그들 가운데 어떤 사람들이 원망하다가 멸망시키는 자에게 멸망하였나니 너희는 그들과 같이 원망하지 말라.

불평을 할 때는 자신이 옳은 것 같고 똑똑한 것 같지만 결국은 멸망한다.

〈민 16:32-33〉 [32]땅이 그 입을 열어 그들과 그들의 집과 고라에게 속한 모든 사람과 그들의 재물을 삼키매 [33]그들과 그의 모든 재물이 산 채로 스올에 빠지며 땅이 그 위에 덮이니 그들이 회중 가운데서 망하니라.

원망과 불평을 추구하는 사람은 이미 지나간 과거의 운명, 이미 부서져버린 사건을 놓고 하나님 앞에서 선악을 판단한다. 그리고 교회의 여러 가지 문제들을 지적하며 교회의 영광을 헐어 내리곤 한다. 이런 사람들은 성경도 많이 알고 교회법도 많이 알고 교회 전통과 제도도 많이 안다. 그러나 입만 열면 불평이요, 짜증이요, 원망을 한다. 그렇게 안 하려고 해도 나중에는 인력으로 안 된다. 언제나 선악 판단을 하고 갈등과 회의와 좌절과 원망의 노예가 되어버렸기 때문이다. 이런 사람의 마음속에 무슨 감격과 감동이 있겠는가? 날마다 허무와 불안밖에 없다. 내 속에서 주님이 주인 노릇을 하는 게 아니라 내가 주인으로 군림하고 내가 왕으로 지배를 하고 있기 때문이다.

미국에 계신 어느 장로님은 한참 '여인천하' 라는 드라마가 인기가 있을 때 토요일 밤 늦게까지 그 드라마를 보고 교회를 갔다. 그런데 그날 주일예배 기도 순서를 맡은 것이 아닌가? 준비도 없이 주일예배 기도를 하게 된 그 장로님이 이렇게 기도를 했다고 한다. "전하, 통촉하여 주옵소서." 파리들이 아무리 우아하게 날고 멋있게 보이고 싶어도 결국 똥을 먹는다. 자신의 본성은 어찌할 수 없는 것이다. 내가 주인이 되고 내 본성이 주인이 되면 우리도 어쩔 수 없다. 선악 판단을 일삼는 원망과 불평의 주인공이 될 수밖에 없다.

Q 일을 하면서, 아니면 일을 마친 후에 불평했던 경험을 나눕시다.
그런 상황에서 어떻게 하는 것이 승리하는 모습인지 나누어 봅시다.

A 불평꾼들은 무엇을 해도 불평하게 된다. 하나님의 일을 하면서 다른 사람을 볼 필요가 없다. 왜냐하면 내가 봉사한 만큼 내가 상급받기 때문이다

〈마 16:27〉 인자가 아버지의 영광으로 그 천사들과 함께 오리니 그때에 각 사람이 행한 대로 갚으리라.

우리 믿음의 체질이 선악 판단의 기질을 버리고 생명나무 신앙으로 변하는 것은 힘들고 어려운 일이다. 하지만 우리가 생명나무로 체질이 바뀌면 우리는 언제나 은혜요, 감사요, 찬송이요, 승리하는 행복한 삶을 살게 된다.

4) 언제나 (성령의 감동을 무시하고) 육신의 소욕의 노예로 살아가게 합니다.

〈갈 5:16-17〉 [16]내가 이르노니 너희는 성령을 따라 행하라 그리하면 육체의 욕심
을 이루지 아니하리라 [17]육체의 소욕은 성령을 거스르고 성령은 육체를 거스르나
니 이 둘이 서로 대적함으로 너희가 원하는 것을 하지 못하게 하려 함이니라.

육체의 소욕은 절대로 성령과 하나가 될 수 없다. 서로 거스르게 되어 대적하게 되어 있다.

〈갈 5:19-21〉 [19]육체의 일은 분명하니 곧 음행과 더러운 것과 호색과 [20]우상숭배와
주술과 원수 맺는 것과 분쟁과 시기와 분 냄과 당 짓는 것과 분열함과 이단과 [21]투
기와 술취함과 방탕함과 또 그와 같은 것들이라 전에 너희에게 경계한 것같이 경
계하노니 이런 일을 하는 자들은 하나님의 나라를 유업으로 받지 못할 것이요.

음행과 호색과 원수 맺는 것, 분쟁, 시기, 분 냄, 당 짓는 것, 분열과 투기와 술취할 때 자신의 원하고 즐기고 행하고 싶으면 맘대로 행하는 것이 인간이다.

〈갈 3:3〉 너희가 이같이 어리석으냐 성령으로 시작하였다가 이제는 육체로 마치겠느냐.

유혹은 우리의 마음을 스쳐간다. 우리가 이것까지 막는 것은 힘들다. 하지만 그 유혹이 마음에 집을 짓지 못하도록 해야 한다. 유혹이 우리 마음에 집을 짓게 될 때 우리는 마음의 정욕의 죄를 짓게 된다. 마음의 정욕은 죄를 동반하게 될 가능성이 많다. 주일성수나 건축헌금, 감사하는 마음이 생길 때 우리는 이러한 감동과 음성에도 즉각 순종하는 마음이 필요하다.

Q **마음에 감동이 있었지만 그것을 무시하고 내 생각대로 행했던 경험을 나눕시다.**

A **주님은 하나님의 뜻을 이루기 위해 우리 안에 감동을 주신다. 그 감동대로 행하는 것이 생명나무를 선택하는 것이요, 불순종하는 것은 선악과를 선택하는 것이다.**

〈빌 2:13〉 너희 안에서 행하시는 이는 하나님이시니 자기의 기쁘신 뜻을 위하여 너희에게 소원을 두고 행하게 하시나니.

우리가 때로 하나님을 선택하지 않고 육신의 정욕이나 돈이나 명예 같은 것들로 인해 마음이 흔들리면 하나님께서 우리의 길을 막으실 때가 있다. 그것은 벌을 주기 위함이 아니라 당신을 돌이켜서 하나님을 사랑하고 섬기는 마음을 회복시키기 위함이다.

5) 언제나 삶이 비판적이고 공격적입니다.

〈민 16:3〉 그들이 모여서 모세와 아론을 거슬러 그들에게 이르되 너희가 분수에 지나도다 회중이 다 각각 거룩하고 여호와께서도 그들 중에 계시거늘 너희가 어찌하여 여호와의 총회 위에 스스로 높이느냐.

고라와 다단과 아비람이 반역하면서 비판하고 공격하는 모습이다. 자신의 생각으로 비판하고 판단하는 것이다.

〈마 7:2〉 너희가 비판하는 그 비판으로 너희가 비판을 받을 것이요 너희가 헤아리는 그 헤아림으로 너희가 헤아림을 받을 것이니라.

〈행 21:27-28〉 27그 이레가 거의 차매 아시아로부터 온 유대인들이 성전에서 바울을 보고 모든 무리를 충동하여 그를 붙들고 28외치되 이스라엘 사람들아 도우라 이 사람은 각처에서 우리 백성과 율법과 이곳을 비방하여 모든 사람을 가르치는 그 자인데 또 헬라인을 데리고 성전에 들어가서 이 거룩한 곳을 더럽혔다 하니.

아무리 오랫동안 신앙생활해도 체질이 선악과적 신앙이면 언제나 비판적, 공격적이다. 선악에 눈이 밝아진 사람은 선악의 노예가 된다는 사실을 알아야 한다. 그래서 입만 열었다 하면 비판적이고 공격적인 것이다. 선악을 구별하고 판단하는 지혜는 생기지만 언제나 선악의 노예로 살아간다.

Q 누군가가 괜히 미워지고 판단하게 되고 비판하게 되는 경험을 나누고, 그 이유는 무엇인지 나눕시다.

A 판단하고 비판하는 것은 백해무익함을 주지시킨다. 왜냐하면 선악과이기 때문이다.

6) 끝까지 깨달으려고 하지 않고 고집을 피우다 망하게 됩니다.

〈호 4:6-7〉 [6]내 백성이 지식이 없으므로 망하는도다 네가 지식을 버렸으니 나도
너를 버려 내 제사장이 되지 못하게 할 것이요 네가 네 하나님의 율법을 잊었으
니 나도 네 자녀들을 잊어버리리라 [7]그들은 번성할수록 내게 범죄하니 내가 그
들의 영화를 변하여 욕이 되게 하리라.

〈행 1:17-18〉[17]이 사람은 본래 우리 수 가운데 참여하여 이 직무의 한 부분을 맡
았던 자라 [18]이 사람이 불의의 삯으로 밭을 사고 후에 몸이 곤두박질하여 배가 터
져 창자가 다 흘러나온지라.

선악의 노예가 되면 신앙생활에 참된 평안과 안식과 기쁨이 없다. 누가 나를 유혹하고 시험을 줘서 그런 것이 아니라 스스로 시험 들고 마음에 갈등이 생기기 때문이다. 날마다 악순환이 반복된다. 끝까지 깨닫지 못하고 고집을 피우다가는 망하고 만다. 선악과를 선택하는 것, 옛 사람의 소욕과 원리를 따라 살아가는 것이 얼마나 무서운 결과를 낳게 되는가?

그리고 이렇게 선악과를 선택하고 시험든 사람들은 옆 사람에게도 전이된다. 교회에 이처럼 선악과를 선택하는 사람들로 가득하다면 어떻게 되겠는가? 얼마나 교회가 시끌시끌하고 시험의 악순환이 이어지겠는가? 그러므로 우리는 옛 사람의 소욕을 따라 살아가는 선악과적 신앙 패턴을 버리고 생명나무를 선택해야 한다.

Q 하나님의 뜻이 무엇인지 알면서 내 자존심과 내 생각을 앞세우다가 결국 큰 손해를 입은 경험이 있습니까?

A 고집은 하나님의 뜻일 때만 주장해야 하는 것이다.

7. 옛 사람으로 살아가며 선악과를 선택한 우리의 모습에 대해 하나님은 어떻게 하신다고 말씀하고 있습니까?

〈민 14:28〉 그들에게 이르기를 여호와의 말씀에 내 삶을 두고 맹세하노라 너희 말이 내 귀에 들린 대로 내가 너희에게 행하리니.

그 원망한 말 그대로 하나님이 이루어 주시겠다고 말씀하시고 있다. 그리하여 결국 이스라엘 백성은 하나님을 원망한 그대로 재앙과 저주를 당하였다. 그러므로 우리는 하나님 앞에서 선악을 판단하고 불평하거나 원망해서는 안 된다.

Q 나의 모든 불평과 원망, 그리고 선악과를 선택한 모습을 듣고 그대로 행하신다는 말씀에 어떤 생각이 듭니까?

A 두려워해야 한다. 절대로 선악과를 선택하며 옛 사람으로 살아가서는 안 된다.

8. 지금 나의 모습 가운데 선악과를 선택하며 옛 사람의 모습으로 살아가고 있는 점은 무엇이 있습니까?

지금도 교회 생활하면서 선악과를 선택하는 사람들이 얼마나 많은가? 이런 사람은 늘 교회의 어두운 면만 파고든다. 자기 나름대로는 옳은 일을 하고 하나님의 의를 위하고 영광을 위해서라고 한다. 그러나 그것은 자기 기준에 의해서 선악과를 따는 것일 뿐이다. 그래서 교회 안에서 신문기자, 방송기자 노릇하고 검 · 판사 노릇을 다 한다. 그런 것 때문에 싸우고 교회가 다투고 분란이 나고 깨진다. 선악과를 선택한 결과는 바로 이런 것이다.

이 세상에서 가장 불쌍한 사람은 어떤 부류인가? 복음의 본질이 무엇인 줄 모르고 교회의 영광이 얼마나 위대한 줄을 모르며 선악과 열매를 따 먹으며 시비와 분쟁으로 교회 생활을 하는 사람들이다. 우리는 마음을 다하고 성품을 다하고 힘을 다하고 주님을 사랑해도 부족한 마음뿐이고 아쉬운 마음밖에 없는 사람들이지 않은가? 그러므로 우리는 원망과 불평의 선악과를 버리고 생명나무를 선택해야 하는 것이다.

나눔 갖기 서로 나눔

- 옛 사람의 정의는 무엇인가?
- 옛 사람이 추구하는 바는 무엇인가?
- 왜 옛 사람으로 살아가는 것인가?
- 옛 사람으로 살아가는 사람의 특징은 무엇인가?

무기 삼기 생활 적용

1. 하나님과 나와의 관계에 대해 적용해 봅시다.
(하나님께 불평하고 원망하지 말아야 한다. 무조건 순종하고 감사해야 한다.)

2. 인간관계에 대해 적용해 봅시다.
(비난하지 말아야 한다. 정죄, 판단하지 말고 사랑하고 섬겨야 한다.)

3. 교회 생활에 대해 적용해 봅시다.
(교회를 비판하지 말고, 생명으로 교회를 사랑하라.)

〈롬 8:28〉 우리가 알거니와 하나님을 사랑하는 자 곧 그의 뜻대로 부르심을 입은 자들에게는 모든 것이 합력하여 선을 이루느니라.

〈고후 1:19-20〉 19우리 곧 나와 실루아노와 디모데로 말미암아 너희 가운데
전파된 하나님의 아들 예수 그리스도는 예 하고 아니라 함이 되지 아니하
였으니 그에게는 예만 되었느니라 20하나님의 약속은 얼마든지 그리스도
안에서 예가 되니 그런즉 그로 말미암아 우리가 아멘 하여 하나님께 영광
을 돌리게 되느니라.

멘토링

로마서 8장 28절, 고린도후서 1장 19-20절을 함께 읽으면서 묵상해 봅시다.

하나,

선악에 눈이 밝아진 사람은 선악의 노예가 된다는 사실을 알아야 합니다. 그래서 입만 열었다 하면 선악을 이야기하고 원망과 불평을 합니다. 선악을 구별하고 판단하는 지혜는 생기지만 언제나 선악의 노예로 살아간다는 사실입니다.

이런 사람들은 성경도 많이 알고 교회법도 많이 알고 교회 전통과 제도도 얼마나 많이 아는지 모릅니다. 그러나 선악의 노예가 되는 것을 어떡합니까? 교회의 제도와 법도 잘 알고 회의 방식과 질서도 잘 아는데 입만 열면 불평이요, 짜증이요, 원망을 하니, 어떡합니까? 안 하려고 해도 인력으로 안 됩니다. 언제나 갈등과 회의와 좌절과 원망의 노예가 되어버립니다. 아무리 노력하고 하지 않으려고 해도 불평과 회의의 노예가 되어버리고 만다는 것입니다. 이런 사람의 마음속에 무슨 감격과 감동이 있겠습니까? 허무와 불안밖에 없습니다. 비난하는 마음과 공격하는 마음밖에 없습니다.

왜 그런 줄 아십니까? 내 속에서 주님이 주인 노릇을 하는 게 아니라 내가 주인으로 군림하고 내가 왕으로 지배를 하고 있기 때문입니다. 내 속에 내가 얼마나 많은지, 내가 가시나무 새로 존재해서 그렇습니다. 하덕규 씨의 '가시나무' 라는 노래는 그런 가시나무와 같은 존재의 갈등과 고뇌, 번민을 잘 보여줍니다.

♪ 내 속엔 내가 너무도 많아 당신의 쉴 곳 없네
내 속엔 헛된 바램들로 당신의 편할 곳 없네
내 속엔 내가 어쩔 수 없는 어둠 당신의 쉴 자리를 뺏고

내 속엔 내가 이길 수 없는 슬픔 무성한 가시나무 숲 같네
바람만 불면 그 메마른 가지 서로 부대끼며 울어대고
쉴 곳을 찾아 지쳐 날아온 어린 새들도 가시에 찔려 날아가고
바람만 불면 외롭고 또 외로워 슬픈 노래를 부르던 날이 많았는데
내 속엔 내가 너무도 많아서 당신의 쉴 곳 없네

바람만 불면 그 메마른 가지 서로 부대끼며 울어대고
쉴 곳을 찾아 지쳐 날아온 어린 새들도 가시에 찔려 날아가고
바람만 불면 외롭고 또 괴로워 슬픈 노래를 부르던 날이 많았는데
내 속엔 내가 너무도 많아서 당신의 쉴 곳 없네

– 소강석 목사의 '생명나무 설교' 중에서

둘,

저는 30대 때부터 노회장을 했습니다. 그때는 노회 규모가 조금 작았는데, 어느 목사님이 교통사고가 났다고 해서 문병을 간 적이 있습니다. 그런데 가 보니 사실은 교통사고가 아니라 견인차를 잡으러 달려가다가 생겼던 사고였습니다.

목사님이 성남시청 앞에서 명함을 새로 만들려고 명함 작업을 하고 있는데 사이렌 소리가 앵앵 울리면서 한 견인차가 자기 자동차를 끌고 가는 것입니다. 그래서 목사님께서 "저런 빌어먹을 놈의 견인차가 주의 종의 차를 잡아간다"라고 하며 "저 차를 잡아라!" 하고 소리를 치면서 달려간 겁니다.

그런데 견인차도 오랜만에 한 건 올릴 요량이니, 아무리 목사님이 잡으려고 해도 그냥 가버리는 것입니다. 그래서 계단으로 가면 시간이 걸리니까 엉겁결에 1.5미터가 넘는 언덕을 뛰어내렸습니다. 그때 무릎이 부러진 줄도 모르고 그냥 "견인차를 잡아라, 견인차를 잡아라!" 하고 소리치며 달려갔습니

다. 그래서 결국 달려가서 견인차를 잡았습니다. 그런데 그 차를 잡고 나서 보니까 뭔가 이상합니다. 견인차에서 차를 내려놓고 뒤에 가서 번호판을 보니까 자기 승용차가 아닌 것입니다. 남의 승용차였습니다. 자기 승용차는 얌전히 주차가 잘 되어 있는데 자기 다리가 부러진 줄도 모르고 남의 승용차를 잡으려고 "견인차를 잡아라!" 하고 소리치며 뛰었던 것입니다. 그래서 6-7주 동안 무릎이 부러져서 설교도 못하고 병원에 누워 있어야 했습니다.

그 목사님이 저한테 뭐라고 한 줄 아십니까? "목사님은 기사가 있어서 그런 일이 없겠지만 목사님, 혹시나 견인차가 자동차를 끌고 갈 때는 껍데기를 보지 마시고 자동차 넘버부터 보고 뛰세요." 제가 그 말을 듣고 목사님을 위해 기도를 하다가 세 번이나 웃었어요. 기도를 하는데 넘버를 보지도 않고 자동차 껍데기만 보고 "견인차를 잡아라!" 하고 소리치며 뛰어가다가 다리를 다친 것이 너무나 우스웠기 때문입니다.

그러면서 깨달았던 것이 하나 있습니다. 신앙생활은 먼저 본질을 잡는 것이라는 사실입니다. 그리고 우리의 영적인 싸움은 본질을 위한 싸움이지 비본질을 위한 싸움이 되어서는 안 된다는 것입니다. "생명이냐, 아니냐? 하나님의 뜻이냐 아니냐? 진리냐 아니냐?"를 놓고 싸워야지, 무슨 일이든 내 기준에 의해서 선악 판단을 해서는 절대로 안 된다는 것입니다. 다만 우리가 교회 생활하면서 다투고 싸울 것이 있다면 이단과 싸우고 하늘에 있는 악한 영과 싸우고 비진리와 싸워야 합니다. 거짓과 생명이 아닌 것과 싸워야 합니다. 그것이 바로 본질을 위한 싸움입니다. 그런데 우리가 왜 비본질을 위한 싸움을 합니까? 내 자동차 넘버를 보고 달려가야지, 자동차 껍데기만 보고 달려가다가 다리가 부러지면 얼마나 어리석고 못나고 부끄러운 일입니까? 우리는 언제나 신앙의 본질, 은혜와 생명을 붙잡아야 할 것입니다.

다이어리

제3과를 공부한 후의 삶의 변화와 깨달음을 적고 서로 나눕시다.

4과 선악과를 따 먹으면(선택하면) 어떤 결과가 임합니까?

16여호와 하나님이 그 사람에게 명하여 이르시되 동산 각종 나무의 열매
는 네가 임의로 먹되 17선악을 알게 하는 나무의 열매는 먹지 말라 네가
먹는 날에는 반드시 죽으리라 하시니라(창 2:16-17).

본문 묵상

하나님께서 허락하신 것은 무엇입니까? (16절)

하나님께서 금지하신 것은 무엇입니까? (17절)

하나님께서 금지하신 것에 불순종할 경우 어떤 결과가 일어납니까? (17절)

생각하기 깨워 보기

선악과나무의 의미와 본질에 대해서 살펴보았다. 그렇다면 오늘날 우리가 구원 적용적 차원에서 선악과 열매를 선택하면 어떤 결과가 일어날까? 똑같은 교회에서 똑같은 예수를 믿고 똑같이 신앙생활을 하는데 어떤 사람은 생명나무를 선택하고 어떤 사람은 선악과나무를 선택한다. 물론 우리는 이미 예수 그리스도를 믿음으로 구원을 받았고 하나님의 자녀가 되었다. 그리고 더 이상 선악과나무는 존재하지 않는다. 그러나 구원받은 하나님의 자녀들에게도 교훈적인 선악과나 제한적으로 주어진 율법의 명령들이 존재한다. 그리고 사탄은 어떻게 해서든지 우리에게 선악과적 죄의 원리와 시스템을 가지고 유혹한다. 오늘날 내가 선악과를 따 먹는 것은 사탄의 원리와 정신을 따르는 것이며, 사탄의 유혹과 인도를 따르는 것이다. 즉, 거듭난 자아가 아닌 우리 속의 옛 사람을 따르는 것이다.

명심하기 본문 탐색

1. 선악과를 따 먹으면(선택하면) 어떤 결과가 일어납니까?

1) 하나님과의 교제를 잃어버리고 영적 침체에 빠지게 됩니다.

〈창 2:7〉 여호와 하나님이 땅의 흙으로 사람을 지으시고 생기를 그 코에 불어 넣으시니 사람이 생령이 되니라.

〈창 2:10-14〉 [10]강이 에덴에서 흘러나와 동산을 적시고 거기서부터 갈라져 네 근
원이 되었으니 [11]첫째의 이름은 비손이라 금이 있는 하윌라 온 땅에 둘렀으며 [12]
그 땅의 금은 정금이요 그곳에는 베델리엄과 호마노도 있으며 [13]둘째 강의 이름
은 기혼이라 구스 온 땅을 둘렀고 [14]셋째 강의 이름은 힛데겔이라 앗수르 동쪽으
로 흘렀으며 넷째 강은 유브라데더라.

〈창 3:7〉 이에 그들의 눈이 밝아져 자기들이 벗은 줄을 알고 무화과나무 잎을 엮어 치마로 삼았더라.

〈창 3:24〉 이같이 하나님이 그 사람을 쫓아내시고 에덴 동산 동쪽에 그룹들과 두루 도는 불칼을 두어 생명나무의 길을 지키게 하시니라.

아담과 하와가 선악과를 따 먹었을 때 그 첫 번째 저주는 하나님과의 분리, 단절이었다. 그러나 에베소서 2장 14절에 보면, 예수님을 통해 하나님과 우리의 원수 관계를 하나님이 화목하게 하여 하나 되게 하셨다. 하나님 안에서 하나님과 교제의 축복을 누리게 하는 것, 이것이 최고의 축복인 것이다. 하나님과의 교제 회복은 축복이다. 그런데 오늘날도 선악과를 따면 하나님과의 관계가 분리되고 단절된다. 하나님과의 교제가 침체에 빠지게 되는 것이다.

Q **민수기 12장에서 아론과 미리암은 구스 여인을 취한 모세를 공격합니다. 하지만 그것은 선악과를 선택하는 것이었습니다. 이들의 결과는 어떻게 됩니까? 이 모습을 보며 어떤 경각심이 생깁니까?**

A **미리암은 나병에 걸려 성 밖에서 일주일을 살았다.**

〈민 12:10〉 구름이 장막 위에서 떠나갔고 미리암은 나병에 걸려 눈과 같더라 아론이 미리암을 본즉 나병에 걸렸는지라.

〈민 12:14〉 여호와께서 모세에게 이르시되 그의 아버지가 그의 얼굴에 침을 뱉었을지라도 그가 이레 동안 부끄러워하지 않겠느냐 그런즉 그를 진영 밖에 이레 동안 가두고 그 후에 들어오게 할지니라 하시니.

성 밖에서 이레를 살았다는 것은 하나님과의 교제가 끊긴 부정한 자의 신분으로 살았다는 의미이다.

Q **영적 침체의 경험을 나눕시다. 영적 침체 후 삶과 신앙에 어떤 변화가 있었습니까?**
(교회를 떠나고 싶은 마음, 예수님을 안 믿고 싶은 마음, 좌절감 등)

A 선악과를 선택하면 영적인 침체가 찾아온다. 곧 영적 침체가 오기 이전에 먼저 선악과를 선택했던 경험이 있게 마련이다.

Q 에베소서 4장 30절을 읽고 성령을 근심케 하는 행동은 무엇이 있을지 나눕시다.

〈엡 4:30〉 하나님의 성령을 근심하게 하지 말라 그 안에서 너희가 구원의 날까지 인 치심을 받았느니라.

A 하나님의 말씀에 불순종하며 선악과를 선택한 모든 행동을 말한다.

2) 선악에 대한 눈이 밝아지게 됩니다.

〈창 3:5〉 너희가 그것을 먹는 날에는 너희 눈이 밝아져 하나님과 같이 되어 선악을 알 줄 하나님이 아심이니라.

눈이 밝아지는 것은 긍정적인 부분이 아니라 선과 악에 대한 눈이 밝아진다는 말이다. 하지만 하나님과 같이 되는 것은 아니다.

〈창 3:7〉 이에 그들의 눈이 밝아져 자기들이 벗은 줄을 알고 무화과나무 잎을 엮어 치마로 삼았더라.

선악에 대한 눈이 밝아짐으로 인해 결국 자신의 수치와 부끄러움을 알게 된다. 수치와 부끄러움은 차라리 모르고 지내는 편이 더 좋은 것이다. 에덴동산에서는 죄가 없는 순결한 모습이었기 때문이다.

〈출 14:11-12〉 [11]그들이 또 모세에게 이르되 애굽에 매장지가 없어서 당신이 우리를 이끌어내어 이 광야에서 죽게 하느냐 어찌하여 당신이 우리를 애굽에서 이끌어내어 우리에게 이같이 하느냐 [12]우리가 애굽에서 당신에게 이른 말이 이것이 아니냐 이르기를 우리를 내버려 두라 우리가 애굽 사람을 섬길 것이라 하지 아니하더냐 애굽 사람을 섬기는 것이 광야에서 죽는 것보다 낫겠노라.

이스라엘 백성들은 지금의 상황이 어렵고 힘들기 때문에 자칫 광야에서 죽게 될 것이라는 선악간의 판단은 잘한 것이다. 하지만 그 판단으로 인해 불평하고 원망했기에 그들은 모두 광야에서 죽었다.

〈출 32:1〉 백성이 모세가 산에서 내려옴이 더딤을 보고 모여 백성이 아론에게 이르러 말하되 일어나라 우리를 위하여 우리를 인도할 신을 만들라 이 모세 곧 우리를 애굽 땅에서 인도하여 낸 사람은 어찌 되었는지 알지 못함이니라.

선악과를 따는 사람은 유달리 비판적인 시각에 밝다. 부정적 사고방식도 특별하게 많다. 남을 바라보는 시각, 은혜의 현장들, 교회 안의 제반 사건들을 부정적으로만 보려고 한다. 심지어는 하나님까지도 선악 판단의 대상으로 삼는다.

Q **당신은 선악간의 판단 능력으로 인해 교회의 단점과 목회자의 부족한 부분에 대해 회의적, 비판적, 공격적이었던 경험이 있습니까? 서로 나누어 봅시다.**

A **하나님의 은혜만 알고 살다가 다른 것에 더 관심이 가고 좋아지는 것도 선악과이다. 선악과를 따면 부정적인 의미에서 눈이 밝아진다. 예컨대 교회와 목사님의 단점이 보이고 그에 대해 비판적, 공격적, 회의적이 되는 것이다. 하나님을 위한 것이 아닌 물질이나 권력과 같은 것을 위한 내 욕심에만 눈이 밝아져 있다면 이것은 저주이다. 물론 우리는 이러한 것들을 누리는 축복을 얻어야 하지만 그 목적이 하나님이 아닌 것이 되면 그것은 저주이다.**

3) 에덴의 영적 은혜와 축복을 잃어버립니다.

〈창 2:10-14〉 [10]강이 에덴에서 흘러나와 동산을 적시고 거기서부터 갈라져 네 근
원이 되었으니 [11]첫째의 이름은 비손이라 금이 있는 하윌라 온 땅에 둘렀으며 [12]
그 땅의 금은 정금이요 그곳에는 베델리엄과 호마노도 있으며 [13]둘째 강의 이름
은 기혼이라 구스 온 땅에 둘렀고 [14]셋째 강의 이름은 힛데겔이라 앗수르 동쪽으

로 흐르며 넷째 강은 유브라데더라.

〈시 36:8〉 그들이 주의 집에 있는 살진 것으로 풍족할 것이라 주께서 주의 복락의 강물을 마시게 하시리이다.

주님께서는 언제나 우리가 복락의 강수로 마시며, 살진 것으로 풍족한 삶을 누리기를 원하신다.

〈요 7:37-39〉 37명절 끝날 곧 큰 날에 예수께서 서서 외쳐 이르시되 누구든지 목
마르거든 내게로 와서 마시라 38나를 믿는 자는 성경에 이름과 같이 그 배에서 생
수의 강이 흘러나오리라 하시니 39이는 그를 믿는 자들이 받을 성령을 가리켜 말
씀하신 것이라 (예수께서 아직 영광을 받지 않으셨으므로 성령이 아직 그들에게
계시지 아니하시더라).

Q 당신은 어떨 때 기쁨, 감격을 잃어버립니까?

A 모든 것을 나의 시각과 판단기준으로 평가하고 정리할 때이다. 아무리 내 판단이 옳아도 내 안의 기쁨은 사라진다.

〈창 2:19〉 여호와 하나님이 흙으로 각종 들짐승과 공중의 각종 새를 지으시고 아담이 무엇이라고 부르나 보시려고 그것들을 그에게로 이끌어 가시니 아담이 각 생물을 부르는 것이 곧 그 이름이 되었더라.

모든 동물들을 다스리며 통치하는 위치였는데 이러한 위치에 큰 변화가 찾아왔다. 물론 하나님께서는 에덴 동산에서 쫓겨난 아담과 하와를 보호하시기 위해 모든 동물들이 인간을 두려워하게 했다. 하지만 에덴 동산의 권위가 회복된 것은 아니다.

〈창 9:2〉 땅의 모든 짐승과 공중의 모든 새와 땅에 기는 모든 것과 바다의 모든 물고기가 너희를 두려워하며 너희를 무서워하리니 이것들은 너희의 손에 붙였

음이니라.

Q 당신이 가장 두려워하고 무서워하는 생물은 무엇입니까? 하나님의 권위를 가진 인간이라면 두려워하지 말아야 함에도 불구하고 왜 두려워하게 되는지, 그리고 어떻게 회복할지에 대해 나눕시다.

A 주위에 있는 동물들을 무서워한다. 하지만 생명나무를 선택하는 자는 하나님의 권위를 회복하게 된다. 더욱 생명나무를 선택하는 쪽으로 결론을 낸다.

〈창 2:23〉 아담이 이르되 이는 내 뼈 중의 뼈요 살 중의 살이라 이것을 남자에게서 취하였은즉 여자라 부르리라 하니라.

에덴 동산에서의 남편과 아내의 금슬은 이루 말할 수 없을 정도로 좋았다. 하지만 에덴 동산에서 쫓겨나면서부터 부부 관계가 서먹해지고 아픔이 찾아왔다. 그리고 에덴 동산에서 주님께서 말씀하신 일부일처제에 대한 도전이 시작된 것이다.

〈창 4:19〉 라멕이 두 아내를 맞이하였으니 하나의 이름은 아다요 하나의 이름은 씰라였더라.

〈골 3:19〉 남편들아 아내를 사랑하며 괴롭게 하지 말라.

Q 당신에게 있어 부부 관계가 좋지 않을 때는 언제이며, 어떤 일로 그렇게 됩니까? 어떻게 관계를 회복할지 나누어 봅시다.

A 부부를 향한 하나님의 원래 계획은 서로 기뻐하고 즐거워하는 것이었다. 하지만 선악과를 선택함으로 인해 에덴의 기쁨이 사라진 것이다. 그것을 회복하기 위해 생명나무를 선택하면서 배우자를 그리스도의 사랑으로 품어야 한다.

〈창 3:16-19〉 [16]또 여자에게 이르시되 내가 네게 임신하는 고통을 크게 더하리니 네가 수고하고 자식을 낳을 것이며 너는 남편을 원하고 남편은 너를 다스릴 것이니라 하시고 [17]아담에게 이르시되 네가 네 아내의 말을 듣고 내가 네게 먹지 말라 한 나무의 열매를 먹었은즉 땅은 너로 말미암아 저주를 받고 너는 네 평생에 수고하여야 그 소산을 먹으리라 [18]땅이 네게 가시덤불과 엉겅퀴를 낼 것이라 네가 먹을 것은 밭의 채소인즉 [19]네가 흙으로 돌아갈 때까지 얼굴에 땀을 흘려야 먹을 것을 먹으리니 네가 그것에서 취함을 입었음이라 너는 흙이니 흙으로 돌아갈 것이니라 하시니라.

아담과 하와는 선악과를 따 먹음으로써 에덴 동산에서 쫓겨나서 저주와 흑암과 재앙의 법칙 속에 살아야 했다. 여자는 남자를 섬기고 잉태와 해산의 고통을 더하게 되었으며, 남자는 가시덤불과 엉겅퀴의 저주를 극복하며 땀 흘려 밭 갈고 경작하여 먹고 사는 고통을 받아야 했다. 그리고 결국 흙으로부터 왔으니 흙으로 돌아가는 죽음에 이르고 만 것이다. 한 마디로 에덴의 축복을 잃어버리고 어둠과 저주와 재앙의 법칙 속에 살게 된 것이다.

Q **만약에 선악과를 선택하지 않고 지금 에덴 동산에 살고 있다면 어떤 삶을 살지 나눕시다.**

A **고된 노동과 경작을 할 필요가 없다. 왜냐하면 주위에 열매 맺는 과실이 저절로 나기 때문이다. 또한 아내는 해산의 수고도 필요 없다. 오직 부부간에 사이가 좋아 최고의 행복을 누리며 산다.**

〈창 3:24〉 이같이 하나님이 그 사람을 쫓아내시고 에덴 동산 동쪽에 그룹들과 두루 도는 불 칼을 두어 생명나무의 길을 지키게 하시니라.

에덴 동산은 얼마나 아름다운 곳이며, 얼마나 살기 좋은 곳인가? 하나님을 언제든지 만날 수 있고 하나님의 임재 속에서 언제든지 하나님과 교제할 수 있는 축복의 땅이었지 않은가? 그러나 선악과를 따 먹음으로 말미암아 이 땅의 온갖 죄와 죽음과 저주와 불통의 역사를 끌어들이고 말았다. 뿐만 아니라 에덴 동산에서 쫓겨나게 되었다.

4) 선악의 노예가 되어버립니다.

〈창 3:12-13〉 [12]아담이 이르되 하나님이 주셔서 나와 함께 있게 하신 여자 그가 그 나무 열매를 내게 주므로 내가 먹었나이다 [13]여호와 하나님이 여자에게 이르시되 네가 어찌하여 이렇게 하였느냐 여자가 이르되 뱀이 나를 꾀므로 내가 먹었나이다.

하와의 말의 요지는, 자신은 전혀 잘못한 것이 없는데 뱀이 꾀었기에 지금의 상태가 되었다는 뜻이다. 즉 똑똑해져서 선과 악을 교묘하게 구분하고 자신에게 유리한 쪽으로 핑계를 대었지만 이것은 선악의 노예가 되어버린 것이다.

〈민 14:1-4〉 [1]온 회중이 소리를 높여 부르짖으며 백성이 밤새도록 통곡하였더라
[2]이스라엘 자손이 다 모세와 아론을 원망하며 온 회중이 그들에게 이르되 우리
가 애굽 땅에서 죽었거나 이 광야에서 죽었으면 좋았을 것을 [3]어찌하여 여호와
가 우리를 그 땅으로 인도하여 칼에 쓰러지게 하려 하는가 우리 처자가 사로잡
히리니 애굽으로 돌아가는 것이 낫지 아니하랴 [4]이에 서로 말하되 우리가 한 지
휘관을 세우고 애굽으로 돌아가자 하매.

이스라엘 온 백성들은 12명의 정탐꾼들 중 10명의 부정적인 보고를 듣고 불평하고 있다. 하나님의 약속에 대해 믿지 못하고 불평하고 원망하는 사람들의 말을 듣고 나도 불평하는 것은 선악의 노예가 되어버린 것이다. 그래서 이들은 지금의 상황과 여건을 불평하고 한탄하면서 극단적인 방법을 취하고 있다. 그것은 결국 하나님이 세우신 지도자를 인정하지 못하겠다는 의미로서, 한 지도자를 세워 애굽으로 돌아가자고 하는 것이다. 선악과의 노예가 되면 하나님이 세우신 지도자에 대한 불만을 품게 되고 거부하기까지 한다.

뿐만 아니라 온 백성들이 자기 생각에 동조하여 모세와 다른 세력을 만들어 애굽으로 돌아가자고 충동질하고 있다. 이것은 현대 교회에도 마찬가지이다. 자기 생각과 뜻을 관철시키기 위해 교회 내에서 자기 편을 만들고 당을 만드는 일은 선악과를 선택하는 것이다. 아무리 자신의 선택과 결정이 이성

적으로 옳고 합리적이라 할지라도 말이다.

고린도 교회 안에도 이런 분쟁과 다툼이 있었다. 바로 누구에게 세례를 받았느냐에 따라 서로 다른 당이 생긴 것이다. 누군가에게 세례를 받은 것은 아름다운 것인데 이것이 교회 안에서 문제가 된 것이다. 결국 사도 바울은 교회 안의 당과 파는 옳지 못한 것임을 역설하며 하나 될 것을 종용한다.

〈고전 1:10-12〉 [10]형제들아 내가 우리 주 예수 그리스도의 이름으로 너희를 권하
노니 모두가 같은 말을 하고 너희 가운데 분쟁이 없이 같은 마음과 같은 뜻으로
온전히 합하라 [11]내 형제들아 글로에의 집 편으로 너희에 대한 말이 내게 들리니
곧 너희 가운데 분쟁이 있다는 것이라 [12]내가 이것을 말하거니와 너희가 각각 이
르되 나는 바울에게, 나는 아볼로에게, 나는 게바에게, 나는 그리스도에게 속한
자라 한다는 것이니.

Q **당신은 교회 내에서 당을 만들고 파를 만들어 교회 내에 물의를 일으키는 모습을 본 적이 있습니까? 어떤 경우였고, 그에 대해 어떻게 생각하는지 나눕시다.**

A **절대로 당과 파를 만드는 것은 선악과이므로 경계해야 한다. 아무리 좋은 목적이라 할지라도 교회가 자신들만의 왕국이 되면 안 된다.**

〈눅 10:40〉 마르다는 준비하는 일이 많아 마음이 분주한지라 예수께 나아가 이르되 주여 내 동생이 나 혼자 일하게 두는 것을 생각하지 아니하시나이까 그를 명하사 나를 도와주라 하소서.

〈요 11:39〉 예수께서 이르시되 돌을 옮겨 놓으라 하시니 그 죽은 자의 누이 마르다가 이르되 주여 죽은 지가 나흘이 되었으매 벌써 냄새가 나나이다.

선악과를 따면 기본적으로 원망, 불평이 생긴다. 그러나 생명나무를 알면 어느 정도까지만 하게 된다. 그 단계 이상의 원망을 하면 습관이 된다. 항상 감사만 하면 정말 좋을 테지만 선악과를 딴 후예로서 우리는 어느 정도의 선악과를 따게 된다. 그렇다고 해서 선악과의 노예가 되어서는 안 된다. 다시

생명나무를 붙잡아야 한다. 그런데 선악과를 선택하는 사람은 지혜는 생기는데 입만 열면 불평, 원망이 가득하다. 의심과 회의와 갈등의 소리만 입에 넘쳐 난다. 이것은 사람의 노력으로 바꿀 수 있는 것이 아니다. 이미 그 마음과 삶이 선악의 법칙에 지배되어 있고 선악의 노예가 되어버렸기 때문이다.

왜 그런가? 영적으로 치매 들어서 그렇다. 선악과를 선택하는 사람은 오늘날도 영적으로 치매 들고 망령드는 것이다. 육신의 치매도 얼마나 무서운가? 치매전문병원에 가 보면 하나같이 다 겉은 멀쩡한 사람들이다. "너 왔냐? 우리 아들 왔냐? 아이고, 내 새끼 왔는가?" 또 어떤 사람은 "너 왜 이제 왔어! 에미도 모르는 놈의 자식, 니가 내 아들이야?"라고 호통부터 치고, 처음 본 사람에게 "아이고 내 딸, 내 딸 왔는가?"라고 말한다.

치매가 이렇게 무서운 것이다. 한 목사님이 은퇴 이후에 치매가 걸렸는데 주일에 어느 교회를 갔다. 담임목사님이 선배 목사님이 오셨다고 정중하게 축도 자리에 모셨다. 그러자 처음에 축도를 잘했다. "이제는 주 예수 그리스도의 은혜와 하나님의 사랑하심과……" 그런데 갑자기 치매기가 발동해 축도를 하다가 노래를 해버린 것이다. "오동추야 달이 밝아 동네 처녀 바람났네……." 영적인 치매는 육신의 치매보다 훨씬 더 무섭다.

Q 말씀을 들으며 나의 삶과 신앙생활 가운데 선악의 노예라고 생각되는 부분은 무엇이며, 어떻게 수정할 것인지 나눕시다.

A 이성적으로 옳다는 것을 앞세우며 교회에 물의를 일으키고 분쟁을 일으키는 모든 것은 선악과이다. 이것을 주지시켜야 한다.

5) 어둠의 법칙, 저주의 법칙 아래서 살아갑니다.

선악에 눈이 밝아진 사람은 얼마나 똑똑한지 모른다. 성경도 많이 알고 교회법도 많이 알고 교회 전통과 제도, 회의 방식과 질서도 잘 안다. 그러나 입만 열면 불평, 짜증, 원망을 한다. 안 하려고 해도 인력으로 안 된다. 그래서 언제나 갈등과 회의와 좌절과 원망의 노예가 되어버린다. 아무리 노력하고 하지 않으려고 해도 불평과 회의의 노예가 되고 만다. 흑암의 법칙이 지배하기 때문이다. 그래서 구원의 풍성함을 누리지 못한다. 하나님의 자녀의 권세를 누리지 못하고 산다.

완행열차를 타고 가는 것과 KTX를 타고 가는 것은 얼마나 차이가 많은지 모른다. 생명나무를 선택하지 않고 선악의 노예가 되고 어둠과 저주의 법칙 아래서 살아가는 사람들이 그렇다. 이는 풍요롭고 행복한 고급열차를 두고 불편하고 힘들고 고통스러운 완행열차를 타고 가는 것과 같다.

〈창 3:16〉 또 여자에게 이르시되 내가 네게 임신하는 고통을 크게 더하리니 네가 수고하고 자식을 낳을 것이며 너는 남편을 원하고 남편은 너를 다스릴 것이니라 하시고.

〈창 3:17-18〉 [17]아담에게 이르시되 네가 네 아내의 말을 듣고 내가 네게 먹지 말라 한 나무 열매를 먹었은즉 땅은 너로 말미암아 저주를 받고 너는 네 평생에 수고하여야 그 소산을 먹으리라 [18]땅이 네게 가시덤불과 엉겅퀴를 낼 것이라 너의 먹을 것은 밭의 채소인즉.

〈창 3:19〉 네가 흙으로 돌아갈 때까지 얼굴에 땀을 흘려야 먹을 것을 먹으리니 네가 그것에서 취함을 입었음이라 너는 흙이니 흙으로 돌아갈 것이니라 하시니라.

〈행 5:2-5〉 [2]그 값에서 얼마를 감추매 그 아내도 알더라 얼마만 가져다가 사도들의 발 앞에 두니 [3]베드로가 이르되 아나니아야 어찌하여 사탄이 네 마음에 가득하여 네가 성령을 속이고 땅값 얼마를 감추었느냐 [4]땅이 그대로 있을 때에는 네 땅이 아니며 판 후에도 네 마음대로 할 수가 없더냐 어찌하여 이 일을 네 마음에 두었느냐 사람에게 거짓말 한 것이 아니요 하나님께로다 [5]아나니아가 이 말을 듣고 엎드러져 혼이 떠나니 이 일을 듣는 사람이 다 크게 두려워하더라.

〈행 5:7-10〉 [7]세 시간쯤 지나 그의 아내가 그 일어난 일을 알지 못하고 들어오니 [8]베드로가 이르되 그 땅 판 값이 이것뿐이냐 내게 말하라 하니 이르되 예 이것뿐이라 하더라 [9]베드로가 이르되 너희가 어찌 함께 꾀하여 주의 영을 시험하려 하느냐 보라 네 남편을 장사하고 오는 사람들의 발이 문 앞에 이르렀으니 또 너를 메어 내가리라 하니 [10]곧 그가 베드로의 발 앞에 엎드러져 혼이 떠나는지라 젊은 사람들이 들어와 죽은 것을 보고 메어다가 그의 남편 곁에 장사하니.

선악과를 선택한 사람은 선악을 구별하는 지혜, 똑똑함은 생기지만 불통의 법칙, 저주의 법칙 속에 살아가게 된다. 되는 일이 하나도 없다. 하는 일마다 늘 실패의 반복이요, 흑암 속에서 살아간다. 자기 자신은 의로운 일을 한다고 생각하고 올바른 발언과 주장을 한다고 생각하지만 결국 그것은 어둠의 법칙, 저주의 법칙 아래서 살아가는 것이기 때문이다.

〈대하 36:12-13〉 [12]그의 하나님 여호와 보시기에 악을 행하고 선지자 예레미야가 여호와의 말씀으로 일러도 그 앞에서 겸손하지 아니하였으며 [13]또한 느부갓네살 왕이 그를 그의 하나님을 가리켜 맹세하게 하였으나 그가 왕을 배반하고 목을 곧게 하며 마음을 완악하게 하여 이스라엘 하나님 여호와께로 돌아오지 아니하였고.

시드기야 왕은 예레미야의 말씀에 순종하지 않았고, 자기 나름대로의 대외적인 국제정세를 자기 이성으로 판단하여 바벨론을 배신하는 쪽을 선택했다. 나름대로 이성적인 판단일지 몰라도 그것은 하나님을 전혀 의지하지 않고 자기 이성과 생각대로 판단하는 선악과이다. 결국 시드기야 왕은 비참하게 끌려갔고 이스라엘 백성도 바벨론에게 멸망 당했으며, 성전도 허물어지게 되었다. 즉 어둠의 법칙, 저주의 법칙 아래 살게 된 것이다.

〈렘 52:10-11〉 [10]바벨론 왕이 시드기야의 아들들을 그의 눈 앞에서 죽이고 또 리블라에서 유다의 모든 고관을 죽이며 [11]시드기야의 두 눈을 빼고 놋사슬로 그를 결박하여 바벨론 왕이 그를 바벨론으로 끌고 가서 그가 죽는 날까지 옥에 가두었더라.

결국 시드기야 왕은 자신이 보는 앞에서 아들들이 죽임 당하는 모습을 봐야 했고, 눈이 뽑힌 채로 바벨론으로 끌려가 죽는 날까지 감옥에 있었다.

Q 하나님을 떠나 내 생각과 판단대로 행동하여 좋지 못한 결과를 얻은 적이 있습니까? 그것이 선악과를 선택한 결과라는 사실에 어떤 생각이 듭니까?

A 자기 이성과 생각에 따른 삶이 아니라 그것이 하나님의 뜻인지, 하나님의 기쁨인지 알아야 한다.

나눔 갖기 서로 나눔

■ 선악과를 선택했을 때 어떤 결과가 있는가?

무기 삼기 생활 적용

1. 선악과를 지나간 과거의 운명 혹은 현실과 연관해서 적용해 봅시다.
   ('내가 왜 그랬을까? 그때 그 사람만 아니었어도, 그때 그 사건만 겪지 않았어도 이런 일은 없었을 텐데, 등의 지나간 과거를 지나치게 원망, 불평하는 것도 선악과이다.)

2. 선악과를 교회의 각종 회의와 연관지어 설명해 봅시다.
   (교회에서 회의 하면서 싸우고, 기관과 기관이 싸우고, 항상 교회의 부정과

어두운 면만을 보려고 하는 것 등)

3. 선악과를 교회의 각종 분쟁, 갈등과 연관해서 이야기해 봅시다.
(선악과를 따면 자기 입장에서는 옳다. 그런데 하나님 앞에 생명이 없다. 옳기는 하지만 거기에는 생명이 없다.)

우리가 구원 적용 차원에서 살펴볼 때, 선악과를 선택한다고 해도 구원받는 데는 지장이 없다. 천국 가는 데는 지장이 없다는 것이다. 예수님을 믿으면 누구나 구원을 받기 때문이다. 그러나 예수 믿는 성도가 마땅히 누려야 할 그 구원의 풍성한 은혜와 축복을 잃고 살아가게 된다. 항상 어둠의 법칙과 지배를 받으며 살기 때문이다. 그래서 입만 열었다 하면 원망, 불평이고 시비이다. 아무리 집사이고 장로이고 권사라도 어둠의 법칙이 그 생활을 지배하면 삶이 형통하지 못한다. 승승장구하는 삶을 살 수 없다. 겉은 경건하고, 웃고, 거룩한 척하지만, 속은 회칠한 무덤이 되어가는 것이다. 그 안에 원망과 불평과 시비와 분쟁으로 가득하다. 선악과를 선택하면 불행하고 비극적인 신앙생활을 할 수밖에 없는 것이다.

멘토링

저는 어린 시절에 전라북도 남원에서 자라면서 누에를 많이 키웠습니다. 그런데 저한테는 그 누에가 원수였습니다. 다른 애들은 땅따먹기, 딱지치기 놀이도 하는데, 저는 그 놈의 누에 때문에 뽕잎을 따러 가야만 했습니다. 그 중에서도 비 오는 날은 정말 뽕잎을 따러 가기가 싫었습니다. 아버지만 안 계시면 누에에다 휘발유 확 뿌리고 불 질러버리고 싶을 정도로 싫었습니다. 뽕잎 따러 가기 싫은 어린 마음에 그런 생각까지 들었던 겁니다. 그런데 비 오는 날 뽕잎 한 망태기 따 오면 아버지는 꼭 "한 망태기 더 따 와라" 하시는 겁니다. 또 안 따 오면 아버지한테 혼나니까 갈 수밖에 없었습니다.

그런데 누에가 열심히 뽕잎을 먹고 잠을 자면 더 이상 뽕잎을 먹지 않습니다. 뽕잎을 주어도 누에가 고개를 흔들며 난리입니다. 그럴 때 뽕잎을 주어봤자 먹지도 않습니다. 그때는 누에가 뭐라고 그러는 줄 아십니까? 고개를 이리저리 흔들며 "싫다 싫어 뽕도 사랑도~" 하는 것 같습니다. 그러다 아침이 되면 하얗게 고치집을 지어 놓습니다. 3일이 지나고 일주일이 지나면 고치가 매우 딱딱해집니다. 고치를 흔들면 '따그닥, 따그닥' 합니다. 누에가 완전히 번데기가 되어 있습니다. 이 고치는 발로 밟아도 깨지지 않습니다.

많은 성도들이 누에가 뽕잎을 먹고 꼬치를 짓는 것처럼 서서히 선악의 집을 짓습니다. 한 번 두 번 불평하고 흉보고 판단하고 정죄하면 잠시 느끼는 쾌감은 있습니다. 자기가 옳은 편에 있는 것 같고, 자신의 신랄한 판단력을 보면서 자기가 영적으로 깨어 있는 것 같습니다. 그러나 이게 한동안은 모르지만 세월이 지나보면 압니다. 그런 운명은 어떻게 되는 줄 아십니까? 번데기 운명인 것입니다.

– 소강석 목사의 '생명나무 설교' 중에서

다이어리

제4과를 공부한 후의 삶의 변화와 깨달음을 적고 서로 나눕시다.

5과 사탄은 어떻게 선악과를 따 먹도록(선택하도록) 유혹합니까?

1그런데 뱀은 여호와 하나님이 지으신 들짐승 중에 가장 간교하니라 뱀
이 여자에게 물어 이르되 하나님이 참으로 너희에게 동산 모든 나무의
열매를 먹지 말라 하시더냐 2여자가 뱀에게 말하되 동산 나무의 열매를
우리가 먹을 수 있으나 3동산 중앙에 있는 나무의 열매는 하나님의 말씀
에 너희는 먹지도 말고 만지지도 말라 너희가 죽을까 하노라 하셨느니라
4뱀이 여자에게 이르되 너희가 결코 죽지 아니하리라 5너희가 그것을 먹
는 날에는 너희 눈이 밝아져 하나님과 같이 되어 선악을 알 줄 하나님이
아심이니라 6여자가 그 나무를 본즉 먹음직도 하고 보암직도 하고 지혜
롭게 할 만큼 탐스럽기도 한 나무인지라 여자가 그 열매를 따 먹고 자기
와 함께 있는 남편에게도 주매 그도 먹은지라 7이에 그들의 눈이 밝아져
자기들이 벗은 줄을 알고 무화과나무 잎을 엮어 치마로 삼았더라 8그들
이 그날 바람이 불 때 동산에 거니시는 여호와 하나님의 소리를 듣고 아
담과 그의 아내가 여호와 하나님의 낯을 피하여 동산 나무 사이에 숨은
지라(창 3:1-8).

본문 묵상

성경은 뱀(사탄)에 대해 어떻게 평가합니까?(1절)

뱀(사탄)은 하와에게 어떤 말을 합니까?(4-5절)

뱀(사탄)의 말에 하와는 선악과에 대한 생각이 어떻게 바뀝니까?(6절 전반부)

결국 뱀(사탄)의 말에 현혹된 하와는 어떤 행동을 취합니까?(6절 후반부)

뱀(사탄)의 유혹에 현혹된 아담과 하와의 행동은 어떻게 변합니까?(7-8절)

생각하기 깨워 보기

에덴 동산의 사건은 역사적인 사건으로만 끝나는 것이 아니다. 물론 행위 언약의 사건은 단회적인 역사 사건으로 끝났다. 그러나 에덴 동산에서 하와를 유혹했던 사탄의 활동은 동일한 방법으로 계속되며 그때와 동일하게 오늘도 우리를 계속해서 유혹하고 있다. 오늘날 우리에게도 영적 선악과를 따 먹도록 말이다. 그래서 사도 바울은 말했지 않은가, 에덴 동산에서의 유혹은 그때나 오늘이나 계속되고 있다고 말이다.

> "[2]내가 하나님의 열심으로 너희를 위하여 열심을 내노니 내가 너희를 정결한 처녀로 한 남편인 그리스도께 드리려고 중매함이로다 그러나 나는 [3]뱀이 그 간계로 하와를 미혹한 것같이 너희 마음이 그리스도를 향하는 진실함과 깨끗함에서 떠나 부패할까 두려워하노라"(고후 11:2-3).

고린도 교회의 당면한 문제는 무엇인가? 이를 선악과와 연관하여 나누어 보자. 고린도 교회는 성령의 역사와 은사가 많이 나타났다. 하지만 그들은 말씀과 은혜, 생명으로 채워지지 못하였다. 그러다 보니 각각의 능력을 믿고 교만하여 바울파, 아볼로파 등과 같이 수많은 파벌로 나뉘었다.

반대로 로마 교회는 지식이 높았다. 성령의 역사가 영적으로가 아니라 도덕적으로, 행실로 나타났다. 그래서 섬김, 구제, 다스림 등이 많았다. 품위 있는 삶의 열매로 나타났다. 여러분은 무엇이 좋다고 생각되는가? 영적인 은사도 나타나고 삶의 거룩한 은사도 나타나야 좋은 것이다. 그래서 바울은 거룩한 중매쟁이가 되어 성도들을 정결한 신부로 만들어 남편 되신 그리스도께 드리려고 한 것이다.

그러나 사탄의 수법은 옛날이나 지금이나 여전히 다를 바가 없다. 에덴 동산 이후로 수많은 세월이 흘렀음에도 불구하고 마귀의 수법은 변한 것이 하나도 없다. 미련하고 우매한 우리는 똑같은 사탄의 수법과 유혹 작전에 늘상

속아 넘어지고 있다. 왜냐하면 우리는 마귀의 유혹 작전을 잘 모르고 있기 때문이다. 그러면 마귀는 우리에게 어떻게 유혹을 해오는가? 우리가 선악과를 따 먹도록 하기 위해 어떤 작전을 가지고 있는가?

명심하기 본문 탐색

1. 그러면 마귀는 어떻게 선악과를 선택하도록 유혹합니까?

1) 사탄은 잘못된 장소, 잘못된 환경으로 유인하여 잘못된 소리, 엉뚱한 정보를 얻게 합니다.

〈창 3:1〉 그런데 뱀은 여호와 하나님이 지으신 들짐승 중에 가장 간교하니라 뱀이 여자에게 물어 이르되 하나님이 참으로 너희에게 동산 모든 나무의 열매를 먹지 말라 하시더냐.

사탄은 교묘하게 하와를 에덴 동산 중앙에 있는 선악과 앞으로 인도했을 것입니다. 그리고 그 앞에서 선악과를 보여주면서 유혹했을 것입니다. 그러면서 제일 먼저 "하나님께서 동산의 모든 열매를 먹지 말라 하시더냐?"라는 엉뚱한 질문을 합니다. 하나님은 동산의 모든 열매를 먹으라고 말씀하셨지, 먹지 말라고 하신 적은 없습니다. 즉 엉뚱한 정보를 제공하고 있는 것입니다.

Q 왜 창세기 3장 1절에서 말한 뱀의 말이 잘못된 소리이고 엉뚱한 정보입니까? 창세기 2장 16절과 비교하며 나눕시다.

〈창 2:16-17〉 [16]여호와 하나님이 그 사람에게 명하여 이르시되 동산 각종 나무의 열매는 네가 임의로 먹되 [17]선악을 알게 하는 나무의 열매는 먹지 말라 네가 먹는 날에는 반드시 죽으리라 하시니라.

A 하나님께서는 동산의 각종 나무의 열매를 먹으라고 말씀하셨지, 먹지 말라고 하신 것이 아니다. 단지 선악과만 먹지 말라고 하셨다.

Q 한방에서의 중풍병과 신앙생활에서의 시험이 갖는 공통점을 생각해 봅시다.

A 중풍은 바람이 잘못 든 것이다. 즉 헛바람이 들어간 것이다. 중풍에 걸리면 반신불수가 된다. 이처럼 선악과는 잘못된 소리, 엉뚱한 정보로 내 신앙에 바람이 드는 것이다. 교회에서 시험 들면 앞자리 앉은 사람은 뒤로, 2층으로, 3층으로 옮기다가 결국 교회를 옮긴다. 아담과 하와가 들었던 사탄의 말에 조금 일리는 있다. 사탄은 "죽지 않는다. 눈이 밝아진다. 하나님처럼 된다"라고 말했다. 그러나 하나님은 죽는다는 것을 강조하셨다. 아담과 하와는 잘못된 소리, 엉뚱한 정보를 듣고 결국 선악과를 땄고 신앙의 중풍을 맞은 것이다.

Q 당신은 잘못된 장소에 가거나, 잘못된 정보를 듣고 오해하거나, 시험 들어 하나님의 뜻을 거스른 적이 있습니까? (다른 사람에 관한 이야기, 교회에 관한 이야기, 신앙생활에 관한 이야기 등)

A 차라리 잘못된 장소는 가지 않는 것이 선이다.

2) 사탄은 간교한 질문을 통해 접근합니다. 그 질문을 통해 의심, 엉뚱한 호기심, 그럴듯한 오해, 갈등, 회의 등을 갖게 합니다.

〈창 3:1 하〉 뱀이 여자에게 물어 이르되 하나님이 참으로 너희에게 동산 모든 나무의 열매를 먹지 말라 하시더냐.

하나님의 말씀을 그냥 순종하고 받아들이고 인정하고 있을 때 질문을 통해서 엉뚱하고 잘못된 호기심이 생기게 만들고 있다. 그러므로 우리는 의심을 들게 만드는 모든 질문과 대화를 경계해야 한다.

Q 혼자 있을 때 마귀가 내면에서 유혹해 온 경험이 있습니까?
또는 교회 생활 중에 어떤 사람을 통해 교묘한 유혹을 받아 본 적이 있습니까?

A 혼자 있으면서 의심하게 되고, 자기 자신에 대해 열등감과 우울함을 갖게 하는 것 등.

3) 사탄은 여러 시도를 통해 반드시 우리에게서 틈이나 약점을 보이게 합니다.

〈창 3:2-3〉 2여자가 뱀에게 말하되 동산 나무의 열매를 우리가 먹을 수 있으나
3동산 중앙에 있는 나무의 열매는 하나님의 말씀에 너희는 먹지도 말고 만지지도 말라 너희가 죽을까 하노라 하셨느니라.

Q 하나님의 명령에 대해서 하와는 어떻게 오해를 했을까요?

A '왜 선악과를 못 먹게 했을까?' '이것을 따 먹는다고 진짜 죽을까?' '우리가 진짜 망할까?' 이렇게 생각할 때 하와는 사탄에게 틈을 보여준 것이다.

하와가 사단에게 보인 틈

(1) 하와는 먼저 삭제의 죄를 지었습니다.

Q 하와는 하나님이 하신 말씀(창 2:16)에 대해 뱀에게 이야기할 때 어떤 내용을 삭제했습니까?(창 3:2)

A 하와는 하나님의 은혜를 삭제하고 있다. 창세기 3장 2절에서 '각종'이라는 말과 '임의로'라는 말을 빼고 뱀에게 이야기한 것이다. '각종'이라는 말과 '임의로'라는 말은 아담에게 주시는 하나님의 은혜가 얼마나 풍성한가를 보여주고 있는 표현이다.

(2) 하와는 하나님의 말씀을 흐리게 하는 죄를 지었습니다.

Q 하와는 뱀에게 어떻게 말을 합니까? 또 그 말은 하나님의 말씀을 어떻게 흐리게 한 것입니까?(창 3:3a)

A 하와는 마치 동산 중앙에 있는 나무의 열매를 하나님께서 다 따 먹지 말라고 하셨던 것처럼 말했다. 그러나 하나님께서는 동산 중앙에 있는 나무 열매 중 생명나무 열매는 먹고 선악과나무 열매만 먹지 말라고 하셨다. 그런데 하와는 동산 중앙에 있는 생명나무도 못 먹게 한 것처럼 말씀을 흐리게 하고 있다.

(3) 하와는 첨가하는 죄를 지었습니다.

Q 하와는 하나님이 하신 말씀(창 2:17)에 대해 무엇을 첨가하는 죄를 지었습니까?(창 3:3a)
당신은 하나님의 말씀을 내 입장에서 흐리게 하고 삭제하거나 첨가해서 나의 죄를 변호한 적 있습니까?

A 하나님은 '먹지 말라'고 했지 만지지도 말라는 말씀은 하지 않으셨다. 그런데 하와는 그 말을 첨가했다.

(4) 하와는 변경의 죄를 지었습니다.

Q 하와는 자신이 선악과를 선택할 때 하나님의 말씀(창 2:17)을 어떻게 변경합니까?(창 3:3하)

A 하와는 반드시 죽으리라고 하신 말씀을 죽을까 하노라 하고 말씀을 변경했다. 선악과를 보고만 있어도 선악과의 유혹 앞에서 일단 내면적인 죄를 짓는 것이다. 한마디로 선악과 앞에서 하와는 미련했고 완전히 판

단 능력을 상실해 버린 것이다. 왜냐면 선악과를 바라보니까 먹음직도 하고 보암직도 하고 탐스러워서 욕심이 들어가고 정욕이 들어갔기 때문이다. 결국 영적인 투명함을 잃어버린 것이다.

Q 창세기 2장 17절의 하나님의 명령과 창세기 3장 3절의 하와의 고백에 어떤 차이가 있습니까?

A 하와가 사탄의 간교하고 교묘한 질문에 완전히 틈을 보였다. "죽을까 하노라"와 "정녕 죽으리라"는 천국과 지옥의 차이다. 이것은 말씀을 변경하고 위조하는 죄인데, 그 어떤 죄보다 더 큰 죄이다.

하나님의 말씀을 마음대로 갖다 붙이고 변경하고 삭제하는 것은 큰 죄이다. 그러므로 성도는 사탄의 유혹의 질문에 틈을 보이지 말아야 한다.

Q 창세기 2장 17절의 말씀과 비교하여 하와의 약한 모습을 이야기해 봅시다.

A 하와는 지금 마음으로는 따 먹고 싶은데 하나님의 명령 때문에 쉽게 따 먹지 못하고 있다. 명분만 있으면 언제든지 따먹을 태세이다.

이미 마음이 사탄의 유혹에 넘어간 것이다. 이것을 사탄이 모를 리가 없다. 그래서 하와에게 집요하게 유혹하는 것이다. 이때라도 하와가 생명나무를 붙잡으면 좋겠지만 하와는 그렇게 하지 않았다.

Q 교묘히 하나님의 말씀을 적용하며 하나님의 말씀에 불순종하는 모습을 경험해 본 적 있으면 나눕시다.

A - 하나님은 어디나 계시므로 놀러가서 아무 교회에서 예배드려도 무관하다.
- 하나님은 용서해 주시는 분이니까 죄 짓고 용서를 빌자.

- 사랑의 하나님은 내가 십일조 못 하는 것을 이해해 주실 거야.
- "나는 교회를 사랑하고 하나님을 사랑해" 하면서 교회에 물의를 일으키는 것 등은 사탄에게 유혹된 것임을 주지시켜야 한다.

4) 사탄은 하나님의 말씀과 정반대되는 말로 공격해 옵니다.

〈창 3:4-5〉 4뱀이 여자에게 이르되 너희가 결코 죽지 아니하리라 5너희가 그것을 먹는 날에는 너희 눈이 밝아져 하나님과 같이 되어 선악을 알 줄 하나님이 아심이니라.

이제 사탄은 아주 노골적으로 하와를 공격한다. 하나님의 강조점과 사탄의 강조점이 전혀 다르다. 하나님은 생명을 강조하지만 사탄은 경험을 강조한다. 하나님은 정녕 죽으리라고 하셨는데 사탄은 눈이 밝아진다고 말한다. 물론 사탄은 얼핏 보면 진실 같은 이야기를 하고 있다. 어느 정도 사실 같은 이야기를 함으로써 하와의 마음을 흔들어 놓고 있다. 신앙생활할 때도 마찬가지다. 우리가 듣는 소문이 전혀 사실 무근이 아닐 수도 있다. 하지만 그보다 더 중요한 것은 생명이요 은혜이다.

Q 사탄은 40일 금식기도를 마친 예수님께 어떤 유혹을 합니까? 주님은 어떻게 승리하십니까(마 4:3-4)?

〈마 4:3-4〉 3시험하는 자가 예수께 나아와서 이르되 네가 만일 하나님의 아들이어든 명하여 이 돌들로 떡덩이가 되게 하라 4예수께서 대답하여 이르시되 기록되었으되 사람이 떡으로만 살 것이 아니요 하나님의 입으로부터 나오는 모든 말씀으로 살 것이라 하였느니라 하시니.

A 주님은 이미 하나님의 아들인데도 불구하고 돌이 떡이 되게 해야만 아들의 명분이 선다고 유혹하고 있다. 주님이 하나님의 아들이라는 것은 사탄에게 검증받을 필요도 없는 것이다. 하지만 사탄은 사실과는 다르게 유혹하고 있다.

그럼에도 불구하고 예수님은 말씀으로 승리하셨다.

Q 말씀과 전혀 다른 누군가의 말과 가르침으로 인해 유혹되거나 잘못 판단한 경험이 있으면 나눠 봅시다.

A 매체를 통해 무교회주의, 십일조 무용론, 종교다원주의, 성경유오설 등을 들을 때 혼돈될 수도 있다. 하지만 이것은 분명 성경의 진리가 아님을 주지시켜야 한다.

5) 사탄은 하와의 마음을 끈질기고 집요하게 유혹합니다.

〈창 3:6상〉 여자가 그 나무를 본즉 먹음직도 하고 보암직도 하고 지혜롭게 할 만큼 탐스럽기도 한 나무인지라.

죄의 형상은 보면 볼수록 먹고 싶어진다. 죄도 안 지어서 그렇지, 짓기 시작하면 매혹적으로 보인다. 유혹은 생각하면 생각할수록 넘어지기 쉽다. 그러나 그 대가는 너무나 크다. 사탄은 한 번 걸려든 사람은 포기하지 않고 끝까지 집요하게 유혹한다. 죄를 짓고 심판을 당할 때까지 포기하지 않는다. 그래서 하와도 넘어졌고 오늘날 수많은 성도들이 이 유혹 앞에 비참하게 넘어지는 것이다.

Q 야고보서 1장 15절의 말씀, 곧 욕심이 생기면 죄를 짓게 되고, 죄를 지으면 사탄은 더욱 집요하게 공격하여 결국 우리는 더 많은 죄를 짓게 되어 사망에 이른다는 말씀을 보며 내가 동의하는 부분은 무엇인지 나누어 봅시다.

〈약 1:15〉 욕심이 잉태한즉 죄를 낳고 죄가 장성한즉 사망을 낳느니라.

A 처음에는 작은 불순종으로 시작하여 점점 커지는 경우, 한 번의 주일성수 범함과 십일조의 범함이 훗날 양심의 가책도 사라지게 만드는 경우, 한두 번 불순종으로 인해 결국 교회와 거리가 멀어지는 경우.

6) 사탄은 선악과를 담대하게 따 먹도록 결심하게 합니다. 그리고 하와만 따 먹은 것이 아니라 남편에게도 따서 주도록 합니다.

〈창 3:6〉 여자가 그 나무를 본즉 먹음직도 하고 보암직도 하고 지혜롭게 할 만큼 탐스럽기도 한 나무인지라 여자가 그 열매를 따 먹고 자기와 함께 있는 남편에게도 주매 그도 먹은지라.

죄의 속성은 옆사람에게 전이시키는 것이다. 꼭 물귀신 작전을 쓴다. 그러므로 우리는 은혜와 생명이 넘치는 것만 보고 듣고, 그렇지 않은 것은 철저하게 피해야 한다. 아예 접근하지 못하도록 막아야 한다. 그런데 사람이 시험에 들려고 하면 육신의 정욕과 안목의 정욕과 이생의 자랑으로만 가득하게 된다. 그래서 정신이 몽롱하고 흐리멍텅한 상태에서 시험의 선악과를 담대하게 따 먹는다.

Q **최악의 상황 가운데 있던 욥에게 그의 아내는 어떤 원망과 불평을 합니까? 그때 욥은 어떤 반응을 보입니까? 나의 상황 가운데 욥과 유사한 경우가 있었다면 나누고, 어떻게 승리할지 나눕시다.**

〈욥 2:9-10〉 [9]그의 아내가 그에게 이르되 당신이 그래도 자기의 온전함을 굳게 지키느냐 하나님을 욕하고 죽으라 [10]그가 이르되 그대의 말이 한 어리석은 여자의 말 같도다 우리가 하나님께 복을 받았은즉 화도 받지 아니하겠느냐 하고 이 모든 일에 욥이 입술로 범죄하지 아니하니라.

A **아무리 원망할 수밖에 없는 상황이라 할지라도 원망은 백해무익하다. 차라리 하나님의 절대 주권을 인정하며 인내하는 것이 선이다.**

Q **시험 든 사람은 자기만 시험 들기가 너무나 억울해서 반드시 남까지 함께 시험 들게 만듭니다. 그래서 자신이 시험 든 상황을 떠벌리고 다니거나 다른 사람들에게 전달합니다. 그러면 그 말을 전달 받은 사람도 마음이 뒤숭숭해집니다. 내가 경험했거나 남이 그런 일을 당한 것을 본 적이 있었는지 나누고 이**

럴 때는 어떻게 하는 것이 좋을지 나눕시다.

A 그런 말을 듣지 않는 것이 좋으며, 절대로 인정하거나 받아들이지 말아야 한다. 그리고 하나님의 관점에서 다시 상담해 주어야 한다.

7) 사탄은 선악과를 따 먹은 후 도망가서 숨게 만들었습니다.

〈창 3:8〉 그들이 그날 바람이 불 때에 동산에 거니시는 여호와 하나님의 소리를 듣고 아담과 그의 아내가 여호와 하나님의 낯을 피하여 동산 나무 사이에 숨은지라.

죄의 또 다른 속성은 숨는 것이다. 그래서 시험 든 사람들끼리 모여서 교회와 목사님, 성도들을 욕하면서 이렇게 말한다. "여기서 있었던 것, 말했던 것은 누구에게도 절대 말하지 마!" 그러나 그 모든 말은 다 드러나게 마련이고 나중에 자기 자신에게 화살이 되어 돌아온다. 그러면 숨는다. 그 방법이 바로 사명을 내려놓든지, 교회를 떠나든지 하려는 것이다.

〈창 3:12-13〉 [12]아담이 이르되 하나님이 주셔서 나와 함께 있게 하신 여자 그가 그 나무 열매를 내게 주므로 내가 먹었나이다 [13]여호와 하나님이 여자에게 이르시되 네가 어찌하여 이렇게 하였느냐 여자가 이르되 뱀이 나를 꾀므로 내가 먹었나이다.

변명의 단계: 아담 → 하와 → 뱀 → 하나님

2. 사탄이 우리를 유혹하는 영역은 어떤 영역입니까?

〈요일 2:15-16〉 [15]이 세상이나 세상에 있는 것들을 사랑하지 말라 누구든지 세상을 사랑하면 아버지의 사랑이 그 안에 있지 아니하니 [16]이는 세상에 있는 모든 것이 육신의 정욕과 안목의 정욕과 이생의 자랑이니 다 아버지께로부터 온 것이 아니요 세상으로부터 온 것이라.

이 세상에 있는 것은 육신의 정욕(쾌락, 성적인 타락, 즐거움, 유희, 지나친 취미생활, 하나님보다 더 사랑하는 것 등)과 안목의 정욕(물질, 사치, 부귀, 남에게 보이려고 하는 욕구)과 이생의 자랑(권력, 명예, 위치, 인정받으려는 것) 등이다. 사탄은 이러한 것들을 통해 우리를 유혹하고 넘어뜨린다.

Q **교회 내에서, 생활하면서 이런 유혹을 받은 적이 있습니까? 그러면 어떻게 극복해야 할지 나눕시다.**

A **3가지 영역에 대해 확실히 주지시켜 준다. 승리는 오직 성령의 법으로만 가능하다.**

3. 사탄이 우리를 통해 이루고자 하는 목적은 무엇입니까?

〈욥 1:11〉 이제 주의 손을 펴서 그의 모든 소유물을 치소서 그리하시면 틀림없이 주를 향하여 욕하지 않겠나이까.

사탄의 목적은 우리가 하나님을 욕하고 불평하고 원망하게 하는 것이다. 그래서 결국 우리의 신앙이 떨어지고 좌초되게 하는 것이 궁극적인 사탄의 목적이다. 그러므로 아무리 시험 들 만한 이유가 타당하다 할지라도 절대로 교회를 대적하고 목회자를 대적하며 하나님의 뜻에 반기를 들어서는 안 된다.

〈벧전 5:8〉 근신하라 깨어라 너희 대적 마귀가 우는 사자같이 두루 다니며 삼킬 자를 찾나니.

사탄이 원하는 것은 삼키는 것이다. 스스로 생각하기에 똑똑하고 옳다고 판단하겠지만, 하나님의 뜻을 거스르고 교회 정책과 방향에 대해 안티 세력이 되는 것은 이미 사탄이 원하는 바를 이루고 있는, 사탄에게 삼키운 상태이다.

Q 당신에게 있어서 사탄의 목적에 쉽게 당할 수 있는 약점은 어떤 것인지 나눕시다. 어떻게 승리할지 나눕시다.

A 혈기, 미움, 불만, 불평, 원망, 공격, 비난, 비판, 불순종 등

나눔 갖기 서로 나눔

- 사탄은 어떻게 선악과를 따 먹도록 유혹하는가?
- 사탄이 우리를 유혹하는 영역은 무엇인가?
- 사탄의 궁극적인 목적은 무엇인가?

무기 삶기 생활 적용

1. 하와가 유혹 받은 일을 나의 경험이나 또 다른 비유적인 이야기로 실감나게 나누어 봅시다.

2. 교회 생활 중에 시험 들게 되는 과정도 거의 이와 비슷합니다. 그렇다면 어떻게 함으로써 이 유혹을 이길 수 있을까요?

3. 신앙의 기준을 생명나무에 두어야 합니다. 우리의 사회생활, 영적 생활에서도 마찬가지입니다. 어떻게 해야 우리는 승리하겠습니까?

아담과 하와는 선악과를 따 먹고 싶어서 호기심의 불꽃이 산불처럼 타올랐다. 정욕의 불꽃이 활화산처럼 온 몸을 뜨겁게 만들어서 따 먹었다. 그런데 선악과를 따 먹고 보니까 왜 그렇게 두렵고 부끄럽고 허탈하고 허무한지! 아름다운 바다에 파도가 쳐올 때 바위에 부딪치는 물거품이 얼마나 아름다운가? 그런데 물거품이 사라지고 나면 앙상한 암초만 외롭게 남는다. 선악과도 그렇게 먹음직하고 보암직하고 탐스럽게 보였지만 따 먹고 났더니 허탈하고 두렵고 허무하고 수치스럽게 보였던 것이다.

오늘도 사탄은 옛날과 똑같은 방법으로 공격해 온다. 그러므로 우리를 유혹해 오는 마귀의 작전을 잘 알고 이 작전에 넘어가지 않기 위해 경계해야 한다.

멘토링

가정 사역에 대한 어느 책에서 이런 내용을 읽었습니다.

어떤 부부가 결혼한 지 10년이 넘어 아파트도 하나 장만하고 아이들 둘을 낳아 제법 안정된 가정을 꾸리고 있었습니다. 그런데 하루는 아내가 집안 청소를 하다가 우연히 남편 책장에서 뚝 떨어진 노트 한 권을 보았습니다. 그냥 지나치려는데, 그 노트 안에 기록된 남편의 일기가 보이는 것입니다. 일기 서두는 이렇게 시작되었습니다. "그리운 미진아! 그리운 미진아!" 그런데 아내의 이름은 미진이가 아니었습니다. 아내의 이름은 영숙이였습니다. 계속해서 이런 내용이 이어졌습니다. "너는 지금 어디서 어떻게 살고 있니? 우리가 헤어진 지도 10여 년이 넘었구나. 나는 결혼해서 이미 아이가 둘이나 있지만 아직까지도 너를 잊지 못한다. 나는 아내를 품으면서 눈을 감고 너를 품는다고 상상해 보곤 한단다. 아이들을 볼 때도 이 아이들이 너와 내가 낳은 아이들이라고 생각하며 바라보기도 한단다. 그리운 미진아! 어디 있니? 우리의 사랑은 끝내 이루어지지 않았구나. 보고 싶다. 다시 만날 수 있으면 좋으련만……."

이 일기장을 읽은 아내는 어땠겠습니까? 그리고 그 부부는 어떻게 되었겠습니까? 한순간 생각 한 번 잘못 먹고 몇 번 외도한 것보다 어마어마한 상처와 충격과 아픔을 주고 말았습니다. 누구도 치료할 수 없는 깨어진 관계가 될 수밖에 없습니다. 왜 그런 줄 아십니까? 마귀에게 틈을 보이니까 그렇습니다. 틈이라는 것이 이렇게 중요한 것입니다.

부부간에 틈이 벌어지니까 마귀가 교묘하게 역사한 것입니다. 마귀가 남자를 자꾸 홀로 있게 하고 헛된 생각을 하게 했으며 잘못된 상상력을 갖게 했던 것입니다. 그리고 그런 일기를 쓰게 했으며 그 부부에게 엄청난 상처를 주고 박살내버리기 위해 마침내 아내로 하여금 그 일기장을 보게 한 것입니다. 그러므로 우리는 내가 '더 주님을 잘 섬기고 아내, 남편을 진심으로 섬기고 사랑해야 되겠구나. 무슨 일이 있어도 부부간의 틈을 안 보여야 되겠구나!' 라고 다짐해야 합니다.

– 소강석 목사의 '생명나무 설교' 시리즈 중
"선악과를 향해서 마귀는 이렇게 유혹한다"에서

다이어리

제5과를 공부한 후의 삶의 변화와 깨달음을 적고 서로 나눕시다.

생명나무학교 The Tree of Life

6과 선악과를 선택한 사람들 I
- 함

[20]노아가 농사를 시작하여 포도나무를 심었더니 [21]포도주를 마시고 취하
여 그 장막 안에서 벌거벗은지라 [22]가나안의 아버지 함이 그의 아버지의
하체를 보고 밖으로 나가서 그의 두 형제에게 알리매 [23]셈과 야벳이 옷
을 가져다가 자기들의 어깨에 메고 뒷걸음쳐 들어가서 그들의 아버지의
하체를 덮었으며 그들이 얼굴을 돌이키고 그들의 아버지의 하체를 보지
아니하였더라 [24]노아가 술이 깨어 그의 작은아들이 자기에게 행한 일을
알고 [25]이에 이르되 가나안은 저주를 받아 그의 형제의 종들의 종이 되
기를 원하노라 하고 [26]또 이르되 셈의 하나님 여호와를 찬송하리로다 가
나안은 셈의 종이 되고 [27]하나님이 야벳을 창대하게 하사 셈의 장막에
거하게 하시고 가나안은 그의 종이 되게 하시기를 원하노라 하였더라
(창 9:20-27).

본문 묵상

노아는 홍수 이후에 어떤 실수를 하게 됩니까?(20-21절)

노아의 아들 함은 아버지의 실수를 보고 어떤 행동을 합니까?(22절)

셈과 야벳은 아버지의 실수를 어떻게 무마시킵니까?(23절)

노아가 술에서 깨어난 이후에 셈, 함, 야벳에 대해 어떻게 행동합니까?(24-27절)

생각하기 깨워 보기

구약의 성도든지 신약의 성도든지 간에 신앙생활을 하면서 선택의 기로에 설 때가 많이 있다. 그것은 생명나무를 선택할 것이냐, 선악과나무를 선택할 것이냐 하는 것이다. 그런데 은혜 받고 복 받을 사람은 언제나 생명나무를 선택하고, 은혜와 축복을 걷어차버릴 사람은 매번 선악과나무를 선택한다. 한 번 선악과나무를 잘못 선택함으로써 영원한 축복을 걷어차버리고 영영 저주와 탄식의 노예로 살아가는 사람도 볼 수 있다. 바로 오늘 본문의 함이 그렇다. 우리는 생명과와 선악과의 선택의 기로에서 무엇을 선택해야 할까? 그 중요한 선택의 기로에서 선악과를 선택하여 심판을 받은 함에 대해 살펴보자.

명심하기 본문 탐색

1. 노아 홍수 이후 노아는 어떤 실수를 범합니까?

〈창 9:20-21〉 [20]노아가 농사를 시작하여 포도나무를 심었더니 [21]포도주를 마시고 취하여 그 장막 안에서 벌거벗은지라.

노아는 참으로 위대한 믿음의 사람이었다. 당대의 사람들이 그처럼 비웃고 조롱을 해도 그는 묵묵히 믿음으로 방주를 지었다. 그렇게 시대가 포악하고 패괴하고 죄악이 관영한 때에도 그는 시대의 조류에 휩쓸리지 않고 오로지 믿음을 따라 살았다. 그래서 하나님 앞에 구원을 받고 인류의 족보와 씨를 계승해 주었으며 인류 역사를 보존해 준 사람이다.

그런데 이런 노아도 실수를 했다. 노아가 배에서 나오던 해부터 포도 농사를 시작하여 몇 년 후에 포도 열매를 풍족하게 거두었다. 아마 그해에는 포도 농사의 대풍년을 맞이한 것 같다. 그래서 기분이 좋아 포도주를 잘 담가 놓았다가 포도주를 진탕 마셨다. 술주정을 하다가 몸에 열이 나는지 옷을 홀딱 벗고 골아 떨어져버린 것이다.

2. 아버지의 연약함을 본 함은 어떻게 행동함으로 선악과를 선택합니까?

〈창 9:22〉 가나안의 아버지 함이 그의 아버지의 하체를 보고 밖으로 나가서 그의 두 형제에게 알리매.

노아가 술 취해서 벌거벗고 자고 있는 모습을 아들 함이 보았다. 그리고 그 모습을 보고 온 형제와 자식과 조카들에게 아버지의 실수와 허물을 까발리고 다녔다. 함은 벌거벗은 아버지의 연약함을 감추는 것이 아니라 오히려 들추어내어 다른 사람들에게 알리는 선악과를 선택했던 것이다.

Q 왜 노아는 포도주를 마시고 취하는 실수를 하였습니까? 이것은 함의 잘못이 아니라 노아가 먼저 실수를 한 것이 아닙니까? 여러분의 생각을 나누어 보십시오.

A 노아가 포도주를 마신 이유는, 지금까지 너무 긴장된 삶을 살다가 모처럼 여유가 있었기 때문일 수도 있고, 잠시 사명의식이 느슨해졌기 때문일 수도 있으며, 너무 풍족하다 보니 그럴 수도 있다. 노아가 먼저 실수한 것은 맞다. 인간의 이성으로 남의 실수를 이야기하는 것에 대해 나름대로 변명할 수도 있다. 하지만 그것 자체는 선악과를 선택하는 행위이다. 그러므로 함이 아버지의 실수를 다른 이에게 전달했다는 것은 명백히 큰 실수이다.

3. 똑같은 상황에서 셈과 야벳은 어떤 행동을 취합니까?

〈창 9:23〉 셈과 야벳이 옷을 가져다가 자기들의 어깨에 메고 뒷걸음쳐 들어가서 그들의 아버지의 하체를 덮었으며 그들이 얼굴을 돌이키고 그들의 아버지의 하체를 보지 아니하였더라.

아버지의 연약함을 듣고 셈과 야벳이 얼른 달려왔다. 그리고 자신의 옷을 벗어가지고 아버지의 하체를 덮어 드리고 다시 얼굴을 반대쪽으로 돌이키며 조심스럽게 나왔다. 행여 무심코라도 아버지의 하체를 볼까 싶어서 말이다.

4. 깨어난 노아는 모든 상황을 안 이후에 함에 대해 어떻게 행동합니까?

〈창 9:24-25〉 24노아가 술이 깨어 그의 작은아들이 자기에게 행한 일을 알고 25이
에 이르되 가나안은 저주를 받아 그의 형제의 종들의 종이 되기를 원하노라 하고.

술이 깬 노아는 모든 일들을 다 알게 되었다. 특별히 작은아들 함이 자기에게 어떻게 행했는지 알았고 셈과 야벳이 자기에게 어떻게 했는가를 다 알게 되었다. 그래서 노아는 함을 저주하였다. 바로 셈과 야벳의 영원한 종이 되도록 말이다.

5. 노아는 함을 저주했지만 셈과 야벳에 대해서는 어떻게 합니까?

〈창 9:26-27〉 26또 이르되 셈의 하나님 여호와를 찬송하리로다 가나안은 셈의
종이 되고 27하나님이 야벳을 창대하게 하사 셈의 장막에 거하게 하시고 가나안
은 그의 종이 되게 하시기를 원하노라 하였더라.

노아는 야벳과 셈을 축복했다. 결과적으로 볼 때 야벳의 후손은 창대한 축복을 받았고 셈의 후손은 하나님을 섬기는 영적인 축복을 받았다. 그러나 함의 후손은 자손 대대로 셈과 야벳을 섬기는 저주를 받게 된 것이다. 바로 함이 선택의 기로에서 생명나무를 선택하지 아니하고 선악과를 선택하였기 때문이다.

Q 똑같은 상황에서 어떻게 행동하느냐에 따라 그 결과가 완전히 다른 모습을 보며 어떤 생각이 듭니까? 다른 사람의 허물을 볼 때 어떻게 행동해야 할지 나눕시다.

A 성경은 허다한 죄를 덮을 수 있음을 말하고 있다. 바로 사랑이다. 사랑하면 누구든지, 어떤 죄이든지 용서하고 덮어 줄 수 있다.

〈벧전 4:8〉 무엇보다도 뜨겁게 서로 사랑할지니 사랑은 허다한 죄를 덮느니라.

6. 함은 어떻게 선악과를 선택했습니까?

1) 함은 (보지 말아야 할 것)을 보고 (알지 말아야 할 것)을 아는 불행을 자초했습니다. 보아도 생명나무를 선택하면 되는데 그는 그렇게 못했습니다.

(1) 함이 본 것과 안 것은 무엇입니까?

〈창 9:22〉 가나안의 아버지 함이 그의 아버지의 하체를 보고 밖으로 나가서 그의 두 형제에게 알리매.

우리가 인생을 살면서 아는 게 약일 때가 있다. 알아서 약이라면 반드시 알아야 한다. 그래서 사람은 어떻게든지 배우려고 하고 알려고 하지 않는가? 그러나 인생이란 아는 것이 다 약이 되지는 않는 것이다. 오히려 아는 게 병이 되고 화가 될 수도 있다. 그래서 식자우환(識字憂患)이라는 말이 있지 않는가?

예컨대 우리가 애당초부터 술맛을 아는 게 좋을까, 모르는 게 좋을까? 술맛을 꿀맛처럼 알았던 자가 술 끊고 사는 것도 아름다운 일이다. 그러나 애당초부터 술맛을 전혀 모르고 술을 입에도 대지 않고 살아가는 것은 더 아름답다고 할 수 있다. 지금은 똑같이 술을 안 먹고 신앙생활을 하고 사니까 별 차이가 없는 것 같지만 생각해 보면 큰 차이가 난다.

맨날 춤바람이나 피우고, 외간남자 외간여자와 바람을 피우던 사람이 예수 믿고 세례 받은 후에 모든 것을 끊고 정결하게 사는 것과 애당초부터 바람 피는 것을 모르고 처음부터 끝까지 정결하게 살아온 사람이 있다면 누가 더 아름답다고 할 수 있을까? "내가 별별 남자를 다 경험해 봤지만 당신 같은 남자 없어. 내가 조선팔도 이 남자 저 남자 다 경험해 보니까 당신같이 훌륭한 남자가 없어서 내가 당신을 더 사랑하게 된 거야"라고 하면 어떤 남자가 이런 여자를 좋아하겠는가? 이런 부부는 바로 선악과가 풍성한 부부요, 쓸데없는 것을 알고 다니고 경험하고 살아온 부부요, 알아야 할 필요가 없고 경험할 필요가 없는 것들을 스스로 자초해서 경험하고 앎으로 인해서 불행한 경우다.

우리 신앙생활도 마찬가지다. "내가 하나님 섬기다가 다른 종교, 다른 신들을 다 섬겨 보았는데 역시 하나님이 제일 좋다"라고 하면, 얼핏 들을 때 그럴 듯할지 모르지만 하나님은 절대로 그런 것을 원하지 않으신다. 하나님은 오로지 처음부터 끝까지 한마음으로만 섬기는 사람을 좋아하신다. 그래서 하나님은 이스라엘 백성들이 가나안 땅을 정복할 때 원주민들을 무조건 쳐 죽이라고 했다. 왜냐하면 그들이 쓸데없는 것을 알게 되어 가나안 원주민들이 섬기는 신을 함께 섬길 수 있기 때문이었다.

(2) 하나님은 이스라엘 백성들이 보지 않아도 되고 알지 않아도 되는 가나안의 풍습을 경험하지 않게 하기 위해 어떤 명령을 하십니까?

〈신 7:1-4〉 1네 하나님 여호와께서 너를 인도하사 네가 가서 차지할 땅으로 들이
시고 네 앞에서 여러 민족 헷 족속과 기르가스 족속과 아모리 족속과 가나안 족
속과 브리스 족속과 히위 족속과 여부스 족속 곧 너보다 많고 힘이 센 일곱 족속
을 쫓아내실 때에 2네 하나님 여호와께서 그들을 네게 넘겨 네게 치게 하시리니
그때에 너는 그들을 진멸할 것이라 그들과 어떤 언약도 하지 말 것이요 그들을
불쌍히 여기지도 말 것이며 3또 그들과 혼인하지도 말지니 네 딸을 그들의 아들
에게 주지 말 것이요 그들의 딸도 네 며느리로 삼지 말 것은 4그가 네 아들을 유
혹하여 그가 여호와를 떠나고 다른 신들을 섬기게 하므로 여호와께서 너희에게

진노하사 갑자기 너희를 멸하실 것임이니라.

일곱 족속을 모두 전멸하라는 모습에 대해 비기독인들은 잔인한 하나님이라고 말한다. 하지만 선악과를 선택하면 모두 죽는 것이기에 이렇게 말씀하신 것이다.

Q **당신은 정이나 관계, 체면 때문에 선악과를 선택할 때가 있습니까? 어떤 때인지 이야기해 봅시다. 그리고 오늘 신명기 7장 1-4절의 말씀은 어떤 도전이 됩니까?**

A **주일성수 범하며 참석하는 경조사, 고사, 풍수지리 등은 하나님이 절대적으로 싫어하시는 선악과임을 알아야 한다.**

교회도 마찬가지다. 이 교회 저 교회 너무 많이 옮겨 다닌 사람들이 시험도 잘 든다. "그 교회는 그게 좋았는데, 그 목사님은 그게 좋았는데 이 교회는 왜 이럴까? 왜 우리 목사님은 자꾸 이러신단 말인가?" 언제나 갈등과 푸념과 불평만 한다. 이것은 교회 발전을 위해서 푸념을 하는 것이 아니라 늘 자기의 선입견과 견해를 가지고 하는 불평과 푸념이다.

별별 교회를 다녀 보면 다 좋을 것 같지만 '그저 교회는 이런가 보다, 그저 목사님이란 저런가 보다' 하고 생각하는 게 제일 좋다. 이렇게 생각하는 게 가장 행복하고 복된 신앙생활이다. 성도들은 먼저 말씀 듣고 은혜 받고 봉사하는 데 관심을 가져야 한다. 비본질적이고 쓸데없는, 필요 이상의 영역에 관심을 가져서는 안 된다. 물론 꼭 알아서 죄가 되는 것은 아니지만 쓸데없는 것을 알아서 죄를 범하고 불행을 자초하게 된다.

함이 그런 삶을 살았다. 그는 차라리 아버지 노아의 허물을 안 보는 게 좋았다. 그러므로 우리가 신앙생활하면서 기어코 안 좋은 것까지 알려고 할 필요가 없다. 교회 생활하면서 알 필요가 없는 것을 쓸데없이 자꾸 알려고 하는 것은 선악과를 따는 것과 같다. 감당하지도 못할 것이면서 쓸데없는 것을 알아서 자신의 신앙과 삶을 손해 볼 필요가 없다. 은혜가 되고 생명이 되고 약이 되는 것은 부지런히 알아야 한다. 그래서 우리가 말씀을 배우며 은혜를 받으려고 애쓰는 것이다. 그러나 모르는 게 좋고 몰라야 하는 것은 차라리 모르는 것이 좋다.

Q 교회 생활 중에 교역자의 덕이 되지 못한 행동을 보고 시험에 든 적은 없었습니까? 그럴 때 우리는 어떻게 해야 할까요? 이야기를 나누어 봅시다.

A 교회 교역자가 덕이 되지 못한 일을 할 때는 먼저 선악을 판단하고 허물을 들추기 전에 교회의 덕을 세우기 위해서 덮고 기도하는 것이 좋다. 그런데 교역자가 한 번의 실수가 아니라 상습적으로 부도덕한 일을 행할 때는 개인적으로 조용히 찾아가서 권고해야 한다. 선악 판단이나 허물을 들추는 입장이 아니라 사랑하는 마음으로 해야 한다. 그런데도 교역자가 계속해서 부도덕한 일을 행할 때는 교회 공동체에 피해가 가지 않고 최소화할 수 있도록 조용히 기도하고 교회를 옮겨야 한다. 절대로 교회 안에서 선악 판단을 하고 허물을 들추어서 혼란을 일으키고 피해를 주어서는 안 된다.

Q 교회 안에서 알지 말아야 할 것을 알아서 시험에 들거나 어려움을 당한 경험이 있다면 나눕시다. 그 일을 겪은 후 깨달은 점은 무엇입니까?

A 옳으냐 그르냐로 판단하는 것이 아니라 생명이냐 아니냐로 판단해야 한다.

2) 함은 (생명의 시각)으로 보고 받아들여야 할 것을 (선악의 마인드)로 보고 판단해 버렸습니다.

(1) 함은 아버지의 연약함에 대해 어떤 태도를 취합니까?

〈창 9:22〉 가나안의 아버지 함이 그의 아버지의 하체를 보고 밖으로 나가서 그의 두 형제에게 알리매.

함에게는 보는 것이 병이 되었다. 보지 말아야 할 것을 보고, 알지 말아야 할 것을 앎으로써 불행이 되고 병이 되었다. 그러나 그 자체를 본 것이 불행이라고, 그 자체가 저주라고 말할 수는 없다. 차라리 그 모습을 보았을 때 생명의 시각으로 보고 생명의 마인드로 받아들였으면 좋았을 것이다. 아니, 그 때 생명을 선택했으면 좋았을 것이다.

생명에는 생명을 선택하는 본성이 있고 조절기능이 있다. 같은 사건을 보더라도 생명은 항상 은혜와 축복과 덕과 화목을 선택하려고 하는 본성이 있고 조절기능이 있다. "아! 아버지가 저렇게 실수하셨는데 내가 어떻게 해야 은혜가 되고 생명이 될 것인가? 은혜가 되고 생명이 되는 편을 선택해야지." 그래서 셈과 야벳은 그 본성과 조절기능으로 아버지의 수치를 안 본 것이다.

함이 무심코 아버지의 그 수치스런 모습을 보았더라도 생명의 마인드와 생명의 패러다임으로 보았다면 아버지의 수치를 자신의 수치로 생각하며 조심스럽게 아버지의 하체를 자신의 옷으로 가려 주었을 것이다. 더구나 당시 아버지 노아는 그 가정의 제사장이었고 선지자요 왕이었다. 자녀들을 축복하는 축복권이 있고 저주하는 저주권이 있다. 그런 존재이기에 함은 더 생명으로 보고 생명의 시각으로 받아들여야 했다. 그리고 생명 쪽으로 선택해야 했다.

그러나 함은 생명으로 보지 않고 생명의 마인드로 받아들이지 않았기 때문에 그 조절기능을 팽개쳐버렸다. 자기가 모든 판단을 하고 아버지의 잘잘못과 시시비비를 떠벌리고 다녔다. 사건을 생명의 시각으로 보지 못하고, 생명의 마인드로 받아들이지도 못하고, 아버지를 그저 육체대로, 사실대로, 사건 그대로만 바라보았다. 아니 선악의 마인드, 선악 판단의 개념으로 보고 판단하다가 마침내 떠벌리고 다닌 것이다. 그래서 저주를 받았다.

물론 함이 본 것은 거짓이 아니다. 사실이다. 노아가 저지른 행동 역시 객관적으로 보기에도 실수이고 허물인 것은 사실이다. 그럼에도 불구하고 하나님은 노아를 판단한 것이 아니라 함을 판단했다. 왜 그럴까? 함이 생명의 시각으로 보지 않고 선악의 마인드로 아버지를 보았기 때문이다.

오늘날도 마찬가지이다. 우리는 교회 생활을 하면서 사실만 바라보고 신앙생활을 하려고 하고 선악 판단을 추구하는 신앙생활을 하려고 하는 경향이 있다. 그러나 이제부터는 무엇이든지 생명을 선택하는 시각과 마인드가 있어야 한다. 우리가 사실을 말했다고 해서 그것이 정직이 아니다. 사실도 복된 사실이 있고 복되지 않는 사실이 있다. 생명과 은혜와 덕을 갖춘 사실이어야지, 선악 판단에만 기초한 사실은 어둠이나 저주가 따를 수 있다. 그러므로 생명의 시각을 가지고 모든 사건을 바라보며 신앙생활을 해야 한다. 그리고 언제나 생명의 마인드로 받아들이며 생명 쪽으로 선택해야 한다.

(2) 셈과 야벳은 같은 상황을 생명의 시각으로 보고 어떤 행동을 취합니까?

〈창 9:23〉 셈과 야벳이 옷을 가져다가 자기들의 어깨에 메고 뒷걸음쳐 들어가서 그들의 아버지의 하체를 덮었으며 그들이 얼굴을 돌이키고 그들의 아버지의 하체를 보지 아니하였더라.

물론 아버지의 실수가 지금의 상황 가운데 가장 큰 원인이다. 그러나 그것을 따진다고 해서 이 상황이 해결되는 것은 아니다. 또 그것을 발설한다고 해서 모든 수치가 사라지는 것이 아니고 아버지의 권위가 회복되는 것도 아니다. 그러므로 셈과 야벳은 어떻게든지 생명의 시각으로 지금의 상황에서 아버지의 허물을 덮어 주고 침묵함으로써 생명을 선택한 것이다.

Q **선악의 마인드로 신앙생활을 했을 때와 생명의 마인드로 신앙생활을 했을 때의 차이를, 나의 사례를 들며 나눠 보십시오.**

A **허물은 들추어내는 것이 아니라 품어 주고 용서해 주는 것이다.**

3) 함은 따뜻한 가슴의 (사랑)으로 덮지 않고 비판과 정죄의 마인드로 떠벌리고 다녔습니다.

(1) 아버지의 허점을 본 함은 어떤 행동을 합니까?

〈창 9:22〉 가나안의 아버지 함이 그의 아버지의 하체를 보고 밖으로 나가서 그의 두 형제에게 알리매.

설사 함이 생명의 마인드로 아버지 사건을 받아들이지 못했다 하더라도 따뜻한 사랑의 가슴으로 아버지를 덮어야 했다. 상대가 바로 아버지이기 때문이다. 아버지도 얼마든지 실수와 허물을 범할 수 있는 사람이지 않은가? 당연히 자식 된 도리로 그렇게 해야 했다. 그런데 아버지를 비판하고 정죄하고 흉보고 다녔다. 얼마나 떠벌리고 다녔는지 온 동네에 소문이 다 났다. 그래서 결국 그는 자손 대대로 저주를 받게 되었다. 유대인의 탈무드에 보면 "주둥이 관리를 잘못한 물고기가 항상 낚시에 걸린다"는 말이 있다. 그러니까 우리는 입 관리를 잘해야 한다. 그러지 않으면 마귀가 주는 유혹의 낚싯밥에 당장 걸리고 만다.

오늘날의 교회에도 함과 같은 사람이 얼마나 많은가? 함과 같은 입들이 얼마나 많은가? 그렇게 교회가 좋다고 하고, 그 교회에서 그렇게 큰 은혜를 받고 그 교회 없으면 못 살 것 같다고 하다가, 교회에서 조그마한 일만 터져도 떠벌리고 다니는 성도들은 다 함과 같다. 자기 목사님 없으면 못산다고, 자기 남편들보다 목사님 없으면 더 못 살 것처럼 말하던 사람들인데, 목사의 조그마한 실수를 가지고, 목사가 조그마한 허물을 저지를 때 그것을 가지고 동네방네 다니며 입방정 떠는 사람들, 이들이 다 함과 같은 사람이다. 허물을 덮을 줄 아는 사람, 따뜻한 가슴과 생명의 언어로 실수를 덮을 줄 아는 사람, 이런 사람이 오늘날의 셈과 야벳과 같이 복을 받을 수 있는 사람이다. 셈과 야벳처럼 생명나무를 선택해야 한다. 결코 함처럼 선악과나무를 선택하지 말아야 한다.

Q 교회와 목사님이 좋을 때는 정말 좋았는데 허물과 약점을 보고 나서 그것을 다른 이에게 전하고 공격했던 모습이 있다면 나눕시다.

A 그것은 모두 선악과이다. 선악과를 선택하면 절대로 풍성함은 사라진다.

(2) 남의 허점을 다른 사람에게 전달하는 것에 대해 어떻게 말합니까?

〈잠 17:9〉 허물을 덮어 주는 자는 사랑을 구하는 자요 그것을 거듭 말하는 자는 친한 벗을 이간하는 자니라.

Q 다른 사람의 허물에 대해 어떤 태도를 취했습니까? 잠언 17장 9절의 말씀에 어떤 도전이 됩니까?

A 허물이라고 말하는 것은 분명 상대방이 잘못한 것이고, 상대방이 실수했다는 것을 말한다. 하지만 그것을 말하는 것은 이간질이다.

Q 교회 생활 중에 목사님이나 성도의 조그마한 실수를 보았을 때 어떻게 하겠습니까? 어떻게 하는 것이 생명이고 복이 되는 것일까요?

A 오히려 기도해 주는 것이 덕이다.

나눔 갖기 **서로 나눔**

- 선악과를 선택한 함과 그의 자녀들은 어떻게 되었는가?

- 함은 어떻게 선악과를 선택했는가?

무기 삼기 생활 적용

1. 내 안에 함의 요소는 얼마나 있습니까? 그것을 기록해 보고 어떻게 극복할 것인지 서로 나누어 봅시다.

상대방의 허물을 따뜻한 사랑의 가슴으로 덮어 주고 보듬어 주어야 한다. 그럴 때 하나님이 어떻게 축복하고 보상하시는가, 또 그 사람이 어떻게 당신을 사랑하고 축복해 주는가, 사랑하고 섬겨 주는가를 경험하게 될 것이다. 남을 정죄하고 비판하는 것은 누구나 할 수 있는 일이다. 그러나 남을 덮어 주고 포용할 수 있는 것은 풍성한 생명과 사랑이 있어야만 가능하다. 함은 선악과를 선택하여 망하는 길로 갔다. 그것이 비록 사실이고 옳은 말이라 할지라도 생명이 되지 못한다면 우리는 허물을 덮고 사랑으로 감싸야 한다. 그것이 생명나무를 선택한 사람들의 지혜이다.

멘토링

세종대왕의 마음이 얼마나 큰 줄 아십니까? 야사에 의하면 세종대왕의 부인은 당대 최고의 미인이었다고 합니다. 얼마나 미인이었는지 잔치석에서 중전의 얼굴에 매료되어서 “언제 저 중전 마마 손 한 번 잡아 볼 수 없을까”, “언제 얼굴 한 번 비벼 봤으면 좋겠네” 하는 정신 나간 신하들이 있을 정도였습니다. 병조판서도 그렇게 미친 신하들 중에 한 사람이었습니다. 병조판서가 얼마나 한심했으면 하필이면 중전 마마에 눈이 멀었단 말입니까?

그러던 어느 날 저녁에 세종대왕과 대신들이 궁전 뜰에 모여서 잔치를 했습니다. 그런데 잔치를 하는 중에 갑자기 바람이 불어와 불이 다 꺼져버렸습니다. 그때 병조판서가 '옳지, 이때다' 하고 컴컴한 틈을 타서 중전 마마 옆에 가서 한 손은 자기 가슴에 대고 한 손으로는 중전 마마의 그 부드러운 얼굴을 만졌습니다. 그리고 뽀뽀를 해버렸습니다.

그때 중전이 "네 이놈" 하고 갓끈을 잡아채버렸습니다. 그러자 병조판서가 깜짝 놀라 갓끈이 떨어진 채 도망을 가버렸습니다. 중전은 세종대왕에게 "전하, 어떤 놈이 불경스럽게도 저를 품에 안고 도망가버렸습니다. 마침 제가 갓끈을 뜯어 놓았으니 불을 켜면 그 불경한 놈이 어떤 놈인지 알 수 있을 것이옵니다"라고 말했습니다. 그러자 세종대왕이 "지금 당장 불을 켜지 말고 여기 있는 모든 대신들은 갓끈을 다 자르시오!" 하는 것입니다.

대신들은 영문을 모르고 갓끈을 다 잘랐습니다. 세종대왕은 범인을 일부러 안 잡은 것입니다. '세종대왕은 내 마누라가 얼마나 예뻤으면 불이 꺼지자 키스 타임을 틈타 볼을 만졌겠느냐?' 하고 생각한 것입니다. 불이 켜졌을 때 세종은 눈치로 딱 알았습니다. '얼굴이 주눅이 들어 질려 있는 것을 보니 병조판서 저 놈이로구만.' 하지만 대왕은 모른 척하고 눈을 감아 주었습니다. 세종대왕의 마음그릇이 그 정도로 컸다는 말입니다.

그런데 세월이 한참 흘러 오랑캐가 북방을 쳐들어왔습니다. 세종대왕도 전쟁터에 나갔습니다. 갑자기 화살이 빗발처럼 날아와서 세종대왕이 죽을 뻔했는데, 그때 병조판서가 나서서 세종대왕 대신 독화살을 맞았습니다. 그러자 군사들이 왕을 다 에워쌌습니다.

그때 병조판서가 죽으면서 "전하, 그때 한가위 잔칫날 갓끈은……" 하고 말을 하자 세종대왕이 병조판서의 말을 막으며 "그만해라, 그만해라, 입을 다물어라. 이미 다 알고 있었느니라. 이미 용서한 일이라네"라고 답했습니다. 병조판서는 눈물을 흘리며 "소신, 단 한시도 전하의 은덕을 잊을 수가 없었는데 오늘에야 그 은덕을 갚게 되었나이다"라고 말하고 죽고 말았습니다.

세종대왕이 그때 용서를 하고 은혜를 베풀어 주니까 병조판서는 그 은혜를 목숨으로 갚은 것입니다.

– 소강석 목사의 '생명나무 설교' 중에서

다이어리

제6과를 공부한 후의 삶의 변화와 깨달음을 적고 서로 나눕시다.

7과 선악과를 선택한 사람들 II

–사울, 고라, 다단, 아비람, 온

8사울은 사무엘이 정한 기한대로 이레 동안을 기다렸으나 사무엘이 길갈
로 오지 아니하매 백성이 사울에게서 흩어지는지라 9사울이 이르되 번제
와 화목제물을 이리로 가져오라 하여 번제를 드렸더니 10번제 드리기를
마치자 사무엘이 온지라 사울이 나가 맞으며 문안하매 11사무엘이 이르되
왕이 행하신 것이 무엇이냐 하니 사울이 이르되 백성은 내게서 흩어지고
당신은 정한 날 안에 오지 아니하고 블레셋 사람은 믹마스에 모였음을
내가 보았으므로 12이에 내가 이르기를 블레셋 사람들이 나를 치러 길갈
로 내려오겠거늘 내가 여호와께 은혜를 간구하지 못하였다 하고 부득이
하여 번제를 드렸나이다 하니라 13사무엘이 사울에게 이르되 왕이 망령되
이 행하였도다 왕이 왕의 하나님 여호와께서 왕에게 내리신 명령을 지키
지 아니하였도다 그리하였더라면 여호와께서 이스라엘 위에 왕의 나라를
영원히 세우셨을 것이거늘 14지금은 왕의 나라가 길지 못할 것이라 여호
와께서 왕에게 명령하신 바를 왕이 지키지 아니하였으므로 여호와께서
그의 마음에 맞는 사람을 구하여 여호와께서 그를 그의 백성의 지도자로
삼으셨느니라 하고(삼상 13:8–14).

본문 묵상

사울에게 어떤 어려움이 닥쳤습니까?(8절)

사울은 위기의 상황에서 어떤 행동을 취합니까?(9-10절)

사울은 자신의 행동에 대해 어떻게 변명합니까?(11-12절)

사울의 행동에 대해 사무엘은 어떤 평가를 내렸으며 결국은 어떻게 됩니까?(13-14절)

생각하기 깨워 보기

구약의 성도든지 신약의 성도든지 선택의 기로에 설 때가 많다. 생명나무를 선택할 것이냐 선악과나무를 선택할 것이냐 하는 것이다. 복 받을 사람은 생명나무를 선택할 것이요 복을 걷어차버릴 사람은 선악과나무를 선택하게 된다. 그런데 인생을 살다가 정말 아쉬울 때가 있다. 선악과나무를 선택함으로써 인생이 완전히 망조의 길로 접어 들 때이다. 생명나무를 선택하면 무조건 승리하고 축복 받고 하나님께 영광을 돌리게 되는데, 선악과나무를 선택함으로써 화를 자초하고 실패의 길로 떨어지기 때문이다.

사울이 바로 그런 길을 갔다. 사울은 이스라엘의 초대 왕이었다. 하나님과 이스라엘 백성들 간에, 그는 적어도 이스라엘의 초대 왕이 될 만한 사람이었기에 왕으로 뽑혔다. 그는 키도 컸다. 보통 사람이 서면 머리가 그의 어깨에 닿을 정도밖에 안 된다고 했다. 게다가 그는 사람들 보기에 겸손했고 통솔력도 있었다. 그런데 그는 왕이 되자마자 선악과를 선택하기 시작했다. 선악과를 선택함으로써 멸망의 길, 죽음의 길, 망조와 불행의 길을 자초했던 것이다. 선악과나무를 선택한 사울에 대해 살펴보기로 하자.

명심하기 본문 탐색

■ 사울

1. 선악과를 따 먹으면 어떤 결과가 일어납니까?

1) 그는 (제사장의 영역을 침범하는) 선악과를 땄습니다. 한마디로 그는 자기 중심적인 교만한 사람이었습니다.

(1) 사울은 어떤 행동을 합니까?

〈삼상 13:8-9〉 8사울이 사무엘이 정한 기한대로 이레를 기다렸으나 사무엘이 길
갈로 오지 아니하매 백성이 사울에게서 흩어지는지라 9사울이 이르되 번제와 화
목제물을 이리로 가져오라 하여 번제를 드렸더니.

사울은 스스로 제사를 지내는 월권을 하였다. 좀 느긋하게 사무엘을 기다렸으면 얼마나 좋았겠는가? 요즘 식으로 말하면 백성들 앞에서 준비 찬송도 좀 하고 광고도 하면서 기다리고 있었으면 얼마나 좋았겠는가? 그런데 그것을 못 참고 그는 월권을 해서 번제를 드리고 말았다. 우리도 교회 생활에서 자신의 위치를 넘어서는 월권 행위를 삼가야 한다.

(2) 사울은 자신의 행동에 대해 어떤 변명을 합니까?

〈삼상 13:12-13〉 12이에 내가 이르기를 블레셋 사람들이 나를 치러 길갈로 내려
오겠거늘 내가 여호와께 은혜를 간구하지 못하였다 하고 부득이하여 번제를 드
렸나이다 13사무엘이 사울에게 이르되 왕이 망령되이 행하였도다 왕이 왕의 하나
님 여호와께서 왕에게 내리신 명령을 지키지 아니하였도다 그리하였더면 여호
와께서 이스라엘 위에 왕의 나라를 영원히 세우셨을 것이거늘.

사울의 상황은 이해가 된다. 하지만 그렇다고 해서 그의 행동까지 모두 이해할 수 있는 것은 아니다. 번제는 오직 레위인인 제사장만이 드릴 수 있는 것인데 사울은 그 영역을 침범했다.

Q 당신도 무심코 월권 행위를 범하는 경우가 있습니까? 그렇다면 함께 나눕시다. (교회의 의견 결정 시, 교회가 어떤 일을 추진할 때, 구역 안에서, 봉사 시)

A 아무리 내 생각이 옳다고 할지라도 교회의 결정과 목회자의 결정에 대해 반

기를 드는 것은 월권 행위이며 선악과를 선택하는 모습이다.

(3) 사울은 전쟁에서 승리했을 때, 왕권이 무너질 때 어떤 행동을 취합니까?

〈삼상 15:12〉 사무엘이 사울을 만나려고 아침에 일찍이 일어났더니 어떤 사람이 사무엘에게 말하여 이르되 사울이 갈멜에 이르러 자기를 위하여 기념비를 세우고 발길을 돌려 길갈로 내려갔다 하는지라.

〈삼상 15:30〉 사울이 이르되 내가 범죄하였을지라도 이제 청하옵나니 내 백성의 장로들 앞과 이스라엘 앞에서 나를 높이사 나와 함께 돌아가서 내가 당신의 하나님 여호와께 경배하게 하소서 하더라.

사울은 회개하는 것 같으면서도 궁극적으로는 자기를 백성들 앞에서 높여 달라고 하고 있다. 하나님 앞에 자기 죄를 내어 놓고 회개하고 자복을 하는 것이 아니라, 자기를 장로와 백성들 앞에서 높여 달라는 것이다. 사울은 하나님을 섬기는 것도 정치적으로 하고, 하나님과의 인격적인 관계가 없다. 자신의 죄에 대하여 회개하지 않고 자신의 허물을 덮으려고만 하였다. 이를 통해 하나님 중심의 사고가 아닌 자기중심적 사고에 사로잡혔음을 볼 수 있다.

Q 당신은 하나님의 은혜로 어떤 일을 잘 해내고 업적을 쌓았을 때 인정받지 못해 실족했던 경험이 있습니까? 또한 이런 모습을 목격한 경험이 있다면 나누어 봅시다.

A 자기를 인정해 달라고 하다가는 결국 사탄에게 넘어진다. 오직 주님만 바라보고 신앙생활할 줄 알아야 한다.

2) 그는 (불순종)의 선악과를 땄습니다.

(1) 사울은 아말렉 족속을 모두 진멸하라고 하신 하나님의 명령에 어떻게 행합니까?

〈삼상 15:2-3〉 [2]만군의 여호와께서 이같이 말씀하시기를 아말렉이 이스라엘에
게 행한 일 곧 애굽에서 나올 때에 길에서 대적한 일로 내가 그들을 벌하노니 [3]지
금 가서 아말렉을 쳐서 그들의 모든 소유를 남기지 말고 진멸하되 남녀와 소아
와 젖먹는 아이와 우양과 낙타와 나귀를 죽이라 하셨나이다.

〈삼상 15:8-9〉 [8]아말렉 사람의 왕 아각을 사로잡고 칼날로 그 모든 백성을 진멸
하였으되 [9]사울과 백성이 아각과 그 양과 소의 가장 좋은 것 또는 기름진 것과 어
린 양과 모든 좋은 것을 남기고 진멸하기를 즐겨 아니하고 가치 없고 하찮은 것
은 진멸하니라.

사무엘은 아말렉과의 전쟁에서 사울에게 아말렉을 다 죽이도록 하였다. 아말렉은 이스라엘 백성들이 출애굽을 할 때 정면으로 방해를 하고 공격을 했던 족속들이었기 때문이다. 그래서 하나님은 사무엘을 통하여 사울에게 아말렉을 다 진멸하고 쳐 죽이라고 명령을 하셨다. 그들의 종자까지 다 없애버리도록 명령하셨다. 그러나 사울은 하나님의 명령에 100퍼센트 순종을 하지 않았다. 하나님이 전쟁을 이기게 하셨으면 하나님 말씀대로 100퍼센트 진멸을 해버리고 종자까지 쳐 죽여야 하지 않은가?

Q 니느웨로 가라고 하신 하나님의 명령에 요나는 어떤 행동을 합니까?
당신도 요나와 같이 내 생각을 앞세우며 불순종했던 경험이 있다면 나눕시다.

〈욘 1:3〉 그러나 요나가 여호와의 얼굴을 피하려고 일어나 다시스로 도망하려 하여 욥바로 내려갔더니 마침 다시스로 가는 배를 만난지라 여호와의 얼굴을 피하여 그들과 함께 다시스로 가려고 배삯을 주고 배에 올랐더라.

A 불순종은 내 생각이 하나님 생각보다 옳다고 여기는 것이다.

3) 그는 자신의 (정욕)을 따라 살았습니다.

(1) 사울은 자신의 불순종에 대해 자기 정욕에 따라 어떻게 변명합니까?

〈삼상 15:15〉 사울이 이르되 그것은 무리가 아말렉 사람에게서 끌어온 것인데 백성이 당신의 하나님 여호와께 제사하려 하여 양들과 소들 중에서 가장 좋은 것을 남김이요 그 외의 것은 우리가 진멸하였나이다 하는지라.

애초부터 사울은 자신의 정욕에 따라 이 모든 것을 자기 소유로 삼으려는 욕심이 있었다. 하지만 사무엘의 추궁에 다른 식으로 변명한 것으로 보인다.

하나님은 그의 정욕적인 마음을 이미 아신다.

(2) 사울의 정욕적인 생각에 대해 사무엘은 어떤 일침을 놓습니까?

〈삼상 15:22-23〉 [22]사무엘이 이르되 여호와께서 번제와 다른 제사를 그의 목소리를 청종하는 것을 좋아하심같이 좋아하시겠나이까 순종이 제사보다 낫고 듣는 것이 숫양의 기름보다 나으니 [23]이는 거역하는 것은 점치는 죄와 같고 완고한 것은 사신 우상에게 절하는 죄와 같음이라 왕이 여호와의 말씀을 버렸으므로 여호와께서도 왕을 버려 왕이 되지 못하게 하셨나이다 하니.

Q 사울이 불순종하게 된 내면의 이유는 무엇이었을까요?

A 자기 정욕과 자기 욕심 때문이다. 지금까지 사울의 행동으로 볼 때 제사 드리기 위해 좋은 것을 살려온 것이 아니라 자기의 것으로 삼기 위해서이다.

Q 사울과 비슷한 의도로 행동했던 자신의 모습에 대해 나눕시다.
(인정받기 위해 헌신하는 것, 나의 자리매김을 위한 순종, 나를 위한 헌신 등)

A 열심히 헌신하고 충성한 자신의 모습을 성도나 목회자가 알아주지 않는다고 섭섭해하거나 시험에 든다면 사울과 비슷한 마음이다.

4) 그는 하나님의 법궤에 대해서는 안중에도 없고 항상 자신의 (권력)을 위해서만 살았습니다.

(1) 하나님의 법궤는 누구 집에서 몇 년쯤 있었습니까?

〈삼상 7:2〉 궤가 기럇여아림에 들어간 날부터 이십 년 동안 오래 있은지라 이스라엘 온 족속이 여호와를 사모하니라.

〈삼하 6:3〉 그들이 하나님의 궤를 새 수레에 싣고 산에 있는 아비나답의 집에서 나오는데 아비나답의 아들 웃사와 아효가 그 새 수레를 모니라.

사무엘상 7장에 보면 법궤가 20년간 성전 밖에 있었다. 이때는 사무엘이 이스라엘의 사사로 있을 때였다. 그리고 사울이 이스라엘의 왕이 되어 40년간 통치했다. 그 후 다윗이 다스리는 시대가 되었다. 그렇다면 법궤는 적어도 60년 이상을 아비나답의 집에 있었던 것이다.

(2) 법궤가 지금껏 아비나답의 집에 있었고 다윗이 법궤를 자기 성으로 모셔 갔다는 것은 사울에게 어떤 의미를 줍니까?

〈삼하 6:3〉 그들이 하나님의 궤를 새 수레에 싣고 산에 있는 아비나답의 집에서 나오는데 아비나답의 아들 웃사와 아효가 그 새 수레를 모니라.

사울의 관심은 권력에만 있었다. 그는 하나님에게 관심을 갖지 않았다. 법궤가 사울에게는 관심 밖의 일이었다. 그러나 다윗의 모든 관심은 하나님의 법궤에 있었다. 그는 왕이 되자마자 가장 먼저 법궤를 자기 성으로 모셔온 것이다.

Q **지금 당신의 최고 관심사는 무엇입니까? 그것은 신앙에 어떤 영향을 미치는지 나눕시다.**

A 이 땅에 사는 사람들은 각자의 보물에 관심을 갖고 있다(마 6:19-20).

〈마 6:19-20〉 [19]너희를 위하여 보물을 땅에 쌓아 두지 말라 거기는 좀과 동록이 해하며 도둑이 구멍을 뚫고 도둑질하느니라 [20]오직 너희를 위하여 보물을 하늘에 쌓아 두라 거기는 좀이나 동록이 해하지 못하며 도둑이 구멍을 뚫지도 못하고 도둑질도 못하느니라.

그 보물이 물질일 수도 있고(마 6:24), 명예와 권력일 수도 있다(요일 2:16). 하지만 우리가 세상의 보물에 집중하면 하나님의 은혜는 점점 소멸되고(요일 2:15) 허무함만 느끼게 된다(전 1:2). 그러므로 오직 하나님이 기뻐하시는 일에 관심을 가져야 한다(마 6:20). 그럴 때 하나님은 그를 축복해 주신다.

교회의 부족한 부분, 필요한 부분에 과연 나는 어느 정도 관심을 갖고 있으며 기도하고 있는지 스스로에게 물어볼 필요가 있다.

2. 하나님은 선악과를 선택한 사울을 어떻게 하셨습니까?

1) 사울을 버리셨습니다.

〈삼상 15:23〉 이는 거역하는 것은 점 치는 죄와 같고 완고한 것은 사신 우상에게 절하는 죄와 같음이라 왕이 여호와의 말씀을 버렸으므로 여호와께서도 왕을 버려 왕이 되지 못하게 하셨나이다.

이 세상에 살면서 가난하고 부족한 것보다 더 비참한 것이 하나님께 버림받는 것이다. 버림받았다는 것은 그에게 부여하신 모든 사명을 포기하셨다는 말이다. 그렇다면 이 땅에 살아갈 이유와 의미가 없는 삶이 된다. 자신의 존재가치가 없어진 것! 그것이 가장 큰 비참함이다.

〈엡 1:6〉 이는 그가 사랑하시는 자 안에서 우리에게 거저 주시는 바 그의 은혜의 영광을 찬송하게 하려는 것이라.

Q 당신은 이 땅에 어떤 목적을 가지고 태어났다고 생각합니까? 그러면 그 목적에 맞는 삶을 어떻게 살고 있습니까?

〈사 43:21〉 이 백성은 내가 나를 위하여 지었나니 나를 찬송하게 하려 함이니라.

A 우리가 이 땅에 태어난 목적은 오직 하나님의 영광을 위해서이다. 어떤 모습, 어떤 자리, 어떤 직업일지라도 하나님께 영광을 돌리는 삶을 살아야 한다.

2) 사울을 악신의 노예가 되게 했습니다.

〈삼상 16:14〉 여호와의 영이 사울에게서 떠나고 여호와께서 부리시는 악령이 그를 번뇌하게 한지라.

〈삼상 18:10-11〉 [10]그 이튿날 하나님께서 부리시는 악령이 사울에게 힘 있게 내리매 그가 집 안에서 정신 없이 떠들어대므로 다윗이 평일과 같이 손으로 수금을 타는데 그때에 사울의 손에 창이 있는지라 [11]그가 스스로 이르기를 내가 다윗을 벽에 박으리라 하고 그 창을 던졌으나 다윗이 그 앞에서 두 번 피하였더라.

〈삼상 19:9-10〉 [9]사울이 손에 단창을 가지고 그 집에 앉았을 때에 여호와의 부리신 악신이 사울에게 접하였으므로 다윗이 손으로 수금을 탈 때에 [10]사울이 단창으로 다윗을 벽에 박으려 하였으나 그는 사울의 앞을 피하고 사울의 창은 벽에 박힌지라 다윗이 그 밤에 도피하매.

Q 당신은 짜증 나고 귀찮고 우울한 느낌을 경험한 적이 있습니까? 어떤 경우였습니까? 사울의 모습을 보며 어떤 생각이 듭니까?

A **주님의 영은 빛을 주시고 화평을 주신다. 내 안에 짜증이 있다면 그것은 성령의 역사가 아니다.**

〈갈 5:22-23〉 [22]오직 성령의 열매는 사랑과 희락과 화평과 오래 참음과 자비와
양선과 충성과 [23]온유와 절제니 이같은 것을 금지할 법이 없느니라.

3) 사울을 비참하게 죽게 했을 뿐 아니라 그의 가문에 저주가 임하게 했습니다.

〈삼상 31:3-5〉 [3]사울이 패전하매 활 쏘는 자가 따라잡으니 사울이 그 활 쏘는 자
에게 중상을 입은지라 [4]그가 무기 든 자에게 이르되 네 칼을 빼어 그것으로 나를
찌르라 할례 받지 않은 자들이 와서 나를 찌르고 모욕할까 두려워하노라 하나
무기를 든 자가 심히 두려워하여 감히 행하지 아니하는지라 이에 사울이 자기의
칼을 뽑아서 그 위에 엎드러지매 [5]무기를 든 자가 사울이 죽음을 보고 자기도 자
기 칼 위에 엎드러져 그와 함께 죽으니라.

〈삼하 3:1〉 사울의 집과 다윗의 집 사이에 전쟁이 오래매 다윗은 점점 강하여 가고 사울의 집은 점점 약하여 가니라.

선악과를 선택하면 그것은 당대로 끝나는 것이 아니다. 후손에게까지 그 선악과를 선택한 징계와 저주가 보응된다. 그러므로 절대로 선악과를 선택해서는 안 된다.

■ 고라, 다단, 아비람, 온의 선악과 선택

3. 고라, 다단, 아비람, 온은 어떻게 선악과를 땄습니까?

1) 주의 종의 영적 권위에 도전을 했습니다.

〈민 16:1-3〉 [1]레위의 증손 고핫의 손자 이스할의 아들 고라와 르우벤 자손 엘리압의 아들 다단과 아비람과 벨렛의 아들 온이 당을 짓고 [2]이스라엘 자손 총회에 택함을 받은 자 곧 회중 가운데에서 이름 있는 지휘관 이백오십 명과 함께 일어나서 모세를 거스리니라 [3]그들이 모여서 모세와 아론을 거슬러 그들에게 이르되 너희가 분수에 지나도다 회중이 다 각각 거룩하고 여호와께서도 그들 중에 계시거늘 너희가 어찌하여 여호와의 총회 위에 스스로 높이느냐.

고라, 다단, 아비람, 온은 주의 종 모세의 영적 권위에 도전한 사람들이다. 그들은 자기 편에서 옳은 소리를 하는 것 같았지만 결국 하나님의 권위에 도전하는 것으로 받아들여졌다.

오늘날 성도들도 은혜가 떨어지면 주의 종에게 도전할 수 있다. 중직자일수록 더 그렇다. 은혜가 떨어지면 기회가 있을 때마다 주의 종의 권위에 도전하고 싶은 본능이 있다. 그러므로 항상 은혜 충만, 말씀 충만한 삶을 살아야 한다.

2) 주의 종의 지도력에 도전을 했습니다.

〈민 16:12-14〉 [12]모세가 엘리압의 아들 다단과 아비람을 부르러 사람을 보냈더니 그들이 이르되 우리는 올라가지 않겠노라 [13]네가 우리를 젖과 꿀이 흐르는 땅에서 이끌어내어 광야에서 죽이려 함이 어찌 작은 일이기에 오히려 스스로 우리 위에 왕이 되려 하느냐 [14]이뿐 아니라 네가 우리를 젖과 꿀이 흐르는 땅으로 인도하여 들이지도 아니하고 밭도 포도원도 우리에게 기업으로 주지 아니하니 네가 이 사람들의 눈을 빼려느냐 우리는 올라가지 아니하겠노라.

Q 엘리사의 외모를 조롱하던 아이들은 어떤 결과를 낳았습니까? 이 사건은 우리에게 어떤 깨달음을 줍니까?

〈왕하 2:23-24〉 [23]엘리사가 거기서 벧엘로 올라가더니 그가 길에서 올라갈 때에 작은 아이들이 성읍에서 나와 그를 조롱하여 이르되 대머리여 올라가라 대머리여 올라가라 하는지라 [24]엘리사가 뒤로 돌이켜 그들을 보고 여호와의 이름으로 저주하매 곧 수풀에서 암곰 둘이 나와서 아이들 중의 사십이 명을 찢었더라.

A 엘리사는 대머리 선지자였다. 아이들이 엘리사를 조롱하자 엘리사가 그들을 저주하니까 암곰 둘이 나와 42명을 찢어 죽였다.

Q 주의 종의 권위와 지도력에 은근히 도전했던 경험이 있다면 나눕시다. 보통 그런 문제를 어떻게 해결합니까?

A 주의 종에게 부족함이 있다면 기도해 주는 것이 좋다.

3) 그들은 하나님의 권위와 약속에 도전을 했습니다.

〈민 16:11〉 이를 위하여 너와 너의 무리가 다 모여서 여호와를 거스리는도다 아론이 어떠한 사람이기에 너희가 그를 원망하느냐.

〈출 16:8-9〉 [8]모세가 또 이르되 여호와께서 저녁에는 너희에게 고기를 주어 먹이시고 아침에는 떡으로 배불리시리니 이는 여호와께서 자기를 향하여 너희가 원망하는 그 말을 들으셨음이니라 우리가 누구냐 너희의 원망은 우리를 향하여 함이 아니요 여호와를 향하여 함이로다 [9]모세가 또 아론에게 이르되 이스라엘 자손의 온 회중에게 말하기를 여호와께 가까이 나아오라 여호와께서 너희의 원망함을 들으셨느니라 하라.

성경은 백성들이 모세를 거스르는 것을 하나님을 거스르는 것으로 표현하고 있다. 오늘날 성도들도 목회자가 일하는 것이 하나님의 뜻을 대적하거나 반대하는 것이 아니라면 순종해야 한다. 그것이 협력하여 선을 이루는 것이고 하나님이 원하시는 생명나무 신앙의 모습이다.

4. 하나님은 선악과를 선택한 그들을 어떻게 하셨습니까?

1) 하나님께서 지진과 불로 심판하셨습니다.

(1) 선악과를 선택했던 그들의 최후는 어떻게 되었습니까?

〈민 16:31-35〉 [31]그가 이 모든 말을 마치자마자 그들이 섰던 땅바닥이 갈라지니
라 [32]땅이 그 입을 열어 그들과 그들의 집과 고라에게 속한 모든 사람과 그들의
재물을 삼키매 [33]그들과 그의 모든 재물이 산 채로 스올에 빠지며 땅이 그 위에
덮이니 그들이 회중 가운데서 망하니라 [34]그 주위에 있는 온 이스라엘이 그들의
부르짖음을 듣고 도망하며 이르되 땅이 우리도 삼킬까 두렵다 하였고 [35]여호와께
로서 불이 나와서 분향하는 이백오십 명을 불살랐더라.

(2) 민수기 16장 26-27절을 읽으면서 어떤 느낌이 듭니까?

〈민 16:26-27〉 [26]모세가 회중에게 일러 가로되 이 악인들의 장막에서 떠나고 그
들의 물건은 아무것도 만지지 말라 그들의 모든 죄 중에서 너희도 멸망할까 두
려워 하노라 하매 [27]무리가 고라와 다단과 아비람의 장막 사방을 떠나고 다단과
아비람은 그들의 처자와 유아들과 함께 나와서 자기 장막 문에 선지라.

5. 선악과를 선택한 그들로 인해 심란한 상황 가운데 하나님은 모세에게 어떻게 행하십니까?

1) 주의 종의 권위와 지도력을 높여 주셨습니다.

(1) 주님께서는 어떤 명령을 하십니까?

〈민 17:1-4〉 [1]여호와께서 모세에게 말씀하여 이르시되 [2]너는 이스라엘 자손에게

말하여 그들 중에서 각 조상의 가문을 따라 지팡이 하나씩 취하되 곧 그들의 조
상의 가문대로 그 모든 지휘관에게서 지팡이 열둘을 취하고 그 사람들의 이름을
각각 그 지팡이에 쓰되 [3]레위의 지팡이에는 아론의 이름을 쓰라 이는 그들의 조
상의 가문의 각 수령이 지팡이 하나씩 있어야 할 것임이니라 [4]그 지팡이를 회막
안에서 내가 너희와 만나는 곳인 증거궤 앞에 두라.

〈민 17:5〉 내가 택한 자의 지팡이에는 싹이 나리니 이것으로 이스라엘 자손이 너
희에게 대하여 원망하는 말을 내 앞에서 그치게 하리라.

〈민 17:8-9〉 [8]이튿날 모세가 증거의 장막에 들어가 본즉 레위 집을 위하여 낸 아
론의 지팡이에 움이 돋고 순이 나고 꽃이 피어서 살구 열매가 열렸더라 [9]모세가
그 지팡이 전부를 여호와 앞에서 이스라엘 모든 자손에게로 가져오매 그들이 보
고 각각 자기 지팡이를 집어들었더라.

2) 다시는 이런 일이 없도록 교훈과 표징을 주셨습니다.

〈민 17:10-11〉 [10]여호와께서 또 모세에게 이르시되 아론의 지팡이는 증거궤 앞으
로 도로 가져다가 거기 간직하여 반역한 자에 대한 표징이 되게 하여 그들로 내
게 대한 원망을 그치고 죽지 않게 할지니라 [11]모세가 곧 그같이 하되 여호와께서
자기에게 명령하신 대로 하였더라.

하나님은 하나님이 쓰시는 사람이 부족하고 연약하더라도 항상 하나님이 선택한 지도자의 편에서 하나님의 뜻을 이루었다. 그러므로 지도자의 부족한 모습이 보일지라도 비판하거나 대적하는 것이 아니라 오히려 기도해 주는 것이 하나님 보시기에 옳다.

나눔 갖기 서로 나눔

- 사울은 어떻게 선악과를 선택했는가?
- 하나님은 선악과를 선택한 사울을 어떻게 대하셨는가?
- 고라, 다단, 아비람, 온은 어떻게 선악과를 선택했는가?
- 하나님은 그들을 어떻게 처리하셨는가?
- 하나님은 모세의 지도력에 대해 어떻게 하셨는가?

무기 삼기 생활 적용

1. 내 안에 사울의 요소는 얼마나 있습니까?
그것을 기록해 보고 어떻게 극복할 것인지 서로 나누어 봅시다.

2. 내 안에 고라, 다단, 아비람, 온과 같은 요소가 얼마나 있습니까?
그것을 기록해 보고 어떻게 극복할 것인지 서로 나누어 봅시다.

실천하기

- 목사님께 불평했던 것이나 도전했던 것이 있었으면 사과합시다. (공개적으로나 개인적으로)
- 목사님께 개인적으로 존경과 사랑을 고백합시다.
- 목사님께 사랑의 선물을 드립시다.
- 사랑하는 아내나 남편에게도 사랑과 존경을 표현해 봅시다.

이스라엘의 왕이 되자 하나님을 우습게 여기고 자신의 명예와 권력에만 눈이 멀었던 사울, 그리고 모세의 영적 권위에 대적한 고라, 다단, 아비람, 온은 어떻게 되었는가? 그들은 처절하게 버림을 받았다. 사울은 하나님께 버림을 받은 순간부터 악령의 노예로 살아야 했다. 그리고 전쟁터에서 블레셋 군에 의해서 비참하게 죽었을 뿐만 아니라 자손 대대로 가문의 저주가 임하게 하고 말았다. 요나단도 그렇고 미갈도 그렇고, 가문이 문을 닫을 정도로 저주의 비극이 그 가문을 덮어버리고 말았다. 그러므로 우리는 선악과를 선택하지 말고 생명나무를 선택해야 하는 것이다.

멘토링

웃시야 왕은 초년에 아주 정치를 잘했습니다. 하나님 중심으로 정치를 했다는 말입니다. 하나님 앞에 겸손했고 하나님을 높였습니다. 하나님을 왕으로 삼는 신정주의 정치를 했습니다.

그런데 어쩌다가 말년에 교만병이 들어 버렸습니다. 자기가 하는 일이 너무나 형통하고 범사에 하나님이 복을 주시자 교만에 빠지고 말았습니다. 그래서 성전에 들어가서 자기가 분향을 하고 제사를 드렸습니다. 제사장이 할 일인데 월권을 해버린 것입니다. 그러자 주위에서 만류를 했습니다. 특별히 제사장들이 그러면 안 된다고 했습니다. 그러자 화를 내면서 "너희들이 뭔데 그러냐"라고 하며 자기가 성전에 들어가서 분향을 해버린 것입니다. 그는 혈기를 부리면서 분향을 했습니다. 그래서 어떻게 되었습니까? 당장 그는 문둥병이 걸리고 말았고, 말년에 정치를 제대로 하지도 못하고 스스로 격리되어 살았습니다.

> "웃시야 왕이 죽는 날까지 나병 환자가 되었고 나병 환자가 되매 여호와의 전에서 끊어져 별궁에 살았으므로 그의 아들 요담이 왕궁을 관리하며 백성을 다스렸더라"(대하 26:21).

다이어리

제7과를 공부한 후의 삶의 변화와 깨달음을 적고 서로 나눕시다.

생명나무학교 The Tree of Life

8과 선악과를 선택한 사람들Ⅲ

- 마르다, 헤롯, 바리새인, 제사장

38그들이 길 갈 때에 예수께서 한 마을에 들어가시매 마르다라 이름하는
한 여자가 자기 집으로 영접하더라 39그에게 마리아라 하는 동생이 있어
주의 발치에 앉아 그의 말씀을 듣더니 40마르다는 준비하는 일이 많아
마음이 분주한지라 예수께 나아가 이르되 주여 내 동생이 나 혼자 일하
게 두는 것을 생각하지 아니하시나이까 그를 명하사 나를 도와주라 하소
서 41주께서 대답하여 이르시되 마르다야 마르다야 네가 많은 일로 염려
하고 근심하나 42몇 가지만 하든지 혹은 한 가지만이라도 족하니라 마리
아는 이 좋은 편을 택하였으니 빼앗기지 아니하리라 하시니라
(눅 10:38-42).

본문 묵상

예수님께서 마르다와 마리아의 집에 왔을 때 두 사람은 어떻게 합니까?(39-40절)

마르다는 예수님께 어떤 요청을 했습니까?(40절)

마르다의 말에 예수님은 어떤 말씀을 하십니까?(41-42절)

생각하기 깨워 보기

신앙생활을 하다 보면 우리는 여러 선택을 해야 할 상황에 직면하게 된다. 그때마다 우리는 어떠한 선택을 해야 하고 결정을 해야 한다. 그런데 어떤 선택을 하느냐에 따라 그 길과 결과는 완전히 달라진다. 선악과를 선택하면 불행과 파멸의 길로, 생명나무를 선택하면 행복과 형통의 길로 결정된다. 마르다는 생명나무를 선택하지 않고 선악과를 선택한 사람의 모습을 잘 보여준다. 그녀는 누구보다 성실한 여인이었다. 그리고 예수님을 대접하기에 힘썼던 순수한 여성이었다. 그러나 그녀는 주님께 칭찬을 받지 못했다. 그렇게 열심을 내고 최선을 다해 음식을 준비하는데도 말이다.

무엇이 문제였을까? 계속해서, 선악과를 선택한 사람들을 살펴보자.

명심하기 본문 탐색

■ 선악과를 선택한 사람-마르다

1. 마르다는 어떻게 선악과를 선택했습니까?

1) 그녀는 우선순위를 잘못 두었습니다.

(1) 주님이 자신의 집을 방문하자 마르다가 제일 먼저 한 일은 무엇입니까?

〈눅 10:39-40〉 39그에게 마리아라 하는 동생이 있어 주의 발치에 앉아 그의 말씀을 듣더니 40마르다는 준비하는 일이 많아 마음이 분주한지라 예수께 나아가 이르되 주여 내 동생이 나 혼자 일하게 두는 것을 생각하지 아니하시나이까 그를 명하사 나를 도와주라 하소서.

마르다의 우선순위는 주님의 말씀을 듣는 것이 아니라 음식을 장만하는 데에 있었다. 그래서 늘 분주하였다. 가만히 자리에 앉아서 주님의 말씀을 듣고 묵상할 시간이 없었다. 은혜가 없고 말씀이 없으니 선악을 판단하고 불평과 원망을 할 수밖에 없었다.

자칫 잘못하면 마르다가 예수님의 식사대접을 한 것 자체를 잘못한 것으로 오해할 수 있다. 여기서 우선순위의 의미란 무엇인가? 교회의 사역은 봉사를 통해 이루어진다. 그렇기 때문에 교회 안에서 이루어지는 모든 사역이 중요하다. 그러나 우선순위가 있는데, 그것은 먼저 말씀을 듣는 것이다. 즉, 먼저 말씀을 듣고 은혜를 받은 후에 은혜로 봉사해야 한다는 교훈을 보여주는 것이다.

Q 당신은 봉사가 예배와 말씀보다 우선순위가 된 적이 있습니까? 그것을 극복하기 위해 어떻게 해야 할지 나눕시다.

A 예배와 말씀이 우리 신앙의 최고의 우선순위가 되어야 한다.

교회에서는 말씀을 듣고 은혜 받은 사람이 가장 큰 사람이다. 그런 사람이 말씀의 은혜 속에서 충성하고 희생하고 봉사하는 것이다. 그럴 때 살아 역사하는 힘을 갖게 된다.

2) 그녀는 동생과 주님을 원망했습니다.

(1) 먹을 것을 분주하게 만들던 마르다는 예수님께 어떤 요청을 합니까?

〈눅 10:40-41〉 40마르다는 준비하는 일이 많아 마음이 분주한지라 예수께 나아가 이르되 주여 내 동생이 나 혼자 일하게 두는 것을 생각지 아니하시나이까 그를 명하사 나를 도와주라 하소서 41주께서 대답하여 가라사대 마르다야 마르다야 네가 많은 일로 염려하고 근심하나

마르다의 우선순위가 잘못되어 있었기 때문에 원망하는 마음이 생긴 것이다. 원망은 어디에서 시작되는가? 내 생각이 다른 사람의 생각보다 옳다고 여길 때 시작된다. 심지어 하나님 생각보다도 자신의 생각이 옳다고 여길 때 원망하게 된다. 하지만 그 일이 내 생각에 맞지 않아도 나를 향하신 하나님의 계획과 하나님의 생각이 옳다고 믿으면 감사할 수 있다.

Q 봉사하고 충성하면서 남을 보며 불평하거나 원망한 경험을 나눕시다. 어떻게 회복할 것인지도 나눕시다.

A 봉사, 충성, 헌신은 하나님과 나 사이의 상급이다. 다른 사람이 어떻게 하든지 나와 아무런 상관이 없다.

〈마 16:27〉 인자가 아버지의 영광으로 그 천사들과 함께 오리니 그때에 각 사람이 행한 대로 갚으리라.

3) 그녀의 원망은 습관이 되어 버렸습니다.

〈요 11:21〉 마르다가 예수께 여짜오되 주께서 여기 계셨더라면 내 오라버니가 죽지 아니하였겠나이다.

Q 우리는 일반적으로 어떨 때 원망을 잘 합니까? 또 원망이 습관이 된 경험을 나눕시다.

A 무심코 하게 되는 불평과 원망 등을 스스로 깨닫게 한다.

4) 그녀는 말만 많았지 도무지 믿음이 없었습니다.

〈요 11:23-24〉 [23]예수께서 이르시되 네 오라비가 다시 살아나리라 [24]마르다가 이르되 마지막 날 부활 때에는 다시 살아날 줄을 내가 아나이다.

〈요 11:25-27〉 [25]예수께서 이르시되 나는 부활이요 생명이니 나를 믿는 자는 죽어도 살겠고 [26]무릇 살아서 나를 믿는 자는 영원히 죽지 아니하리니 이것을 네가 믿느냐 [27]이르되 주여 그러하외다 주는 그리스도시요 세상에 오시는 하나님의 아들이신 줄 내가 믿나이다.

〈요 11:39〉 예수께서 이르시되 돌을 옮겨 놓으라 하시니 그 죽은 자의 누이 마르다가 이르되 주여 죽은 지가 나흘이 되었으매 벌써 냄새가 나나이다.

예수님께서 나사로를 살리겠다고 수없이 많은 힌트와 암시를 주셔도 마르다는 주님의 말씀에 대해 동문서답한다. 그것은 예수님의 말씀을 제대로 듣지 못했기 때문이다. 믿음은 말씀을 들음에서 나는 것이다.

Q **로마서 10장 17절의 말씀을 묵상해 봅시다. 나는 믿음을 위해 과연 어느 정도 말씀을 듣고 있는지 나누어 봅시다. 더 많은 말씀을 듣기 위해 어떻게 할지 나누어 봅시다.**

〈롬 10:17〉 그러므로 믿음은 들음에서 나며 들음은 그리스도의 말씀으로 말미암았느니라.

A **더욱 예배에 나올 수 있도록 독려한다.**

2. 선악과를 선택한 마르다는 어떻게 되었습니까?

1) 좋은 편을 빼앗겨 버렸습니다.

(1) 예수님께서는 어느 편이 좋은 편이라고 말씀합니까?

〈눅 10:42〉 몇 가지만 하든지 혹 한 가지만이라도 족하니라 마리아는 이 좋은 편을 택하였으니 빼앗기지 아니하리라 하시니라.

2) 하나님의 영광을 빼앗겨 버렸습니다.

〈요 11:40〉 예수께서 이르시되 내 말이 네가 믿으면 하나님의 영광을 보리라 하지 아니하였느냐 하시니.

3) 주님의 책망만 들었습니다.

〈눅 10:41〉 주께서 대답하여 이르시되 마르다야 마르다야 네가 많은 일로 염려하고 근심하나.

〈요 11:40〉 예수께서 이르시되 내 말이 네가 믿으면 하나님의 영광을 보리라 하지 아니하였느냐 하시니.

4) 그녀는 축복의 주인공이 되지 못하고 항상 들러리만 되었습니다.

〈눅 10:42〉 몇 가지만 하든지 혹 한 가지만이라도 족하니라 마리아는 이 좋은 편을 택하였으니 빼앗기지 아니하리라 하시니라.

〈요 11:40〉 예수께서 이르시되 내 말이 네가 믿으면 하나님의 영광을 보리라 하지 아니하였느냐 하시니.

시험 드는 사람의 사역 위치의 단계를 보면 다음과 같다.

사역의 중심부 → 변방 → 결국은 교회를 떠남

이는 신앙의 기본을 잃어버리기 때문이다. 즉, 말씀을 듣고 순종하지 못하기 때문이다. 우리의 신앙은 말씀이 중심이 되어야 한다. 그 다음에 봉사도 하고 헌신도 하는 것이다. 그런데 자기 공명심만 앞세워서 말씀 듣는 것을 등한히 하고 교회 사역을 하다 보면 시험에 들고 들러리가 된다. 자기만 상처를 받는 것이 아니라 다른 사람과 비교 경쟁을 하면서 다른 사람까지 비방하게 된다.

Q 마르다가 예수님을 위한다고 했지만 결국 자신의 신앙에 좋지 못한 결과를 얻었습니다. 그 이유가 무엇인지 정리해 봅시다. 그렇다면 과연 나는 어떻게 해야 할지 나눕시다.

A 마르다는 선악과를 선택했기 때문이다.

Q 사탄이 우리에게서 빼앗아 가려는 것은 무엇인가? 내 모습 가운데 사단에게 말씀을 빼앗기는 구체적인 모습은 무엇일지 나눕시다.

〈마 13:19〉 아무나 천국 말씀을 듣고 깨닫지 못할 때는 악한 자가 와서 그 마음에 뿌려진 것을 빼앗나니 이는 곧 길가에 뿌려진 자요.

A 우리는 말씀으로 말미암아 살기에 사탄은 우리가 말씀 듣는 것을 방해한다. 그러므로 말씀을 듣는 일에 목숨을 걸어야 한다는 것을 주지시켜야 한다.

■ 선악과를 선택한 사람들 – 헤롯, 바리새인, 제사장

3. 그들은 어떻게 선악과를 선택했습니까?

1) 자신들의 기득권만 주장하고 하나님이 보내신 자를 근본적으로 거부했습니다.

〈마 2:13〉 그들이 떠난 후에 주의 사자가 요셉에게 현몽하여 이르되 헤롯이 아기를 찾아 죽이려 하니 일어나 아기와 그의 어머니를 데리고 애굽으로 피하여 내가 네게 이르기까지 거기 있으라 하시니.

〈막 2:6-7〉 6어떤 서기관들이 거기 앉아서 마음에 생각하기를 7이 사람이 어찌 이렇게 말하는가 신성모독이로다 오직 하나님 한 분 외에는 누가 능히 죄를 사하겠느냐.

〈마 9:33-34〉 [33]귀신이 쫓겨나고 말 못하는 사람이 말하거늘 무리가 놀랍게 여겨 이르되 이스라엘 가운데서 이런 일을 본 적이 없다 하되 [34]바리새인들은 이르되 그가 귀신의 왕을 의지하여 귀신을 쫓아낸다 하더라.

〈마 12:24〉 바리새인들은 듣고 이르되 이가 귀신의 왕 바알세불을 힘입지 않고는 귀신을 쫓아내지 못하느니라 하거늘.

Q **우리는 교회 안에서 기득권을 주장한 적은 없습니까? 기득권 때문에 열심히 하려는 다른 이의 열정을 방해한 경험이 있는지 나눕시다.**

A **서열, 경력, 교회 전입, 직분 등을 이용하여 하나님의 일을 하는 데 방해해서는 안 된다는 것을 주지시킨다.**

2) 하나님의 말씀을 심판적 요소로 받았습니다.

〈마 21:45-46〉 [45]대제사장들과 바리새인들이 예수의 비유를 듣고 자기들을 가리켜 말씀하신 줄 알고 [46]잡고자 하나 무리를 무서워하니 이는 그들이 예수를 선지자로 앎이었더라.

〈눅 11:45〉 한 율법교사가 예수께 대답하여 이르되 선생님 이렇게 말씀하시니 우리까지 모욕하심이니이다.

〈마 22:35-36〉 [35]그 중의 한 율법사가 예수를 시험하여 묻되 [36]선생님 율법 중에 어느 계명이 크니이까.

〈눅 6:1-2〉 [1]안식일에 예수께서 밀밭 사이로 지나가실새 제자들이 이삭을 잘라 손으로 비비어 먹으니 [2]어떤 바리새인들이 말하되 어찌하여 안식일에 하지 못할 일을 하느냐.

그들은 어떻게든 예수님의 잘못을 가리려 하였다. 예수님이 말씀하시는 천국 복음은 그들에게 있어서 은혜 받기 위한 요소가 아니라, 예수님을 넘어뜨리기 위한 도구로 사용한 것이다. 말씀에는 은혜적 요소와 심판적 요소가 공존한다. 똑같은 물이 생명이 있는 나무에게는 생명의 요소가 되지만 썩은 나무에게는 더 심각하게 썩는 요인이 된다. 이들은 이미 선악과를 선택하기에 익숙한 사람들인지라 주님의 말씀을 수용하지 않은 것이다.

Q 우리도 자칫하면 하나님의 말씀을 심판적 요소로 받을 수 있습니다. 즉, '말씀으로 나를 쳤어. 말씀으로 나를 공격했어' 라고 생각할 때입니다. 그런 경험이 있습니까? 그런 사람을 볼 때 어떻게 조언해 주었고, 어떻게 하는 것이 올바른 권면일지 나눕시다.

A 선악과를 선택하면 말씀이 나를 공격하기 위한 칼날처럼 느껴진다. 하지만 말씀은 나를 깨닫게 하고 찔림을 주는 말이 되어야 한다.

〈히 4:12〉 하나님의 말씀은 살아 있고 활력이 있어 좌우에 날 선 어떤 검보다도 예리하여 혼과 영과 및 관절과 골수를 찔러 쪼개기까지 하며 또 마음의 생각과 뜻을 판단하나니.

3) 언제나 자신들의 의를 내세웠습니다.

〈눅 18:11-12〉 [11]바리새인은 서서 따로 기도하여 이르되 하나님이여 나는 다른 사람들 곧 토색, 불의, 간음을 하는 자들과 같지 아니하고 이 세리와도 같지 아니함을 감사하나이다 [12]나는 이레에 두 번씩 금식하고 또 소득의 십일조를 드리나이다 하고.

〈마 6:2〉 그러므로 구제할 때에 외식하는 자가 사람에게서 영광을 받으려고 회당과 거리에서 하는 것같이 너희 앞에 나팔을 불지 말라 진실로 너희에게 이르노니 그들은 자기 상을 이미 받았느니라.

〈마 6:5〉 또 너희가 기도할 때에 외식하는 자와 같이 하지 말라 그들은 사람에게 보이려고 회당과 큰 거리 어귀에 서서 기도하기를 좋아하느니라 내가 진실로 너희에게 이르노니 그들은 자기 상을 이미 받았느니라.

자신의 의가 강하면 믿음이 병들게 된다. 우리는 하나님의 의를 내세워야 한다. 그러나 인정받기 원하는 것과 의를 내세우는 것은 구별해야 할 것이다.

Q 내가 했다고 하면서 나 자신을 드러냈던 경험을 나눕시다.

A 나 자신을 드러내놓고 나만이 잘났다고 생각하는 것은 자기 의다.

Q 성경은 하나님의 의를 모르고 자신의 의를 세우는 자에 대해 어떻게 말합니까?

A 바른 지식이 없었던 유대인들이 추구한 것은 하나님의 의가 아니라 자신들의 의였다. 그들은 자신들이 내세우는 의가 옳다고 생각했기 때문이다. 하지만 하나님의 의에 복종하지 않는 결과를 낳게 되었다. 아무리 내가 옳다고 할지라도 하나님의 의에 복종하지 않는다면 그것은 불순종이기에 절대로 정당화될 수 없는 것이다.

〈롬 10:3〉 하나님의 의를 모르고 자기 의를 세우려고 힘써 하나님의 의에 복종하지 아니하였느니라.

4) 어떻게든지 예수님을 죽이려고 했고, 마침내 십자가에 못 박아 죽였습니다.

〈눅 22:1-2〉 [1]유월절이라 하는 무교절이 다가오매 [2]대제사장들과 서기관들이 예수를 무슨 방도로 죽일까 궁리하니 이는 그들이 백성을 두려워함이더라.

〈마 26:3-5〉 [3]그때에 대제사장들과 백성의 장로들이 가야바라 하는 대제사장의 관정에 모여 [4]예수를 흉계로 잡아 죽이려고 의논하되 [5]말하기를 민란이 날까 하노니 명절에는 말자 하더라.

〈마 26:57〉 예수를 잡은 자들이 그를 끌고 대제사장 가야바에게로 가니 거기 서기관과 장로들이 모여 있더라.

〈마 27:22-23〉 [22]빌라도가 이르되 그러면 그리스도라 하는 예수를 내가 어떻게 하랴 그들이 다 이르되 십자가에 못 박혀야 하겠나이다 [23]빌라도가 이르되 어찜이냐 무슨 악한 일을 하였느냐 그들이 더욱 소리 질러 가로되 십자가에 못 박혀야 하겠나이다 하는지라.

Q **당시 바리새인들이 예수님을 죽인 것같이 지금 이 시대에도 주님을 핍박하는 경우가 있으니 그것은 교회를 핍박하는 것입니다. 교회를 핍박하는 것이 주님을 핍박하는 것이라는 사실에 대해 어떤 생각이 듭니까?**

〈행 9:5〉 대답하되 주여 누구시니이까 이르시되 나는 네가 박해하는 예수라.

A **교회를 핍박하는 것이 주님 보시기에 큰 잘못임을 깨닫게 한다.**

4. 하나님은 그들을 어떻게 하셨습니까?

1) 예수님의 책망과 저주의 제1호가 되게 하셨습니다.

〈마 12:34〉 독사의 자식들아 너희는 악하니 어떻게 선한 말을 할 수 있느냐 이는 마음에 가득한 것을 입으로 말함이라.

〈마 23:27〉 화 있을진저 외식하는 서기관들과 바리새인들이여 회칠한 무덤 같으니 겉으로는 아름답게 보이나 그 안에는 죽은 사람의 뼈와 모든 더러운 것이 가득하도다.

2) 끝까지 강퍅한 사람들이 되게 했습니다.

〈마 23:33〉 뱀들아 독사의 새끼들아 너희가 어떻게 지옥의 판결을 피하겠느냐.

〈마 23:34-36〉 [34]그러므로 내가 너희에게 선지자들과 지혜 있는 자들과 서기관
들을 보내매 너희가 그 중에서 더러는 죽이거나 십자가에 못 박고 그 중에서 더
러는 너희 회당에서 채찍질하고 이 동네에서 저 동네로 따라다니며 박해하리라
[35]그러므로 의인 아벨의 피로부터 성전과 제단 사이에서 너희가 죽인 바라갸의
아들 사가랴의 피까지 땅 위에서 흘린 의로운 피가 다 너희에게 돌아가리라 [36]내
가 진실로 너희에게 이르노니 이것이 다 이 세대에게 돌아가리라.

회개하고 싶어도 마음대로 안 되는 것은 저주이다. 우리가 선악과를 따면 끝까지 강퍅한 사람이 된다. 우리는 이같은 위험을 피하고 승리를 이뤄야 한다.

이러한 사람을 바울은 양심이 화인 맞은 사람이라고 말하고 있다. 전혀 양심에 가책을 느끼거나 회개의 마음을 갖지도 않는 사람을 말하는 것이다.

〈딤전 4:1-2〉 [1]그러나 성령이 밝히 말씀하시기를 후일에 어떤 사람들이 믿음에
서 떠나 미혹하는 영과 귀신의 가르침을 따르리라 하셨으니 [2]자기 양심이 화인
을 맞아서 외식함으로 거짓말하는 자들이라.

이런 사람은 미혹하는 영과 귀신의 가르침을 따라간다고 말씀하고 있다. 그렇게 되면 절대로 구원받는 백성이 될 수 없는 것이다.

Q 우리가 아무리 큰 죄를 지어도 깨닫고 회개할 수 있다는 것은 큰 축복입니다. 왜 그렇습니까? 그렇다면 당신의 회개 생활은 어떻습니까?

A 회개를 하면 새롭게 출발할 수 있기 때문이다. 시험의 때에 원망과 불평을 하는 것이 아니라, 하나님의 말씀과 목회자의 권고를 받고 회개할 수 있는 것은 축복이다.

3) 스스로 망하고 버림받게 하셨습니다.

〈마 27:24-25〉 [24]빌라도가 아무 성과도 없이 도리어 민란이 나려는 것을 보고
물을 가져다가 무리 앞에서 손을 씻으며 이르되 이 사람의 피에 대하여 나는 무
죄하니 너희가 당하라 [25]백성이 다 대답하여 이르되 그 피를 우리와 우리 자손에
게 돌릴지어다 하거늘.

아무리 권력과 힘을 가지고 있어 많은 사람들에게 존경받는 사람이라 할지라도 주님께 버림받으면 그것처럼 비참한 인생은 없다. 결국 백성들은 그 피를 우리 후손에게 돌리라는 말에 따라 이스라엘 후손들은 약 2천 년 동안 나라 없는 설움을 겪어야 했고, 나치에 의해 6백만 명이 학살 당하는 전무후무한 고통을 당해야만 했다. 선악과를 선택하여 최악의 저주와 징계를 받은 것이다.

나눔 갖기 서로 나눔

■ 마르다는 어떻게 선악과를 선택했는가?

■ 선악과를 선택한 마르다는 어떻게 되었는가?

■ 헤롯, 바리새인, 제사장들은 어떻게 선악과를 선택했는가?

■ 하나님은 이들을 어떻게 하셨는가?

무기삼기 생활 적용

1. 내 안에 마르다의 요소는 어떤 것들이 있습니까? 일반적으로 따지고 캐묻는 성격들이 마르다적 요소입니다. 그것들을 어떻게 버리시겠습니까?

2. 내 안에 바리새적 요소는 얼마나 있습니까? 그리고 그것들을 어떻게 버리시겠습니까?

선악과를 선택하면 순간적인 기쁨과 만족은 있다. 그러나 곧 내 안에서 은혜가 소멸되고 영혼의 생명이 죽는다. 그래서 점점 교회 생활에서 아웃사이더가 되고 마이너리그가 된다. 그러다가 결국에는 교회를 떠나게 되는 것을 본다. 우리는 언제 어디서나 생명나무를 선택해야 한다. 마르다는 말씀을 사모하고 듣기 전에 일을 하느라 분주하였다. 그래서 주님의 은혜를 잊어버렸다. 바리새인이나 제사장들은 신앙의 목적을 자신들의 공명심과 의의 탑을 쌓는 데 두었다. 그것은 선악과를 선택하는 것이다. 그리고 결국 축복의 자리에서 쫓겨나고 스스로 망하고 버림을 받게 된다.

멘토링

마르다의 실수가 한 가지 있었습니다. 그것은 마르다가 말씀의 중요성을 몰랐다는 데 있습니다. 그래서 그녀는 말씀을 사모하는 중심이 없었습니다. 말씀의 중요성을 모르고 말씀의 은혜를 사모하지도 않았다는 것이 그녀의 신앙의 허점이고 약점이었습니다. 그러다가 마침내 그녀는 주님께 불평을 털어놓고 말았던 것입니다. 이것이 마르다의 결정적인 실수였습니다. 마르다는 인간적인 열심으로만 주님을 섬겼습니다. 인간적인 열심은 곧 자기 열심을 말하는 것입니다. 이것은 주님 보시기에 합당치 못합니다. 진짜 열심은 복음적인 열심, 은혜 받은 열심이어야 합니다.

우리도 자칫 이런 실수를 범할 때가 많습니다. 인간적인 믿음을 가지고 말씀의 중요성, 은혜의 중요성을 알지 못하고 은혜 받지 않은 채 신앙생활을 하다 보면 내 열심이 앞설 때가 많습니다. 그 결과 나도 모르게 내 주장이 나오고 고집이 앞서는 것을 봅니다. 그러니까 교회에서 내 뜻대로 되지 않고 내 생각대로 되지 않으면 불평하고 원망하게 됩니다. 사람들에게도 불평을 하지만 주님에게까지도 불평을 합니다.

따라서 우리가 진짜 하나님을 섬기고 헌신하기 위해서는 먼저 은혜부터 받아야 합니다. 말씀을 듣고 은혜를 받아야 복음적인 열심이 생기고 주님이 기뻐하시는 열심이 생깁니다. 그리고 그 열심으로 비로소 주님을 아름답게 섬길 수 있는 것입니다.

다이어리

제8과를 공부한 후의 삶의 변화와 깨달음을 적고 서로 나눕시다.

생명나무학교 The Tree of Life

9과 오늘날 우리에게 있어서 무엇이 생명나무를 선택하는 것입니까?

8여호와 하나님이 동방의 에덴에 동산을 창설하시고 그 지으신 사람을 거
기 두시니라 9여호와 하나님이 그 땅에서 보기에 아름답고 먹기에 좋은
나무가 나게 하시니 동산 가운데에는 생명나무와 선악을 알게 하는 나무
도 있더라(창 2:8-9).

본문 묵상

하나님은 하나님께서 창조한 사람을 어디에 두셨습니까?(8절)

나무 종류는 어떤 것이 있었습니까?(9절)

생각하기 깨워 보기

오늘날 무엇이 생명나무를 선택하는 것일까? 그것은 새사람의 원리와 욕구를 가지고 언제나 하나님의 생명을 추구하고 선택하는 삶을 말한다. 모든 상황 속에서 선악 판단을 추구하는 것이 아니라 언제나 은혜의 본질, 하나님이 기뻐하시는 뜻, 풍성한 생명만을 선택하는 것이다.

이것을 한마디로 요약하면 예수 그리스도의 원리를 따르는 것, 즉 예수 그리스도의 사상과 정신을 따르는 것이다. 이것의 주체는 새사람이다. 다시 말하면 새사람의 원리와 본성, 새사람의 법칙으로 살아가는 것이다.

명심하기 본문 탐색

1. (새사람)이란 어떤 사람을 말합니까?

〈고후 5:17〉 그런즉 누구든지 그리스도 안에 있으면 새로운 피조물이라 이전 것은 지나갔으니 보라 새것이 되었도다.

〈갈 5:24〉 그리스도 예수의 사람들은 육체와 함께 그 정욕과 탐심을 십자가에 못 박았느니라.

거듭난 사람이란 새로 지음 받은 새로운 존재이다. 겉사람은 그대로이지만 속사람이 새롭게 변한다. 옛 사람은 옛 법을 따르고 새사람은 새 법을 따른다. 이같은 새사람의 모델이 바로 예수님이다. 예수 안에서 우리의 옛 사람은 죽고 새사람으로 태어난다. 정과 욕심이 죽었고 예수 그리스도를 위해 사는 삶으로 변화되는 것이다.

그래서 시편 기자는 내 속에 정한 마음을 창조해 달라고 요청하고 있다.

〈시 51:10〉 하나님이여 내 속에 정한 마음을 창조하시고 내 안에 정직한 영을 새롭게 하소서.

Q 정과 욕심을 십자가에 못 박았다는 것은 무엇을 의미하는지 나눕시다.

A 인간 사이의 관계(정)조차도, 내가 소망하는 것(욕심)조차도 모든 것을 십자가 앞에 내려놓았다는 것을 말한다.

〈마 19:29〉 또 내 이름을 위하여 집이나 형제나 자매나 부모나 자식이나 전토를 버린 자마다 여러 배를 받고 또 영생을 상속하리라.

〈갈 2:20〉 내가 그리스도와 함께 십자가에 못 박혔나니 그런즉 이제는 내가 사는 것이 아니요 오직 내 안에 그리스도께서 사시는 것이라 이제 내가 육체 가운데 사는 것은 나를 사랑하사 나를 위하여 자신을 버리신 하나님의 아들을 믿는 믿음 안에서 사는 것이라.

거듭났지만 여전히 옛 사람의 소욕으로 살아가는 사람들이 있다. 그런 사람들은 십자가에서 항상 죽어야만 한다. 주님과 함께 십자가에 못 박혀야 한다. 그리고 온전히 새사람의 원리와 시스템을 따라 살아야 한다.

〈딤전 1:12-13〉 [12]나를 능하게 하신 그리스도 예수 우리 주께 내가 감사함은 나를 충성되이 여겨 내게 직분을 맡기심이니 [13]내가 전에는 비방자요 박해자요 폭행자였으나 도리어 긍휼을 입은 것은 내가 믿지 아니할 때에 알지 못하고 행하였음이라.

십자가에 못 박힘을 경험하면 과거에 육신의 생각으로 따랐던 모든 것을 청산하고 새로운 육체로 거듭나게 된다.

Q 당신에게 있어서 변화된 삶은 무엇이 있습니까?

A 100퍼센트는 아니지만 신앙생활하면서 벗겨진 옛 사람의 모습에 대해 나눈다.

2. 새사람이란 언제나 무엇을 추구하며 삽니까?

한마디로 생명의 원리를 선택하고 추구한다. 그 생명의 특징은 다음과 같이 몇 가지로 설명될 수 있다.

1) 언제나 (하나님의 은혜)를 추구합니다.

〈신 8:3〉 너를 낮추시며 너를 주리게 하시며 또 너도 알지 못하며 네 조상들도 알지 못하던 만나를 네게 먹이신 것은 사람이 떡으로만 사는 것이 아니요 여호와의 입에서 나오는 모든 말씀으로 사는 줄을 네가 알게 하려 하심이니라.

〈요 6:67-69〉 [67]예수께서 열두 제자에게 이르시되 너희도 가려느냐 [68]시몬 베드로가 대답하되 주여 영생의 말씀이 주께 있사오니 우리가 누구에게로 가오리이까 [69]우리가 주는 하나님의 거룩하신 자이신 줄 믿고 알았사옵나이다.

2) 언제나 하나님의 의, 진리, 거룩함을 추구합니다.

〈엡 4:23-24〉 [23]오직 너희의 심령이 새롭게 되어 [24]하나님을 따라 의와 진리의 거룩함으로 지으심을 받은 새사람을 입으라.

〈겔 36:26〉 또 새 영을 너희 속에 두고 새 마음을 너희에게 주되 너희 육신에서 굳은 마음을 제하고 부드러운 마음을 줄 것이며.

우리는 언제나 심령이 새로워져야 한다. 거듭남으로만 끝나는 것이 아니라 하나님의 의와 진리의 거룩함으로 지으심을 받아야 한다. 바리새인은 의로웠다. 금식, 기도 등 잘하는 것이 많았으나 예수님은 그들을 책망하셨다. 바리새인들은 자신의 의를 통해 거룩해질 수 있다고 생각했기에 주님은 그것을 공격하신 것이다. 주님 앞에서 인간의 의는 아무것도 아니다. 하나님의 의는 하나님이 덧입혀 주시는 의다. 내 행위가 아니라 하나님의 의가, 즉 하나님의 은혜로 주는 의의 새 사람이다.

〈렘 31:32〉 이 언약은 내가 그들의 조상들의 손을 잡고 애굽 땅에서 인도하여 내던 날에 맺은 것과 같지 아니할 것은 내가 그들의 남편이 되었어도 그들이 내 언약을 깨뜨렸음이니라 여호와의 말씀이니라.

예레미야 31장 32절은 결혼 언약으로 불리는 구절이다. 하나님은 이스라엘과 결혼하여 남편이 되었다고 비유를 하고 있다. 그러면 아내 된 이스라엘은 율법을 잘 지켜야 한다. 그런데 남편의 뜻과 다르게 우상숭배를 한다. 하나님과 약속을 했지만 약속을 저버린 것이다. 이것이 우리 인간의 모습이다. 율법을 지키지 못하고 약속을 쉽게 저버리는 것이 우리의 모습이다.

그러나 하나님은 우리에게 생명의 성령의 법으로 지킬 수 있는 은혜를 주신다. 우리에게 새 영과 새 마음을 주셔서 지킬 수 있는 은혜를 주신다. 이런 생명의 성령의 법, 새 영, 새 마음이 생명나무를 선택하는 것이다. 이 사람은 언제나 새사람이 되는 것이다.

3) 하나님의 (뜻과 사명)을 추구합니다.

〈롬 12:1-2〉 1그러므로 형제들아 내가 하나님의 모든 자비하심으로 너희를 권하노니 너희 몸을 하나님이 기뻐하시는 거룩한 산 제물로 드리라 이는 너희가 드릴 영적 예배니라 2너희는 이 세대를 본받지 말고 오직 마음을 새롭게 함으로 변화를 받아 하나님의 선하시고 기뻐하시고 온전하신 뜻이 무엇인지 분별하도록 하라.

〈행 20:24〉 내가 달려갈 길과 주 예수께 받은 사명 곧 하나님의 은혜의 복음을 증언하는 일을 마치려 함에는 나의 생명조차 조금도 귀한 것으로 여기지 아니하노라.

사도 바울은 마지막까지 오직 주님의 부르심에 합당한 삶을 살기 위해 노력했던 사람이다. 그리하여 복음을 전하는 데 있어서 자신의 생명조차도 귀한 것으로 여기지 않았다. 자신이 부름 받은 목적에 따라 마지막까지 최선을 다했던 사람이다.

〈행 21:13〉 바울이 대답하되 여러분이 어찌하여 울어 내 마음을 상하게 하느냐 나는 주 예수의 이름을 위하여 결박 당할 뿐 아니라 예루살렘에서 죽을 것도 각오하였노라 하니.

우리가 연약해도 하나님의 뜻과 사명을 추구하면 하나님은 우리를 완전하게 보신다. 그러므로 나의 관점이 아니라 늘 하나님의 관점으로 보아야 한다. '하나님이 나에게 무엇을 요구하시는가? 하나님이 나의 무엇을 기뻐하시는가?'를 분별할 줄 알아야 한다. 하나님께서 주신 사명을 우리의 생명보다 귀하게 여기는 것이야말로 생명나무를 선택하는 것이다.

Q 사도 바울을 부르신 목적은 무엇입니까? 그렇다면 당신은 하나님 나라를 위해 어떤 목적으로 부르심을 입었고 어떻게 헌신하고 있는지 나눕시다.

〈행 9:15-16〉 [15]주께서 이르시되 가라 이 사람은 내 이름을 이방인과 임금들과 이스라엘 자손들에게 전하기 위하여 택한 나의 그릇이라 [16]그가 내 이름을 위하여 얼마나 고난을 받아야 할 것을 내가 그에게 보이리라 하시니.

A 사도 바울은 이방인에게 복음을 전하고자 하는 목적을 가지고 부르심을 받았다. 그리고 마지막까지 복음을 전하다가 로마에서 순교한다.

Q 지금 나의 상황 가운데 하나님의 기쁨이 되기 위해 할 수 있는 일은 무엇인지 나눕시다.

A 주님의 기쁨이 되겠다는 것이 바로 생명나무이다. 헌신, 충성, 내려놓음, 드림 등.

4) 육체의 정욕을 따르지 않고 (성령의 소욕)을 따릅니다.

〈롬 8:5-6〉 [5]육신을 따르는 자는 육신의 일을, 영을 따르는 자는 영의 일을 생각하나니 [6]육신의 생각은 사망이요 영의 생각은 생명과 평안이니라.

〈롬 8:7-8〉 [7]육신의 생각은 하나님과 원수가 되나니 이는 하나님의 법에 굴복하지 아니할 뿐 아니라 할 수도 없음이라 [8]육신에 있는 자들은 하나님을 기쁘시게 할 수 없느니라.

육신의 생각은 사망이요 하나님과 원수가 된다. 즉, 옛 사람의 생각은 세상적, 부정적, 정욕적, 자기 중심적인 것이다. 이 모든 생각은 하나님과 적대시 되는 것이다.

육신은 '소마'(σώμα)와 '사르크스'(σάρξ)가 있다. 소마는 우리의 신체의 몸을 말한다. 반면 사르크스는 죄성이 가득한 육신을 가리킨다. 세상적으로 죄 짓고 쾌락을 즐기는 것이다. '신나는 것이 없을까? 재미있는 일이 없는가?' 이것이 사르크스이다.

〈갈 5:16-17〉 [16]내가 이르노니 너희는 성령을 따라 행하라 그리하면 육체의 욕심을 이루지 아니하리라 [17]육체의 소욕은 성령을 거스르고 성령의 소욕은 육체를 거스르나니 이 둘이 서로 대적함으로 너희가 원하는 것을 하지 못하게 하려 함이니라.

〈롬 8:12-13〉 [12]그러므로 형제들아 우리가 빚진 자로되 육신에게 져서 육신대로 살 것이 아니니라 [13]너희가 육신대로 살면 반드시 죽을 것이로되 영으로써 몸의 행실을 죽이면 살리니.

그런데 이 모든 것은 한마디로 하나님의 생명을 선택하고 추구하는 것이라고 할 수 있다. 왜냐하면 이 모든 것들이 자신에게 있어서 생명이 되고 은혜가 되는 길이기 때문이다.

Q 당신이 쉽게 넘어지게 되는 육신의 생각은 무엇입니까? 사도 바울의 고백을 보며 어떻게 해야 할지 나눕시다.

〈고전 9:27〉 내가 내 몸을 쳐 복종하게 함은 내가 남에게 전파한 후에 자신이 도리어 버림을 당할까 두려워함이로다.

〈고전 15:31〉 형제들아 내가 그리스도 예수 우리 주 안에서 가진 바 너희에 대한 나의 자랑을 두고 단언하노니 나는 날마다 죽노라.

A 누구에게나 부족한 부분은 있다. 하지만 그것을 극복해야 한다.

3. 그러면 생명을 선택하고 추구한다는 것은 구체적으로 어떻게 하는 것일까요?

순간 순간마다 생명을 선택한다는 것을 말한다. 현실적으로 내게 손해가 나고 불이익이 되어도 믿음으로 생명을 선택하는 것이다.

1) 과거, 이미 결정된 운명 때문에 비관하거나 원망하지 않습니다. 오히려 내가 더 잘할 수 있는 일에 목숨을 걸고 (하나님을 더 사랑)합니다.

〈욥 1:22〉 이 모든 일에 욥이 범죄하지 아니하고 하나님을 향하여 원망하지 아니하니라.

Q 당신이 만약 욥의 상황이라면 어떤 고백을 할지 나눕시다. 과거를 한탄하는 것은 아무런 의미가 없다는 사실이 우리에게 어떤 도전이 됩니까? 지금 나의 상황 가운데 힘든 점은 무엇이며, 어떻게 해야 할지 나눕시다.

A 욥은 하나님을 원망해도 될 만한 상황이었다. 하지만 과거의 정해진 운명에 더 이상 연연해하지 않았다. 그는 하나님을 더 사랑하는 쪽으로 선택했다.

2) 어떤 상황에서도 (겸손)을 선택합니다.

〈벧전 5:5〉 젊은 자들아 이와 같이 장로들에게 순종하고 다 서로 겸손으로 허리를 동이라 하나님은 교만한 자를 대적하시되 겸손한 자들에게는 은혜를 주시느니라.

교만하면 안 된다. 교만하면 아무리 능력이 많다고 해도 하나님께 쓰임 받을 수 없다.

〈잠 16:18〉 교만은 패망의 선봉이요 거만한 마음은 넘어짐의 앞잡이니라.

구역장 좀 잘한다고, 교회 안에서 봉사 잘하고 헌신 잘한다고 교만해지면 안 된다. 교만하지 않고 겸손하면 하나님이 더 축복해 주신다.

Q 나에게 교만의 요소가 있다면 무엇인지 나눕시다.

〈살전 5:22〉 악은 어떤 모양이라도 버리라.

A 교만의 모습이 있다면 그것은 극복해야 할 것이다.

3) 어떤 상황에서도 (감사와 찬양)을 선택합니다.

〈행 16:25〉 한밤중에 바울과 실라가 기도하고 하나님을 찬송하매 죄수들이 듣더라.

〈욥 1:21-22〉 [21]이르되 내가 모태에서 알몸으로 나왔사온즉 또한 알몸이 그리로 돌아가올지라 주신 이도 여호와시요 거두신 이도 여호와시오니 여호와의 이름이 찬송을 받으실지니이다 하고 [22]이 모든 일에 욥이 범죄하지 아니하고 하나님을 향하여 어리석게 원망하지 아니하니라.

누구든지 감사가 넘치는 사람과 가까이하는 것이 축복이다. 그에게서 감사의 생명의 기운이 전달된다. 감사하는 사람 가까이 있으면 감사의 마음이 들어온다. 불평하고 원망하는 사람은 그 누구라도 가까이하지 않는 것이 바로 축복이다. 항상 감사하는 마음이 넘치는 사람에게 기적이 일어난다.

Q 정말 원망하고 싶을 때 감사와 찬양을 해 본 경험을 서로 나누어 봅시다.

A 모든 것이 다 감사여야 한다.

Q 성경은 기도와 간구 시에도 감사함으로 아뢰라고 말씀하고 있습니다. 기도할 때 하나님께 협박, 꾸중, 원망의 목소리로 기도한 경험이 있다면 나눕시다.

〈빌 4:6〉 아무것도 염려하지 말고 다만 모든 일에 기도와 간구로, 너희 구할 것을 감사함으로 하나님께 아뢰라.

A 간구는 주님이 우리에게 주신 특권이므로 감사하면서 기도해야 한다.

4) 어떤 상황에서도 (순종과 헌신)을 선택합니다.

〈행 16:10〉 바울이 그 환상을 보았을 때에 우리가 곧 마게도냐로 떠나기를 힘쓰니 이는 하나님이 저 사람들에게 복음을 전하라고 우리를 부르신 줄로 인정함이러라.

사도 바울은 아시아에서 복음 전하기를 원했다. 하지만 하나님의 명령에 순종하여 마게도냐로 향했다. 바울은 거기에서 수많은 핍박을 당했다. 하나님이 인도하셨음에도 바울은 고난을 받았고 사람들에게 핍박을 당했다. 분명 하나님께서 명령하셔서 간 곳인데 고난이 있었다. 이것은 바울의 이런 순종이 신앙생활의 진정한 행복이라는 교훈을 우리에게 준다. 순종만이 신앙의 참 행복을 주는 것이다. 하나님의 말씀에 순종하였던 바울을 통하여 어떤 역사가 임하였는가? 유럽을 통하여 세계가 복음화되었다. 그러므로 우리는 주님이 명령하시면 무조건 순종하는 것이 좋다.

〈요 12:3〉 마리아는 지극히 비싼 향유 곧 순전한 나드 한 근을 가져다가 예수의 발에 붓고 자기 머리털로 그의 발을 닦으니 향유 냄새가 집에 가득하더라.

마리아는 주님이 가실 십자가의 길을 미리 알고 예비하는 마음으로 나드 한 근을 주님의 발에 부은 것이다. 비싼 향유라는 그 물질을 주님께 드리는 것이 전혀 아깝지 않았다. 오히려 기쁨으로 드렸다.

Q 주님께 드리면서 기쁨과 은혜가 넘친 경험이 있다면 나눕시다.

〈고후 9:7〉 각각 그 마음에 정한 대로 할 것이요 인색함으로나 억지로 하지 말지니 하나님은 즐겨 내는 자를 사랑하시느니라.

A 생명나무를 선택하면 즐겨 내며 기쁨으로 드린다.

〈창 22:3〉 아브라함이 아침에 일찍이 일어나 나귀에 안장을 지우고 두 종과 그 아들 이삭을 데리고 번제에 쓸 나무를 쪼개어 가지고 떠나 하나님의 자기에게 일러 주신 곳으로 가더니.

아브라함은 하나님이 지시한 산에서 이삭을 번제로 바치라고 하신 명령에 반항하거나 거부하거나 의심을 품지 않고 그대로 순종했다. 뿐만 아니라 하나님의 명령을 사라와 의논할 수도 있었을 텐데 그는 의논하지도 않는다. 왜냐하면 사라와 의논하면 절대로 하나님의 명령에 순종할 수 없을 것을 알았기 때문이다.

Q 아브라함에게 가장 귀하고 값진 것은 재물이나 종들이 아니라 이삭이었습니다. 무엇과도 바꿀 수 없는 귀한 아들을 주님을 위해 바친다는 것은 어떤 심정일지 나눠 봅시다. 나에게 있는 가장 귀한 것을 드릴 때 어떤 갈등이 있었는지 나눕시다.

〈마 10:37〉 아버지나 어머니를 나보다 더 사랑하는 자는 내게 합당하지 아니하고 아들이나 딸을 나보다 더 사랑하는 자도 내게 합당하지 아니하며.

〈신 6:5〉 너는 마음을 다하고 뜻을 다하고 힘을 다하여 네 하나님 여호와를 사랑하라.

A 주님보다 다른 것을 사랑하면 하나님 앞에 합당치 않다.

5) 순간 순간마다 (자아를 죽이는 훈련)을 합니다.

〈고전 9:27〉 내가 내 몸을 쳐 복종하게 함은 내가 남에게 전파한 후에 자신이 도리어 버림을 당할까 두려워함이로다.

바울의 고백은, 많은 일을 하는 것도 중요했지만, 무엇보다 버림받는 것에 대해 관심을 갖고 있었음을 말해 주고 있다. 그래서 그는 버림받지 않기 위해서 자신의 몸을 쳐서 복종한 것이다. 많은 사역을 하면서 교만하게 될 수 있는 자신, 주님에 앞서 드러날 수 있는 자신을 쳐서 복종케 한 것이다.

〈고전 15:31〉 형제들아 내가 그리스도 예수 우리 주 안에서 가진 바 너희에게 대한 나의 자랑을 두고 단언하노니 나는 날마다 죽노라.

죽는다는 고백은 육신적인 죽음을 말하는 것이 아니라 자기 자아와 정욕, 욕심 등, 세상을 따라가려는 정욕적인 자아의 죽음을 말하는 것이다.

Q 날마다 죽는다는 것은 어떤 의미일지 나눕시다.

A 정욕과 정과 욕심을 성령의 능력으로 이기고 십자가에 못 박는 것이다.

6) 어떤 상황에서도 더 (주님을 의지)합니다.

〈시 128:5-6〉 5여호와께서 시온에서 네게 복을 주실지어다 너는 평생에 예루살
렘의 번영을 보며 6네 자식의 자식을 볼지어다 이스라엘에게 평강이 있을지로다.

〈갈 6:7〉 스스로 속이지 말라 하나님은 업신여김을 받지 아니하시나니 사람이 무엇으로 심든지 그대로 거두리라.

공원 같은 곳에 가면 두더지게임이 있다. 두더지는 우리가 애써 두드려도 계속해서 나온다. 우리의 자아도 이와 마찬가지이다. 어떠한 일을 할 때 아무리 내가 애써도 되지 않을 때가 있다. 이럴 때일수록 더욱 주님을 의지해야 하는 것이다.

Q 여호수아는 작은 성인 아이 성 전투에서 실패했을 때 어떤 행동을 취합니까? 당신은 어려움과 고난이 찾아올 때 어떻게 하는 편입니까?

〈수 7:6〉 여호수아가 옷을 찢고 이스라엘 장로들과 함께 여호와의 궤 앞에서 땅에 엎드려 머리에 티끌을 뒤집어쓰고 저물도록 있다가.

A 3천 명을 보내 전쟁에서 실패했다면 나머지 60만의 이스라엘 군대를 더 보내면 되었지만, 여호수아는 먼저 언약궤 앞에서 무릎을 꿇었다.

7) 어떤 상황에서도 (하나님을 더 사랑)합니다.

〈시 18:1〉 나의 힘이신 여호와여 내가 주를 사랑하나이다.

〈요 21:17〉 세 번째 이르시되 요한의 아들 시몬아 네가 나를 사랑하느냐 하시니 주께서 세 번째 네가 나를 사랑하느냐 하시므로 베드로가 근심하여 이르되 주님 모든 것을 아시오매 내가 주님을 사랑하는 줄을 주께서 아시나이다 예수께서 이르시되 내 양을 먹이라.

Q 내가 도무지 주님을 사랑할 수 없는 절망 중에서 주님을 사랑했던 경험을 나누어 봅시다. 또 그렇게 할 수 있는 자기만의 비결이 있다면 나누어 봅시다.

A **주님을 사랑하는 것은 환경이 기준이 되면 안 된다. 환경이 어떠하든지 주님을 사랑하는 그 마음은 변하지 말아야 한다.**

8) 어떤 상황에서도 (포용과 섬김과 용서)를 먼저 합니다.

〈몬 1:17-18〉 17그러므로 네가 나를 동역자로 알진대 그를 영접하기를 내게 하듯 하고
18그가 만일 네게 불의를 하였거나 네게 빚진 것이 있으면 그것을 내 앞으로 계산하라.

〈행 10:47-48〉 47이에 베드로가 이르되 이 사람들이 우리와 같이 성령을 받았으
니 누가 능히 물로 세례 베풂을 금하리요 하고 48명하여 예수 그리스도의 이름으
로 세례를 베풀라 하니라 그들이 베드로에게 며칠 더 머물기를 청하니라.

〈요 13:13-14〉 13너희가 나를 선생이라 또는 주라 하니 너희 말이 옳도다 내가 그
러하다 14내가 주와 또는 선생이 되어 너희 발을 씻었으니 너희도 서로 발을 씻어
주는 것이 옳으니라.

〈요 13:34〉 새 계명을 너희에게 주노니 서로 사랑하라 내가 너희를 사랑한 것같이 너희도 서로 사랑하라.

주님뿐만 아니라 이웃을 사랑할 줄 알아야 한다. 시기, 질투의 감정이 아닌 포용과 섬김과 용서를 먼저 할 줄 알아야 하는 것이다. 그것이 바로 생명나무를 선택하는 신앙이다.

Q **포용과 섬김, 용서의 경험이 있거나 그런 아름다운 이야기를 알고 있으면 함께 소개하며 나누어 봅시다.**

A **만약에 내 자녀와 옆집 사람이 똑같이 나의 돈을 1억 원 빌려 다 탕진하고 갚지 않고 있다고 생각해 보자. 같은 죄를 지었지만 우리는 두 사람에게 서로 다른 태도로 대한다. 자녀는 용서하고 위로하지만 옆집 사람은 절대로 용서하**

지 못한다. 같은 죄를 지었다면 같은 대가를 치르게 해야 하는데 완전히 다른 태도를 취한다. 그 이유는 죄의 문제가 아니라 상대방에 대한 나의 사랑의 차이 때문이다. 그러니까 상대방을 향한 사랑의 마음만 있으면 용서하지 못할 사람이 없다.

〈벧전 4:8〉 무엇보다도 뜨겁게 서로 사랑할지니 사랑은 허다한 죄를 덮느니라.

서로 힘들었지만 용서한 이후에 좋은 결과가 있었던 경험을 나눈다.

Q 당신은 미워하는 사람이 있습니까? 주님은 어떻게 말씀하고 있습니까? 어떻게 용서하고 포용할 것인지 나눕시다.

〈마 18:21-22〉 [21]그때에 베드로가 나아와 이르되 주여 형제가 내게 죄를 범하면 몇 번이나 용서하여 주리이까 일곱 번까지 하오리이까 [22]예수께서 이르시되 네게 이르노니 일곱 번뿐 아니라 일곱 번을 일흔 번까지라도 할지니라.

A 용서는 절대로 나의 원수를 위해서 하는 것이 아니다. 나 자신을 위한 것이며, 내 영혼을 위한 행동임을 주지시키라.

9) 어떤 상황에서도 (교회의 덕과 영광)을 생각합니다.

〈벧후 1:5-7〉 [5]그러므로 너희가 더욱 힘써 너희 믿음에 덕을, 덕에 지식을, [6]지식에 절제를, 절제에 인내를, 인내에 경건을, [7]경건에 형제 우애를, 형제 우애에 사랑을 더하라.

생명나무를 선택하는 성도는 먼저 교회의 덕과 영광을 생각한다. 자신이 알고 있는 바가 사실이고 옳은 것이라 할지라도, 그것이 만약 교회의 덕을 세우지 못하고 교회의 영광을 허물어뜨리는 일이라면 먼저 조용히 기도하고 허물을 덮는다. 그것이 생명나무 성도의 바른 자세다.

4. 출애굽기 33장 12-23절을 읽으면서 생명나무가 하나님 자신과 어떤 관계가 있는지 살펴봅시다.

〈출 33:12-23〉 12모세가 여호와께 아뢰되 보시옵소서 주께서 내게 이 백성을 인
도하여 올라가라 하시면서 나와 함께 보낼 자를 내게 지시하지 아니하시나이다
주께서 전에 말씀하시기를 나는 이름으로도 너를 알고 너도 내 앞에 은총을 입었
다 하셨사온즉 13내가 참으로 주의 목전에 은총을 입었사오면 원하건대 주의 길을
내게 보이사 내게 주를 알리시고 나로 주의 목전에 은총을 입게 하시며 이 족속
을 주의 백성으로 여기소서 14여호와께서 이르시되 내가 친히 가리라 내가 너를
쉬게 하리라 15모세가 여호와께 아뢰되 주께서 친히 가지 아니하시려거든 우리를
이곳에서 올려 보내지 마옵소서 16나와 주의 백성이 주의 목전에 은총 입은 줄을
무엇으로 알리이까 주께서 우리와 함께 행하심으로 나와 주의 백성을 천하 만민
중에 구별하심이 아니니이까 17여호와께서 모세에게 이르시되 네가 말하는 이 일
도 내가 하리니 너는 내 목전에 은총을 입었고 내가 이름으로도 너를 앎이니라 18
모세가 이르되 원하건대 주의 영광을 내게 보이소서 19여호와께서 이르시되 내가
내 모든 선한 것을 네 앞으로 지나가게 하고 여호와의 이름을 네 앞에 선포하리
라 나는 은혜 베풀 자에게 은혜를 베풀고 긍휼히 여길 자에게 긍휼을 베푸느니라
20또 이르시되 네가 내 얼굴을 보지 못하리니 나를 보고 살 자가 없음이니라 21여
호와께서 또 이르시기를 보라 내 곁에 한 장소가 있으니 너는 그 반석 위에 서라
22내 영광이 지나갈 때에 내가 너를 반석 틈에 두고 내가 지나도록 내 손으로 너를
덮었다가 23손을 거두리니 네가 내 등을 볼 것이요 얼굴은 보지 못하리라.

나눔 갖기 서로 나눔

■ 새사람이란 어떤 사람을 말합니까?

■ 새사람이란 언제나 무엇을 추구하며 삽니까?

■ 생명을 선택하고 추구한다는 것은 구체적으로 어떻게 하는 것일까요?

무기 삼기 생활 적용

1. 나의 생업의 현장에서 생명나무를 어떻게 적용할 것인지 나누어 봅시다.

2. 나의 가정에서 생명나무를 어떻게 적용할 것인지 나누어 봅시다.

3. 우리 교회 안에서 생명나무를 어떻게 적용할 것인지 나누어 봅시다.

우리는 항상 예수님 편에 서서 생각해야 하며, 내 패러다임으로 생각하면 안 된다. 내 의지와 이성은 그것이 옳게 보이지 않더라도 하나님의 뜻을 앞세우고 은혜를 앞세우는 길이라면 순종하는 것이 좋다. 그것이 생명나무를 선택하는 길이다. 옛 사람의 소욕을 십자가에 못을 박아버리고 새사람의 원리와 시스템을 따라 살아가야 한다. 오직 하나님만을 높이고 그분의 뜻을 순종하기 위해서 살아가는 것이다. 그것이 바로 생명나무를 선택하는 행복한 삶의 모습이다.

멘토링

저는 우리 성도들이 진짜 어려움을 당하여 힘들어할 때 주는 처방전이 하나 있습니다. 그것은 '나의 힘이 되신 여호와여' 라는 찬송을 부르는 것입니다. 이 찬송을 50번을 불러 보라고 합니다. 50번을 불러도 응답이 없으면 100번을 불러 보라고 합니다. 100번을 불러도 마음의 뜨거움이 없으면 200번을 불러 보라고 합니다. 그렇게 50번, 100번, 200번 찬양을 하다 보면 어느새 내 내면에서 본성의 새 판 짜기가 이루어질 것입니다. 영적인 투명함이 생깁니다. 영적으로 무언가를 보게 됩니다. 무언가 환하게 열리는 듯한 느낌이 듭니다.

그때 다시 한 번 하나님 앞에 독대하며 간절히 기도해 보시기 바랍니다. 그러면 최상의 영적인 투명함이 생기고 그때의 판단과 지혜로 승부를 걸면 상황이 어떻든지 결과는 분명합니다. 저는 이렇게 목회를 해왔고, 여기까지 승리를 해왔습니다. 저는 정말 인생의 기로점에 서서 목회가 망하느냐 흥하느냐, 낭떠러지로 떨어지느냐 마느냐, 죽느냐 사느냐 하는 절박한 상황에 있을 때는 "나의 힘이 되신 여호와여, 나의 하나님 나의 하나님" 하고 외쳤습니다. "생명의 면류관, 구원의 면류관을 씌워 달라"고 노래하고 노래하는 것입니다.

♪ 나의 힘이 되신 여호와여 내가 주님을 사랑합니다
주는 나의 반석이시며 나의 요새시라
주는 나를 건지시는 나의 주 나의 하나님
나의 피할 바위시요 나의 방패시라
나의 하나님 나의 하나님
구원의 뿔이시요 나의 산성이라
나의 하나님, 나의 하나님
생명의 면류관으로 내게 씌우소서
나의 하나님 나의 하나님
그는 나의 여호와 나의 구세주

– 소강석 목사의 '생명나무 설교' 중에서

다이어리

제9과를 공부한 후의 삶의 변화와 깨달음을 적고 나눕시다.

생명나무학교 The Tree of Life

10과 생명나무를 선택하면 어떤 결과가 임합니까?

[22]여호와 하나님이 이르시되 보라 이 사람이 선악을 아는 일에 우리 중
하나같이 되었으니 그가 그의 손을 들어 생명나무 열매도 따 먹고 영생
할까 하노라 하시고 [23]여호와 하나님이 에덴 동산에서 그를 내보내어 그
의 근원이 된 땅을 갈게 하시니라 [24]이같이 하나님이 그 사람을 쫓아내시
고 에덴 동산 동쪽에 그룹들과 두루 도는 불칼을 두어 생명나무의 길을
지키게 하시니라(창 3:22-24).

본문 묵상

선악과을 따 먹은 아담과 하와에 대해 어떻게 말합니까?(22절 상반부)

생명나무를 따 먹으면 어떤 일이 벌어진다고 합니까?(22절 하반부)

하나님은 그룹들과 불칼을 두어 무엇을 지키게 한 것입니까?(24절)

생각하기 깨워 보기

오늘날 생명나무를 선택한다는 것은 새사람의 원리와 욕구를 가지고 언제나 하나님의 생명을 추구하고 선택하는 것이다. 즉 은혜의 본질, 지금 내게 하나님이 기뻐하시는 뜻, 풍성한 생명만을 선택하는 것이다. 그렇다면 생명나무를 선택하면 어떤 결과가 임하는지 알아보도록 하자.

명심하기 본문 탐색

1) 내면에서 (생명)이 풍성하고 확장되며 철철 흘러넘칩니다.

〈요 10:10〉 도둑이 오는 것은 도둑질하고 죽이고 멸망시키려는 것뿐이요 내가 온 것은 양으로 생명을 얻게 하고 더 풍성히 얻게 하려는 것이라.

〈요 7:37-38〉
37명절 끝 날 곧 큰 날에 예수께서 서서 외쳐 이르시되 누구든지 목마르거든 내게로 와서 마시라
38나를 믿는 자는 성경에 이름과 같이 그 배에서 생수의 강이 흘러나오리라 하시니.

〈시 36:8〉 그들이 주의 집의 살진 것으로 풍족할 것이라 주께서 주의 복락의 강수로 마시우시리이다.

육신의 생명에도 두 종류가 있다. 중환자실에 산소호흡기를 하고 누워 있는 생명과 운동선수 같은 건강한 생명이다. 그 흔한 산소 하나 스스로 들이마실 수 없어서 인공호흡기로 산소를 공급 받는다. 인공호흡기가 겨우 숨을 쉬게 만들어 준다. 그리고 병으로 인해 밥 한 술도 먹을 수 없어서 코를 통해 위까지 호스를 집어넣어 영양분을 받아 살고 있는 사람들도 있다. 안타깝게 생명은 유지되지만 풍성한 생명이라고 할 수 없다. 이것은 우리의 신앙생활에서도 마찬가지이다. 바로 선악과를 선택하면 이처럼 생명이 희미하고 꺼져 간다. 겉으로 아무리 신앙의 외모를 꾸미고 가면을 써도 내적으로는 꺼져가는 생명으로 곤두박질한다.

이와 반대로 건강과 생명의 에너지가 철철 넘치는 풍성한 생명이 있다. 박지성 같은 선수는 그렇게 뛰는데도 도무지 지치지를 않는다. 지치면 잠깐 쉬고 또 잘 먹으면 언제나 힘과 에너지가 넘친다. 이런 사람에게 산소호흡기나 호스 같은 것은 필요없다. 아무리 뛰고 숨이 가빠도 내 코로 내가 숨을 쉬고 내 입으로 내가 음식을 먹고 잠시 쉬면 금방 힘과 에너지가 회복되기 때문이

다. 이와 같이 생명나무를 선택하면 풍성한 생명이 철철 흘러서 넘치게 된다.

Q 당신의 지금의 영적 생명력에 대해 어떻게 평가하시겠습니까? 숫자로 표현한다면 당신은 어느 정도에 해당된다고 생각합니까? 왜 그런지, 더 나은 영적 생명력을 얻기 위해 어떻게 할지 나눕시다.

0 ———————————————————— 100

A 생명력이 넘치는 신앙생활이 필요함을 이야기하라.

2) (기쁨과 감격)이 흘러 넘칩니다.

〈살전 5:16-18〉 [16]항상 기뻐하라 [17]쉬지 말고 기도하라 [18]범사에 감사하라 이는 그리스도 예수 안에서 너희를 향하신 하나님의 뜻이니라.

〈빌 2:17-18〉 [17]만일 너희 믿음의 제물과 섬김 위에 내가 나를 전제로 드릴지라도 나는 기뻐하고 너희 무리와 함께 기뻐하리니 [18]이와 같이 너희도 기뻐하고 나와 함께 기뻐하라.

생명나무를 선택하여 생명이 넘치는 사람은 언제나 기쁨과 감사가 넘치고 감격과 신바람이 넘친다. 언제 불평하고 언제 원망을 할 틈이 있겠는가? 그저 감사하고 기뻐하고 찬양하며 하나님께 영광만 돌릴 뿐이다. 정말 불평할 일이 있고 절망하고 원망할 상황에서도 하나님만을 사랑하는 일에 더 목숨을 건다. 그저 주님만 사랑하고 주님께 감사드린다. 기쁨으로 하나님을 섬기며 감격으로 하나님을 섬길 뿐이다.

Q 생명나무를 선택함으로써 생명이 풍성하고 기뻐하며 감격한 경험을 나눕시다.

A 하나님 보시기에 기쁨이 되는 일을 했을 때를 나눈다.

Q 당신은 불평을 해 본 적이 있습니까? 당시는 어떠했으며 결과적으로 나의 신앙에 어떤 영향을 미쳤습니까?

A 불평하고 싶을 때 불평하면 잠시 카타르시스를 느끼기 때문에 문제가 해결되는 듯하다. 그러나 남는 것은 허전과 허무뿐이다. 하지만 생명나무를 선택하고 감사하면 더욱 풍성한 은혜를 소유하게 한다. 불평할 만한 때에 오히려 감사함으로 승리해야 한다.

3) (강하고 담대한) 신앙으로 가득합니다.

〈수 1:7-9〉 7오직 강하고 극히 담대하여 나의 종 모세가 네게 명령한 그 율법을
다 지켜 행하고 우로나 좌로나 치우치지 말라 그리하면 어디로 가든지 형통하리
니 8이 율법책을 네 입에서 떠나지 말게 하며 주야로 그것을 묵상하여 그 안에 기
록한 대로 다 지켜 행하라 그리하면 네 길이 평탄하게 될 것이며 네가 형통하리
라 9내가 네게 명령한 것이 아니냐 강하고 담대하라 두려워하지 말며 놀라지 말
라 네가 어디로 가든지 네 하나님 여호와가 너와 함께하느니라 하시니라

여호수아는 모세가 죽은 이후에 패역한 이스라엘 백성들을 데리고 가나안 거민과의 전쟁을 해야 한다는 부담감이 있었다. 그때 주님은 그에게 강하고 담대하라고 하셨다. 그러면서 오직 말씀에 순종하면 이 모든 일을 이루어 주실 것이며, 평탄하고 형통해질 것을 약속하셨다.

Q 두렵고 걱정이 있었을 때의 상황에 대해 나눕시다. 주님이 함께하심이 어떤 위로가 됩니까?

A 주님만 함께하시면 무엇이든지 할 수 있다.

〈삼상 17:45〉 다윗이 블레셋 사람에게 이르되 너는 칼과 창과 단창으로 내게 나아오거니와 나는 만군의 여호와의 이름 곧 네가 모욕하는 이스라엘 군대의 하나님의 이름으로 네게 나아가노라.

다윗은 인간의 능력과 힘으로는 싸울 수 없는 골리앗에게 과감히 도전장을 내민다. 그는 하나님이 나와 함께한다는 사실을 전혀 의심치 않았기 때문이다. 생명나무만을 선택하는 사람들은 하나님의 약속을 믿고 의지함으로 담대함을 얻어 어려움을 향해 전진해 나간다.

Q 사회생활 하면서 그리스도인의 자존심을 세우기 위해 담대함으로 나갔을 때 세상의 유혹과 강압으로부터 승리한 경험을 나눕시다.
(음주, 퇴폐문화, 담배 등)

A 믿고 나가면 반드시 승리하게 해주신다. 비록 핍박이 있더라도 주님은 보상해 주시고 축복해 주신다.

〈마 5:11-12〉 [11]나로 말미암아 너희를 욕하고 박해하고 거짓으로 너희를 거슬러 모든 악한 말을 할 때에는 너희에게 복이 있나니 [12]기뻐하고 즐거워하라 하늘에서 너희의 상이 큼이라 너희 전에 있던 선지자들도 이같이 박해하였느니라.

〈대상 29:2-5〉 [2]내가 이미 내 하나님의 성전을 위하여 힘을 다하여 준비하였나니 곧 기구를 만들 금과 은과 놋과 철과 나무와 또 마노와 가공할 검은 보석과 채석과 다른 모든 보석과 옥돌이 매우 많으며 [3]성전을 위하여 준비한 이 모든 것 외에도 내 마음이 내 하나님의 성전을 사모하므로 내가 사유의 금, 은으로 내 하나님의 성전을 위하여 드렸노니 [4]곧 오빌의 금 삼천 달란트와 순은 칠천 달란트라 모든 성전 벽에 입히며 [5]금, 은그릇을 만들며 장인의 손으로 하는 모든 일에 쓰게 하였노니 오늘날 누가 즐거이 손에 채워 여호와께 드리겠느냐 하는지라.

〈왕상 2:2-3〉 [2]내가 이제 세상 모든 사람이 가는 길로 가게 되었노니 너는 힘써 대장부가 되고 [3]네 하나님 여호와의 명령을 지켜 그 길로 행하여 그 법률과 계명과 율례와 증거를 모세의 율법에 기록된 대로 지키라 그리하면 네가 무엇을 하든지 어디로 가든지 형통할지라.

담대함은 어디에서 오는가? 말씀을 지키고 생명나무를 선택하면 담대함이 생긴다. 또한 하나님께 정직하게 최선을 다할 때 생긴다. 그러나 졸장부는 하나님의 뜻인 줄 알면서도 순종하지 못하고 부끄럽고 쪼잔하게 산다. 우리가 말씀대로 살고 최선을 다해 충성하면 범사에 대장부가 된다.

Q 선악과를 따면 두려움과 공포의 노예가 되고 맙니다. 당신은 생명나무를 선택함으로써 두려움이 사라지고 강하고 담대했던 경험을 함께 나누어 봅시다.

A 가정과 직장과 교회 안에서 생명나무만 선택하는 사람들은 두려울 것이 없다.

4) (축복)의 법칙, (형통)의 법칙 속에서 삽니다.

〈대하 14:7〉 아사가 일찍이 유다 사람에게 이르되 우리가 우리 하나님 여호와를 찾았으므로 이 땅이 아직 우리 앞에 있나니 우리가 이 성읍들을 건축하고 그 주위에 성곽과 망대와 문과 빗장을 만들자 우리가 주를 찾았으므로 주께서 우리에게 사방의 평안을 주셨느니라 하고 이에 그들이 성읍을 형통하게 건축하였더라.

〈수 1:5〉 네 평생에 너를 능히 대적할 자 없으리니 내가 모세와 함께 있었던 것같이 너와 함께 있을 것임이라 내가 너를 떠나지 아니하며 버리지 아니하리니.

〈계 3:8〉 볼지어다 내가 네 앞에 열린 문을 두었으되 능히 닫을 사람이 없으리라 내가 네 행위를 아노니 네가 작은 능력을 가지고서도 내 말을 지키며 내 이름을 배반하지 아니하였도다.

빌라델비아 교회는 형통의 문이 열려 있었다. 그것은 그들이 하나님을 배반하지 않았기 때문이다. 하나님을 배반하면 편안하고 안락한 삶이 보장되었지만 그들은 타협하지 않았다. 그들은 적은 능력을 가지고 생명나무를 선택했다. 하나님의 사람들에게 어려움과 고난은 축복을 향해 가는 징검다리에 불과하다.

Q **주님의 기쁨이 되기 위해 생명나무를 선택했을 때 어떤 축복과 은혜가 있었는지 나눕시다.**

A **축복, 형통, 가정의 행복, 회복, 직장과 사업의 형통, 마음의 평안, 치유 등**

5) 거룩한 (역전 드라마), 패자 부활전의 역사가 일어납니다.

〈에 8:15-17〉 [15]모르드개가 푸르고 흰 조복을 입고 큰 금관을 쓰고 자색 가는 베 겉옷을 입고 왕의 앞에서 나오니 수산 성이 즐거이 부르며 기뻐하고 [16]유다인에게는 영광과 즐거움과 기쁨과 존귀함이 있는지라 [17]왕의 어명이 이르는 각 지방, 각 읍에서 유다인이 즐기고 기뻐하여 잔치를 베풀고 그날로 경절을 삼으니 본토 백성이 유다인을 두려워하여 유다인 되는 자가 많더라.

어려울 때일수록 하나님께 더욱 충성하면 역전의 능력이 나타난다. 위기의 때에 모르드개는 하나님께 더욱 충성하였다. 하나님은 이를 받으시고 모르드개를 죽이려는 자들을 징벌하시며 오히려 그를 높여 주셨다.

〈욥 42:10〉 욥이 그의 친구들을 위하여 기도할 때 여호와께서 욥의 곤경을 돌이키시고 욥에게 이전 모든 소유보다 갑절이나 주신지라.

고난 속에서 주님을 원망하지 않고 끝까지 기다리며 인내하자 주님께서는 그에게 처음보다 갑절의 복을 주셨다.

〈호 6:1-2〉 [1]오라 우리가 여호와께로 돌아가자 여호와께서 우리를 찢으셨으나 도로 낫게 하실 것이요 우리를 치셨으나 싸매어 주실 것임이라 [2]여호와께서 이틀 후에 우리를 살리시며 셋째 날에 우리를 일으키시리니 우리가 그 앞에서 살리라.

새에덴교회 분당 구미동 성전을 지을 때 IMF가 왔다. 건설사들이 도산을 하고 그 여파로 교회 건축을 포기한 교회와 목사님들이 많았다. 성전을 건축하려다가 경제적 위기를 맞아서 큰 어려움을 당한 교회들도 많았다. 그러나 새에덴교회는 IMF의 그 위기 속에서 성전 입당을 하고 봉헌하였다. 그야말로 놀라운 기적 같은 일이었다. 역전 드라마였다.

경제 위기 속에서 실업을 당하고 사업을 포기하는 가정이 속출하던 시기에 새에덴교회 성도들은, 오히려 직장에서 승진을 하고, 사업이 잠시 어려움을 당하다가도 더 크게 성공하는 경우가 많았다. 이것이 다 생명나무를 붙잡고 불평이나 원망을 하지 않고 무조건 감사하며 무조건 찬양하는 생명나무 신앙 때문이었다.

Q 생명나무를 선택함으로써 기적과 형통, 역전 드라마를 어떻게 경험했는지 나눕시다.

A 생명나무를 선택하는 자만이 기적을 경험할 수 있다.

6) (귀하고 복되)게 쓰임 받습니다.

〈마 20:16〉 이와 같이 나중 된 자로서 먼저 되고 먼저 된 자로서 나중 되리라.

Q 처음 되느냐 나중 되느냐는 능력의 차원이 아니라 생명나무를 선택하느냐 그렇지 않느냐의 차이라면, 어떤 도전이 됩니까?

A 생명나무만이 진정한 축복의 통로이다.

〈마 26:13〉 내가 진실로 너희에게 이르노니 온 천하에 어디서든지 이 복음이 전파되는 곳에는 이 여자가 행한 일도 말하여 그를 기억하리라 하시니라.

〈딤후 2:20-21〉 [20]큰 집에는 금그릇과 은그릇뿐 아니라 나무그릇과 질그릇도 있어 귀하게 쓰는 것도 있고 천하게 쓰는 것도 있나니 [21]그러므로 누구든지 이런 것에서 자기를 깨끗하게 하면 귀히 쓰는 그릇이 되어 거룩하고 주인의 쓰심에 합당하며 모든 선한 일에 준비함이 되리라.

하나님을 섬김에 있어서 감사와 감격은 생명이다. 감격과 감동이 없는 섬김은 하나님을 기쁘시게 하지 못한다. 때문에 모든 사명자는 억지로 일하지 말고 감격과 감동으로 일해야 한다. 생명나무를 선택하는 사람, 주님의 용서와 사랑을 선택하는 사람은 먼저 자기 안에서 생명이 철철 넘친다. 터질 듯한 풍성한 생명의 축복을 누리고 기쁨과 감격으로 넘치게 된다. 그랬을 때 위대한 생명의 역사가 나타나고 축복과 기적의 역사가 나타난다. 오늘날도 생명나무를 선택하면 생명의 능력이 우리의 내면에서 철철 넘친다. 그리고 이것은 우리 그리스도인에게 있어서 가장 귀하고 아름다운 축복이다.

Q 당신은 당신의 가문과 자녀들이 어떻게 하나님께 쓰임 받기를 소원합니까? 그러기 위해서 어떻게 해야 할지 나눕시다.
예) 자녀를 위한 일천번제, 헌신, 내려놓음, 충성, 봉사, 전도, 기도, 예배, 교제 등

〈출 20:6〉 나를 사랑하고 내 계명을 지키는 자에게는 천 대까지 은혜를 베푸느니라.

A 주님은 생명나무를 선택하는 자의 시작이 좋지 않다 할지라도 분명히 미래를 축복해 주시는 분이시다. 우리 하나님의 입장에서 우리 인간의 시작은 그리 중요하지 않다. 왜냐하면 하나님 입장에서 보면 축복해 주시는 것은 간단한 것이기 때문이다.

〈삼상 2:8〉 가난한 자를 진토에서 일으키시며 빈궁한 자를 거름더미에서 올리사 귀족들과 함께 앉게 하시며 영광의 자리를 차지하게 하시는도다 땅의 기둥들은 여호와의 것이라 여호와께서 세계를 그것들 위에 세우셨도다.

나눔 갖기 서로 나눔

■ 생명나무를 선택하면 어떤 결과가 임하는가?

무기 삼기 생활 적용

1. 교회 안에서 생명나무를 선택하여 승승장구하고 역전 드라마 같은 역사를 이루어 왔습니까? 그러한 사건들을 돌아보며 나누어 봅시다.

2. 우리 교회에서 어떻게, 그리고 어떤 것이 생명나무를 선택하는 것인가를 나누어 봅시다.

3. 생명나무를 각종 회의나 분쟁, 갈등과 연관해서 이야기해 봅시다.

멘토링

몇 년 전에 제가 천안에 있는 고신대학교 신대원 전체 특강을 하러 가는 길에 있었던 일입니다. 학교로 가는 길에 전화가 걸려 왔습니다. 평생 공무원으로 헌신하며 살아오신 저희 큰형님께서 옥상에서 일을 하시다가 떨어져 그만 좌측 뇌와 우측 뇌를 크게 다치셨다는 연락이었습니다. 한쪽 뇌도 아니고 양쪽 뇌를 다 다쳐버렸으니 얼마나 심각한 상황입니까? 수술을 한다고 해도 살 확률이 거의 없을 뿐만 아니라 살아도 식물인간이 될 가능성이 많다고 하니, 순간 눈앞이 캄캄해졌습니다. 마음 같아서는 당장이라도 운전대를 돌려서 형님 곁으로 가고 싶었지만 이러지도 저러지도 못하는 상황이었습니다. 눈시울이 뜨거워지고 마음속에 뜨거운 눈물이 흐르기 시작했습니다.

제가 어린 시절에 공부 안 하고 놀러만 다니면 호된 매를 때리면서 책을 읽게 하고 공부를 하게 하셨던 아버지 같은 큰형님이셨습니다. 그분의 사랑으로 저는 지금도 책을 손에서 놓지 않는 목사가 되어 하나님께 쓰임을 받고 있습니다. 그런데 그런 형님이 곧 돌아가시든지 아니면 치료가 되어도 평생 식물인간이 된다고 하니 얼마나 마음이 아픕니까? 어쩐지 아버지께서 돌아가실 때보다 더 마음이 미어지게 아파오는 것만 같았습니다. 형님이 돌아가시면 제가 장남 노릇을 해야 합니다. 눈앞이 캄캄했습니다. 저는 형제가 얼마나 중요한지를 이때에 알게 되었습니다. 그때까지는 형제의 중요성에 대해 별로 생각하지 못했는데, 큰형님이 다쳐서 사경을 헤맨다고 하니까 눈앞이 캄캄한 것입니다.

그때 신경외과 과장 출신이자 전북대학병원 진료부원장님이 생각났습니다. 그분은 신경외과 쪽으로는 전국에서도 알아주는 양반입니다. 그런데 그때 하필이면 신경외과 학회를 서울에서 하고 있는 것이 아닙니까? 그분뿐만이 아니라 내로라하는 전문의들이 다 서울에 올라가버린 것입니다. 이분들이 뇌 수술을 해야 하는데 어떻게 합니까? 그래서 당장 원광대학병원, 예수병원 다 알아보아도 아무도 없었습니다. 전문의 한 사람이 있었는데 그 사람도 예비군 동원 훈련인가 교육인가를 가버렸다는 것입니다.

이럴 수가 있습니까? 나라도 가야 한다 싶어 고신대에 전화해 보았지만 안 된다는 것입니다. 강사 대타가 없다는 것이지요. 그래서 "하나님, 어떻게 하면 좋습니까?" 하고 기도를 하는데 성령님께서 이런 감동을 주시는 것입니다.

"좋아, 생명나무를 선택해라. 사명을 붙잡아라. 너의 형의 건강과 수술은 나에게 맡기고 너는 주의 종의 사명을 감당해라. 너는 한국 교회와 복음을 위하여 부른 나의 종이다. 어서 신학생들에게 달려가 한국 교회의 미래를 준비하여라."

"그렇습니다. 주님, 비록 개인적인 아픔으로 인하여 혼란이 오더라도 제가 있어야 할 곳은 복음을 전하는 바로 그 자리입니다." 저는 마음속으로 울부짖으며 신학교로 향하였습니다. 그리고 정 권사님에게도 전화로 기도 부탁을 했습니다. 그런데 권사님으로부터 다시 전화가 왔습니다. "이 사람아, 자네는 주의 종이 아닌가. 자네가 하나님의 일을 해야지 자네가 내려와서 수술을 할 건가? 하나님께서 신학생들에게 가서 한국 교회의 미래를 준비하라고 하네." 이렇게 말씀하셨습니다. 그때 저는 "알았어요. 나도 정 권사님보다 이미 2분 먼저 응답을 받았습니다"라고 대답하고 가던 길을 계속해서 갔습니다.

그래서 저는 서울에 올라온 부원장님과 병원 관계자에게 인간적으로 최선을 다해 달라고 부탁을 하고, 차를 타고 고신대로 가면서 눈물로 찬양했습니다. "나의 힘이 되신 여호와여 내가 주님을 사랑합니다." 이 찬양을 30번, 50번은 불렀습니다. 그리고 저는 고신대를 가서 두 시간이 넘도록 특강 및 집회를 했습니다. 그런데 여러분, 어떻게 된 줄 아십니까? 수술을 했는데, 서울에서 열린 학회 때문에 내려가지는 못했지만 신경외과 최고 권위자인 그 부원장님이 핸드폰으로 지시를 하셨습니다. 고참 전문의들이 없어서 초년급 젊은 레지던트 의사들이 수술을 하는데 부원장님이 MRI와 CT를 전화로 보고받고 수술을 하는 동안 계속 핸드폰으로 오더(order)를 주고 지시를 하셨습니다. 제가 집회를 마치고 전북대학병원에 도착하니까 거의 수술이 끝나가고 있었습니다. 사실은 수술을 포기하고 완전히 죽거나 식물인간이 될 수밖에 없던 형님이었습니다. 저도 낙심했고 우리 형수님은 완전히 실신할 정도로 정신을 놓아버린 상황이었습니다.

제가 집회를 마치고 천안에서 내려갈 때는 수술중이라고 했습니다. 우리 집사람과 정 권사님은 이미 내려와서 직접 수술하는 데서 기도를 하고 있었고, 저는 차에서 찬송하며 기도했습니다. "나의 하나님, 나의 하나님, 생명의 면류관으로 기적의 면류관으로 내게 씌우소서……." 얼마나 눈물을 철철 흘리며 찬송하고 기도를 했는지 모릅니다.

그런데 차에서 찬송을 하는데 제 마음이 정말 평안했습니다. 그리고 하나님께서 감동을 주시는 것입니다. "너의 형은 죽지 않는다. 내가 건강을 준다. 불쌍하게 여긴다." 정 권사님께도 전화하니 "하나님이 고쳐 주신다네, 살려 주신다네" 하고 응답을 받으셨다는 것입니다. 그래서 저는 저의 모든 힘을 다하여 찬송하고 기도하고, 기도하고 찬송하며 전주로 내려갔습니다. "하나님, 저는 주님밖에 없습니다. 하나님이 저를 도와주세요, 형님을 살려 주세요, 고쳐 주세요, 기적의 면류관으로 축복의 면류관으로 씌어 주세요." 눈물로 찬양을 했습니다.

그런데 놀랍게도, 경험이 부족한 의사들이 담대하게 핸드폰으로 지시를 받으며 수술을 했는데 죽을 사람을 살려 낸 것입니다. 수술을 기가 막히게 잘 해버린 것입니다. 정 권사님과 내가 응답 받은 대로 의식이 없던 우리 형님이 일주일 만에 깨어났습니다. 그리고 말까지 했습니다. 저를 처음 보자마자 뭐라고 하는 줄 아세요? 천국을 갔다 온 사람처럼 환한 얼굴로 나를 보더니 "우리 동생, 소 목사님 짱!" 하시는 것입니다. 지금은 온전히 회복이 되고 건강해져서 공무원 생활을 계속하고 있습니다.

저는 지금도 인간적인 생각으로는 안 되는 일이고, 불가능한 일이지만 하나님의 기적의 면류관, 역전의 면류관으로 축복과 기적을 주신 그 하나님의 은혜를 잊을 수가 없습니다.

– 소강석 목사의 '생명나무 설교' 중에서

다이어리

제10과를 공부한 후의 삶의 변화와 깨달음을 적고 서로 나눕시다.

11과 생명나무를 선택한 사람들 I
- 이삭

12이삭이 그 땅에서 농사하여 그해에 백 배나 얻었고 여호와께서 복을 주시므로 13그
사람이 창대하고 왕성하여 마침내 거부가 되어 14양과 소가 떼를 이루고 종이 심히
많으므로 블레셋 사람이 그를 시기하여 15그 아버지 아브라함 때에 그 아버지의 종들
이 판 모든 우물을 막고 흙으로 메웠더라 16아비멜렉이 이삭에게 이르되 네가 우리보
다 크게 강성한즉 우리를 떠나라 17이삭이 그곳을 떠나 그랄 골짜기에 장막을 치고
거기 거류하며 18그 아버지 아브라함 때에 팠던 우물들을 다시 팠으니 이는 아브라함
이 죽은 후에 블레셋 사람이 그 우물들을 메웠음이라 이삭이 그 우물들의 이름을 그
의 아버지가 부르던 이름으로 불렀더라 19이삭의 종들이 골짜기를 파서 샘 근원을 얻
었더니 20그랄 목자들이 이삭의 목자와 다투어 이르되 이 물은 우리의 것이라 하매
이삭이 그 다툼으로 말미암아 그 우물 이름을 에섹이라 하였으며 21또 다른 우물을
팠더니 그들이 또 다투므로 그 이름을 싯나라 하였으며 22이삭이 거기서 옮겨 다른
우물을 팠더니 그들이 다투지 아니하였으므로 그 이름을 르호봇이라 하여 이르되
이제는 여호와께서 우리를 위하여 넓게 하셨으니 이 땅에서 우리가 번성하리로다
하였더라 23이삭이 거기서부터 브엘세바로 올라갔더니 24그 밤에 여호와께서 그에게
나타나 이르시되 나는 네 아버지 아브라함의 하나님이니 두려워하지 말라 내 종 아
브라함을 위하여 내가 너와 함께 있어 네게 복을 주어 네 자손이 번성하게 하리라
하신지라 25이삭이 그곳에 제단을 쌓고, 여호와의 이름을 부르며 거기 장막을 쳤더니
이삭의 종들이 거기서도 우물을 팠더라 26아비멜렉이 그 친구 아훗삿과 군대 장관
비골과 더불어 그랄에서부터 이삭에게로 온지라(창 26:12-26).

본문 묵상

생명나무만 선택했던 이삭의 그해 농사 결과는 어떠했습니까?(12절)

이삭의 축복을 본 블레셋 백성들은 어떤 태도를 취합니까?(14-15절)

블레셋의 사람들의 심술 때문에 이삭은 어떤 행동을 취했고, 그 결과는 어떠했습니까?(17-21절)

이삭은 힘에 밀려 이동했지만 생명나무를 선택할 때 어떤 결과가 임했습니까?(24-26절)

생각하기 깨워 보기

이삭은 생명나무를 선택하여 복을 받고 인생을 성공적으로 살았던 사람이다. 어찌 보면 이삭의 생애는 한마디로 잘 먹고 잘살며, 무슨 일을 만나든지 만사형통하는 축복의 삶을 살았던 사람으로 보인다. 그 정도로 그는 형통하고 승승장구한 삶을 살았다. 그러나 그런 이삭에게도 인생의 어려움과 고비가 있었다. 어쩌면 그 고비와 어려움은 인생 최대의 위기였을지도 모른다. 그러나 이삭은 항상 생명나무를 선택하여 결국 축복의 삶을 살게 되었다. 이삭이 생명나무를 선택하고 축복과 승리의 삶을 살게 되는 과정을 살펴보자.

명심하기 본문 탐색

1. 이삭이 복을 받은 배경은 무엇입니까?

1) 아버지 아브라함의 (순종과 충성) 때문입니다.

〈창 26:4-5〉 4네 자손을 하늘의 별과 같이 번성하게 하며 이 모든 땅을 네 자손
에게 주리니 네 자손으로 말미암아 천하 만민이 복을 받으리라 5이는 아브라함
이 내 말을 순종하고 내 명령과 내 계명과 내 율례와 내 법도를 지켰음이라 하시
니라

〈창 12:1-2〉 1여호와께서 아브람에게 이르시되 너는 너의 고향과 친척과 아버지
의 집을 떠나 내가 네게 보여줄 땅으로 가라 2내가 너로 큰 민족을 이루고 네게
복을 주어 네 이름을 창대하게 하리니 너는 복이 될지라.

하나님은 아브라함에게 큰 복을 주며 네 이름을 창대하게 해주시겠다는 약속을 하셨다. 그 약속에 근거하여 아브라함은 불가능 속에서도 하나님만 바라보며 충성하며 헌신할 수 있었다. 무엇보다 중요한 것은 하나님의 약속을 붙잡고 나가는 것이다. 약속을 붙잡고 나가는 사람들은 하나님께 더욱 충성하고 헌신하기 때문이다.

Q 하나님의 축복을 얻기 위해 당신이 받은 약속의 말씀은 무엇입니까?

A 성경은 모두 하나님의 약속의 말씀이다. 그 많은 약속의 말씀을 하나님과 나와의 약속의 말씀으로 삼고 신앙생활하면 된다. 혹은 그해 약속의 말씀이나 개인적으로 좌우명으로 삼고 있는 말씀도 상관없다.

〈창 22:2〉 여호와께서 이르시되 네 아들 네 사랑하는 독자 이삭을 데리고 모리아 땅으로 가서 내가 네게 일러 준 한 산 거기서 그를 번제로 드리라.

〈창 22:15-18〉 15여호와의 사자가 하늘에서부터 두 번째 아브라함을 불러 16이르
시되 여호와께서 이르시기를 내가 나를 가리켜 맹세하노니 네가 이같이 행하여
네 아들 네 독자도 아끼지 아니하였은즉 17내가 네게 큰 복을 주고 네 씨가 크게
번성하여 하늘의 별과 같고 바닷가의 모래와 같게 하리니 네 씨가 그 대적의 성
문을 차지하리라 18또 네 씨로 말미암아 천하 만민이 복을 받으리니 이는 네가 나
의 말을 준행하였음이니라 하셨다 하니라.

아브라함은 고향과 친척과 아버지의 집을 떠나라는 하나님의 명령에 순종하였다. 그리고 100세에 낳은 아들 이삭을 번제로 드리라고 할 때도 순종하였다. 아브라함은 무조건 하나님의 말씀 앞에 순종하고 충성하였다. 그 결과 하나님께서 그에게 하늘의 별과 같은 바닷가의 모래와 같은 위대한 축복을 주셨다. 그리고 그 축복이 이삭에게도 이어진 것이다.

Q 선대의 순종과 충성의 신앙 때문에 복을 받았다고 생각하는 분이 있습니까? 함께 아름다운 간증을 나누어 봅시다.

A 〈출 20:6〉 나를 사랑하고 내 계명을 지키는 자에게는 천 대까지 은혜를 베푸느니라.

Q 만약에 내가 신앙의 시작이라면 자신의 가문과 후손의 축복을 위해 어떻게 해야 할지 나눕시다.

A 하나님은 우리의 충성과 헌신을 꼭 보상해 주시는 분임을 알라.

〈시 126:6〉 울며 씨를 뿌리러 나가는 자는 반드시 기쁨으로 그 곡식 단을 가지고 돌아오리로다.

2) (이삭)의 순종과 충성 때문입니다.

아브라함뿐만 아니라 이삭도 철저하게 하나님 앞에 순종하고 충성하는 삶을 살았다.

〈창 26:1–2〉 [1]아브라함 때에 첫 흉년이 들었더니 그 땅에 또 흉년이 들매 이삭이
그랄로 가서 블레셋 왕 아비멜렉에게 이르렀더니 [2]여호와께서 이삭에게 나타나
이르시되 애굽으로 내려가지 말고 내가 네게 지시하는 땅에 거주하라.

이삭이 그랄 땅에 있을 때였다. 무슨 이유였는지 그 땅에 비가 오지 않아서 온 땅에 기근과 흉년이 가득했다. 이삭 역시 기근과 흉년을 만났다. 오늘날로 말하면 불경기 중에서도 최악의 불경기를 만났다고 할 수 있다. 사업을 시작하고 투자했는데 부도를 만나고, 투자한 주식이 바닥을 친 것과 같다. 그야말로 불경기 중의 불경기, 블랙홀 현상, 대 경제공황을 만난 것과 같다. 그러니 이삭도 별 뾰족한 수가 없었다.

그런데 당시 옆에서 누군가가 "애굽에는 굉장한 풍년이 들고 호경기여서 애굽으로 가면 먹을 것이 많다"라고 했을지도 모른다. 그래서 이삭은 애굽으로 가려고 했다. 그러나 하나님께서 애굽으로 가지 말라고 하셨다. 그래서 이삭은 애굽으로 가지 않고 그 땅에서 다시 우물을 파고 땅을 개간하고 농사를 지었다. 그 땅은 블레셋 사람이 버리고 간 땅이었다. 비도 안 오고 우물을 파 보았자 물도 안 터져서 버리고 간 땅이다. 불모지요 황무지이다. 그렇지만 그 땅을 개간하여 다시 우물을 파고 농사를 지었다. 그랬더니 그해에 백 배의 축복을 받았다.

그런데 성경은 그 백 배의 축복을 받은 이유를 하나님께서 복을 주셨기 때문이라고 말씀하고 있다. 하나님께서 복을 주셔서 그 사람이 창대하고 왕성하여 마침내 거부가 되었다고 말씀하고 있다.

Q **상황을 보면 주님의 뜻대로 순종하기 힘들지만 그래도 주님의 말씀에 순종하는 생명나무를 선택했을 때, 합력하여 선을 이룬 경험을 나눕시다.**

A **우리 하나님은 생명나무를 선택하는 자를 분명히 축복해 주신다.**

〈창 26:12-13〉 [12]이삭이 그 땅에서 농사하여 그해에 백 배나 얻었고 여호와께서 복을 주시므로 [13]그 사람이 창대하고 왕성하여 마침내 거부가 되어.

이삭이 살던 시대의 주업은 농사가 아니라 목축이었다. 풀이 있는 곳을 찾아다니며 이곳저곳을 옮겨다녀야 하기 때문에 정착 생활이 힘들었다. 따라서 이삭은 농사를 지어 본 경험이 없었다. 그런데 한 해에 백 배의 축복을 얻었다는 것은 그야말로 기적이다. 이것은 오늘날로 말하면, 남이 포기한 사업을 인수 맡아서 운영을 했더니 그해 백 배의 축복을 받았다는 것과 같다. 남이 망한 사업, 부도난 사업을 인수하여 경영을 했더니 백 배의 축복을 받았다는 말로도 설명할 수 있다.

불경기 속에서도 하나님께 순종하고 충성하면 얼마든지 복을 받을 수 있는 것이다. 그냥 복을 주신 것이 아니라 삼십 배, 육십 배, 백 배 이상의 축복을 주실 수 있는 하나님이시다. 이삭은 아버지 아브라함처럼 철저하게 하나님 앞에 순종하고 충성하였다. 또한 그는 가는 곳마다 먼저 하나님 앞에 순종하고 충성하는 마음으로 제단을 쌓았다. 그 결과 그는 큰 축복을 누리게 되었다.

〈창 26:23-25〉 23이삭이 거기서부터 브엘세바로 올라갔더니 24그 밤에 여호와께서 그에게 나타나 이르시되 나는 네 아버지 아브라함의 하나님이니 두려워하지 말라 내 종 아브라함을 위하여 내가 너와 함께 있어 네게 복을 주어 네 자손이 번성하게 하리라 하신지라 25이삭이 그곳에 제단을 쌓고, 여호와의 이름을 부르며 거기 장막을 쳤더니 이삭의 종들이 거기서도 우물을 팠더라.

이삭은 항상 가는 곳마다 장막을 치기 전에 여호와 이름을 부르며 제단을 먼저 쌓았다. 이것이 바로 하나님을 인정하고 존중히 여기는 생명나무의 신앙이다.

Q **이삭의 모습은 당신에게 어떤 도전이 됩니까? 그렇다면 먼저 제단을 쌓고 시작해야 할 일들은 무엇인지 나눕시다.**

A **이사, 개업, 하루 일과의 시작, 부서의 옮김, 새 직장 등 새로운 시작을 할 때 제단을 쌓고 시작하는 것이 중요함을 알아야 한다.**

〈요 4:23〉 아버지께 참되게 예배하는 자들은 영과 진리로 예배할 때가 오나니 곧 이때라 아버지께서는 자기에게 이렇게 예배하는 자들을 찾으시느니라.

Q **비록 믿음의 가정에서 태어나지 못했지만 본인이 먼저 신앙을 가지고 하나님께 순종하고 충성하여 믿음의 가정을 일으킨 경험이 있습니까? 본인의 순종과 충성에 대해 이야기를 나누어 보십시오.**

A 우리 하나님은 절대로 만홀히 여김을 받지 않고 무엇이든지 구하면 거두게 하신다.

〈갈 6:7〉 스스로 속이지 말라 하나님은 업신여김을 받지 아니하시나니 사람이 무엇으로 심든지 그대로 거두리라.

2. 그런데 이삭에게 어떤 고난이 찾아왔습니까?

〈창 26:14-16〉 [14]양과 소가 떼를 이루고 종이 심히 많으므로 블레셋 사람이 그를
시기하여 [15]그 아버지 아브라함 때에 그 아버지의 종들이 판 모든 우물을 막고 흙
으로 메웠더라 [16]아비멜렉이 이삭에게 이르되 네가 우리보다 크게 강성한즉 우리
를 떠나라.

이삭이 복을 받으니까 블레셋 사람들이 시기하기 시작했다. 부동산이 줄줄이 있는데 다른 집은 안 되고 내 집만 잘되면 옆에서 축하한다고 말하는 사람이 어디 있겠는가? 대부분은 다 안색이 안 좋아지고 시기한다. 그런데 그렇다고 해서 그런 시기가 무서워서 복을 안 받는 게 좋다고 생각해서는 안 된다. 시기하는 역사가 있고 주변에 안색이 달라지는 일이 따르더라도 당연히 복을 받아야 한다.

블레셋 사람들이 이삭의 우물을 막아버렸다. 그리고 그 땅에서 떠나라고 협박을 하며 우격다짐을 했다. 그래서 이삭이 다른 곳으로 갔다. 이삭은 참 순하고 온유한 사람이다. 악바리같이 "내가 왜 떠나냐? 떠나려면 너희들이 떠나라!" 하고 죽기 아니면 살기로 버티지 않고, 이삭은 떠났다. 떠나서 다른 곳에 가서 우물을 팠다. 또 우물이 터졌다. 그랬더니 다시 블레셋 사람들이 와서 빼앗았다.

〈창 26:19-20〉 [19]이삭의 종들이 골짜기를 파서 샘 근원을 얻었더니 [20]그랄 목자
들이 이삭의 목자와 다투어 이르되 이 물은 우리의 것이라 하매 이삭이 그 다툼

으로 말미암아 그 우물 이름을 에섹이라 하였으며.

이삭은 또 깨끗이 양보하고 다른 골짜기로 가서 팠다. 그랬더니 우물이 또 솟아났다. 블레셋 사람들이 또 시기를 하고 와서 우물이 자기들 것이라고 하며 당장 떠나라고 했다. 이삭이 선택한 생명나무는 불평할 수밖에 없는 상황에서도 불평하지 않은 것이며, 좌절해야 할 상황에서도 좌절하지 않은 것이고, 언제나 감사하며 제단 중심의 신앙생활로 하나님을 붙잡은 것이다.

〈창 26:21〉 또 다른 우물을 팠더니 그들이 또 다투므로 그 이름을 싯나라 하였으며.

그러자 이삭은 다른 곳으로 또 옮겼다. 옮겨서 우물을 팠더니 우물이 어김없이 터졌다. 이삭이 가는 데마다, 파는 곳마다 우물이 터졌다. 그런데 이번에는 블레셋 사람들이 싸움을 안 걸었다. 성경에는 나와 있지 않지만, 블레셋 사람들 눈에도 이삭이 파는 우물마다 물이 솟아오르고 하나님이 함께하심이 보였을 것이다. 어쩌면 자기들이 이삭의 우물을 접수한 순간부터 넘치던 우물물이 조금씩 줄어들기 시작하더니 샘의 근원이 말라버렸는지도 모른다. 그래서 회의를 해서 "여러분, 우리가 이삭의 우물을 빼앗아봤자 무슨 유익이 있겠습니까? 우리가 숫자가 조금 더 많다고 해서 트집잡아서 이삭의 우물을 빼앗아 봤자 유익이 되는 것이 아무것도 없습니다. 그러니 이삭을 찾아가서 백기 들고 항복하고 우물 물이나 빌어먹고 삽시다" 하고 결정 내렸을지도 모른다.

그런데 에섹이나 싯나 골짜기는 너무나 땅이 좁았던 것 같다. 백 배의 축복을 받은 양 떼와 소 떼와 짐승 떼를 감당하기가 어려웠다. 그래서 하나님은 백 배의 축복을 관리하고 천 배, 만 배의 축복을 받을 수 있는 넓고 광활한 땅으로 이삭을 인도하셨다. 이삭은 "여호와께서 우리를 위하여 넓게 하셨으니 이 땅에서 우리가 번성하리로다"라고 고백한다.

〈창 26:22〉 이삭이 거기서 옮겨 다른 우물을 팠더니 그들이 다투지 아니하였으므로 그 이름을 르호봇이라 하여 이르되 이제는 여호와께서 우리를 위하여 넓게 하셨으니 이 땅에서 우리가 번성하리로다 하였더라.

얼마나 감사한 일인가? 이삭이 지나고 보니까, 에섹이나 싯나 골짜기에서 받은 축복이나 관리를 하는 정도가 아니라 르호봇에 와서 받은 축복을 또 늘리고 천 배, 만 배 번성하고 확장을 하니까 얼마나 감사했겠는가.

어디 그뿐인가? 많은 세월이 지나고 자기를 핍박하고 자기를 쫓아냈던 블레셋 왕 아비멜렉이 자기 부하 비골 장군을 데리고 자기를 찾아와서 화친 조약을 맺으러 왔다. 이삭이 아무리 거부가 되었다 할지라도 하나의 호족에 불과할 터인데 블레셋 왕이 호족에게 서로 평화롭게 살자고 화친 조약을 맺으려고 온 것이다. 그리고 지난날 자신의 부하들이 못살게 군 것을 용서하고 자기가 이삭의 아내를 빼앗을 뻔한 것도 용서해 달라고 하고 있는 것이다.

〈창 26:26-29〉 [26]아비멜렉이 그 친구 아훗삿과 군대 장관 비골과 더불어 그랄에
서부터 이삭에게로 온지라 [27]이삭이 그들에게 이르되 너희가 나를 미워하여 나에
게 너희를 떠나게 하였거늘 어찌하여 내게 왔느냐 [28]그들이 이르되 여호와께서
너와 함께 계심을 우리가 분명히 보았으므로 우리의 사이 곧 우리와 너 사이에
맹세하여 너와 계약을 맺으리라 말하였노라 [29]너는 우리를 해하지 말라 이는 우
리가 너를 범하지 아니하고 선한 일만 네게 행하여 네가 평안히 가게 하였음이
니라 이제 너는 여호와께 복을 받은 자니라.

아비멜렉이 왜 이삭을 찾아왔는가? 첫째는 하나님께서 이삭과 함께하심을 보았기 때문이요, 둘째는 이삭이 하나님 앞에 복을 많이 받았기 때문이다. 이처럼 이삭은 모든 것이 다 형통했다. 우물을 빼앗긴 것도 축복이고, 양보하고 옮겨오는 것도 축복이며, 모든 것이 은혜요 축복이었다. 그러면 왜 이렇게 이삭은 잘되는 역사만 있었는가? 왜 이렇게 잘 터지고 형통하고 승승장구한 역사만 따랐는가? 바로 생명나무를 잘 선택했기 때문이다. 이삭은 순간순간 무슨 일을 하든지 어떤 일을 하든지 생명나무를 잘 선택했던 것이다.

Q 여러분은 가정이나 직장, 사업 현장에서 잘못한 일이 없는데도 억울한 일을 당해 본 경험을 나눕시다. 그럴 때 어떻게 생명나무를 선택했습니까?

A 생명나무를 선택하는 것이 최선의 길이다.

Q 끝까지 생명나무만을 선택했을 때 하나님께서 선으로 인도해 주신 경험이 있다면 나눕시다.

A 지금 당장은 이해가 되지 않지만 끝까지 주님만 바라보면 주님은 분명히 선으로 인도해 주신다.

3. 그러면 이삭은 어떻게 생명나무를 잘 선택했습니까?

1) 그는 (언약의 생명나무)를 잘 선택했습니다.

〈창 26:3-5〉 3이 땅에 거류하면 내가 너와 함께 있어 네게 복을 주고 내가 이 모
든 땅을 너와 네 자손에게 주리라 내가 네 아버지 아브라함에게 맹세한 것을 이
루어 4네 자손을 하늘의 별과 같이 번성하게 하며 이 모든 땅을 네 자손에게 주리
니 네 자손으로 말미암아 천하 만민이 복을 받으리라 5이는 아브라함이 내 말을
순종하고 내 명령과 내 계명과 내 율례와 내 법도를 지켰음이라 하시니라.

하나님은 이삭에게, 이 땅은 지금은 블레셋 땅이지만 반드시 언젠가는 이삭과 그의 후손의 땅이 되리라고 약속하셨다. 그리고 하나님이 반드시 이삭과 이삭의 후손들에게 복을 준다고 하셨다. 그래서 어려움이 있고 어떤 위기를 당하고 어떤 역경에 처해도 그는 하나님의 약속을 붙잡고 흔들리지 않고 나갔다. 그 믿음의 생명나무, 언약의 생명나무를 붙잡고 나갔을 때 하나님은 바로 그 믿음을 보시고 이삭의 영혼을 풍성하게 하시고, 믿음의 영역을 넓혀 주시고 믿음의 날개를 달아 주신 것이다. 그리고 그 믿음을 보시고 그런 기적과 형통과 승승장구의 축복을 주신 것이다.

오늘날도 마찬가지이다. 하나님은 신실하신 하나님, 선하신 하나님, 그래서 당신의 언약을 반드시 이루시는 전능의 하나님이시다. 우리는 이 하나님의 약속을 믿고 언약의 생명나무를 선택해야 한다. 우리가 눈물로 축복의 씨를 뿌리면 그로 인하여 반드시 복 주시는 하나님이시다. 그 하나님의 약속을 믿고 붙잡아야 한다. 무슨 일이 있어도 하나님을 원망의 대상으로, 불평의 대상으로 대하지 말고 주님의 약속을 붙잡고 언약의 생명나무를 선택해야 한다.

Q 요셉은 어떤 언약을 붙잡고 살았습니까? 또 요셉이 하나님의 약속을 바라보는 모습을 볼 때 어떤 도전이 됩니까?

〈창 37:9〉 요셉이 다시 꿈을 꾸고 그의 형들에게 말하여 이르되 내가 또 꿈을 꾼즉 해와 달과 열한 별이 내게 절하더이다 하니라.

〈창 50:25〉 요셉이 또 이스라엘 자손에게 맹세시켜 이르기를 하나님이 반드시 당신들을 돌보시리니 당신들은 여기서 내 해골을 메고 올라가겠다 하라 하였더라.

A 요셉은 모든 형제들 가운데 뛰어난 축복의 사람이 되게 해주겠다는 하나님의 약속을 바라보며 험난한 삶 속에서도 당당히 승리했다. 뿐만 아니라 훗날 출애굽을 약속하신 하나님의 언약을 염두에 두며 출애굽할 때 자신의 뼈를 가지고 가 달라고 요청했다. 우리도 약속을 이루시는 하나님을 바라봐야 한다.

Q 요셉은 약속을 이루는 가운데 순탄치 않은 삶을 살았습니다. 그러나 그가 험난한 삶 가운데에서도 결국 약속을 이룬 것은 다름아닌 생명나무를 선택했기 때문입니다. 지금 당신의 상황은 어떠합니까? 약속을 바라보며 나가고 있지만 아픔과 고난이 있다면 무엇인지, 그리고 그 상황에서 어떻게 해야 할지 나눕시다.

A 약속을 받았다고 해서 순탄한 삶이 약속된 것은 아니다. 요셉은 어느 누구도 경험할 수 없는 고난을 경험했다. 하지만 순간순간 생명나무만 선택하면 주님

은 결국 약속을 이루어 주신다.

〈창 37:28〉 그때에 미디안 사람 상인들이 지나가고 있는지라 형들이 요셉을 구덩이에서 끌어올리고 은 이십에 그를 이스마엘 사람들에게 팔매 그 상인들이 요셉을 데리고 애굽으로 갔더라.

〈창 39:20〉 이에 요셉의 주인이 그를 잡아 옥에 가두니 그 옥은 왕의 죄수를 가두는 곳이었더라 요셉이 옥에 갇혔으나.

2) (순종의 생명나무)를 잘 선택했습니다.

〈창 26:2-3〉 [2]여호와께서 이삭에게 나타나 이르시되 애굽으로 내려가지 말고 내가 네게 지시하는 땅에 거주하라 [3]이 땅에 거류하면 내가 너와 함께 있어 네게 복을 주고 내가 이 모든 땅을 너와 네 자손에게 주리라 내가 네 아버지 아브라함에게 맹세한 것을 이루어.

온 땅이 흉년과 기근이 들었을 때, 이삭이 애굽으로 가려고 했다. 그때 하나님께서 이삭에게 나타나서 애굽으로 가지 말고 내가 지시한 땅에 거주하면 반드시 복을 준다고 하셨다. 그런데 그때는 하나님의 말씀이 이치에 안 맞게, 논리적으로 안 맞게 보였다. 그 땅에 머물러서는 어떻게 살아야 할지 아무 대책이 없었다. 애굽으로 가야 살 길이 보였다.

이때 선악과나무를 선택한 사람은 불순종한다. 자기가 선악 판단의 주인이 되어서 하나님 생각보다 자기 생각을 옳다고 여기고 애굽으로 가버린다. 그러나 이삭은 생명을 선택하고 순종을 선택하고 하나님의 말씀에 순종했다. 선악과를 선택하는 사람은 이렇게 생각한다. '하나님이 이곳에만 계시나? 이곳에만 있는 것이 하나님의 뜻이야? 하나님의 종이 아무데서나 믿음으로만 살면 되는 거 아니야?'

그런데 이삭은 순종했다. 이삭은 이렇게 생각했는지도 모른다. '이 땅은 약속의 땅이다. 언약의 땅이다. 내가 믿음으로 이 땅을 밟고 믿음으로 이 땅을 순례해야 복을 받을 수 있다. 그래, 내가 순종해야지! 지금은 내 생각과 안 맞고 내 판단과 안 맞는 것 같지만 하나님이 옳으실 거야. 분명히 하나님의 명령이 선이고 형통이고 축복일 거야…….' 이런 마음으로 순종의 생명나무를 선택하고 그 땅에 머물렀다. 그리고 블레셋 백성이 버리고 간 불모지를 개간하고 우물을 팠다. 그 우물물로 농사를 짓고 백 배의 축복을 받았다. 이렇게 이삭은 순종을 해서 복을 받은 것이다.

오늘날 우리도 마찬가지다. 하나님의 생각보다 내 생각이 더 옳게 느껴질 때가 있다. 하나님의 생각보다 내 판단이 더 옳게 느껴질 때가 있다. 그래도 우리는 하나님을 더 붙잡아야 한다. 순종의 생명나무를 선택해야 한다. 그럴 때 이삭처럼 백 배의 축복을 받는 것이다. 아무리 우리가 인간적으로 이해가 안 되고 힘든 것처럼 보여도 성령님께서 감동을 주시면 순종해야 한다. 희생하라고 하시면 희생하고, 순종하라고 하시면 순종하고, 축복의 씨를 뿌리라고 하시면 뿌려야 한다. 이삭처럼 순종의 생명나무를 붙잡으면 백 배의 축복을 분명히 받게 된다.

Q 하나님이 주신 감동에 순종하여 승리한 경험이 있습니까? 도저히 하나님의 말씀 앞에 순종할 수 없는 상황이라면 어떻게 하겠습니까?

A 우리 하나님은 생명나무만 선택하는 사람에게 결국 웃음을 주시는 분이다.

3) 하나님의 말씀에 항상 (아멘)하고 (감사)했기 때문입니다.

〈고후 1:20〉 하나님의 약속은 얼마든지 그리스도 안에서 예가 되니 그런즉 그로 말미암아 우리가 아멘 하여 하나님께 영광을 돌리게 되느니라.

하나님 앞에 아멘 하고 감사할 때 축복과 기적이 일어난다. 불평할 수밖에 없고 원망할 수밖에 없는 상황이라도 아멘 해야 한다. 감사해야 한다. 그래야 역전 드라마의 축복과 패자 부활전의 영광을 맞을 수 있다. 이삭이 블레셋 사람과의 다툼 속에서 하나님을 원망하거나 불평했다면 그는 백 배의 축복을 받지 못했을 것이다. 그러나 그는 악조건 속에서도 무조건 하나님의 선하신 뜻을 바라보며 하나님의 감동에 순종하고 충성하였다. 그리고 브엘세바의 찬란한 축복과 기적을 만들었다.

Q 당신은 도저히 아멘 하며 감사하지 못할 상황에 직면한 적이 있습니까? 이삭의 상황을 보며 어떻게 하는 것이 현명한 것인지 나눕시다.

A 최악의 상황은 이해가 되지만 그렇다고 하나님께 원망하거나 불평해서는 안 된다. 오히려 그럴수록 주님이 원하시고 기뻐하시는 일에 목숨을 걸어야 한다.

4) (제단 우선주의)의 삶을 살았기 때문입니다.

〈창 26:25〉 이삭이 그곳에 제단을 쌓고 여호와의 이름을 부르며 거기 장막을 쳤더니 이삭의 종들이 거기서도 우물을 팠더라.

이삭은 언제나 가는 곳마다 먼저 예배부터 드리고 제단부터 쌓아 하나님 중심의 예배를 드리면서 살았다. 이삭은 가는 곳마다 제단부터 쌓고, 그 다음에 장막을 쳤다. 그리고 우물을 팠다. 이것을 오늘날로 말하면 예배 생활, 교회 생활이라고 할 수 있다. 장막은 내 집이나 아파트와 연결할 수 있고 우물은 사업이나 생업장, 직장으로 연결시킬 수가 있다. 따라서 이삭은 무엇보다 예배 생활, 교회 생활에 우선순위를 두는 삶을 살았다고 설명할 수 있다. 그리고 그 다음으로 내 집 마련을 위해서 수고했고, 그 후에야 사업에 투자하고 사업 확장을 했다는 말로 설명할 수 있다.

그러니까 이삭에게는 가정보다 예배 생활이 중요했다. 내 장막이나 가정보다 교회가 중요했다. 사업을 확장하고 사업에 투자하고 사업에 온갖 정신을 쏟아내는 것보다 예배 생활에 투자하고 교회를 위해서 투자하는 것이 우선순위였다. 예배와 교회와 하나님의 복음 사업에 투자하는 것을 최우선순위로 삼았다. 그랬을 때 하나님은 이삭에게 축복을 안 주실려야 안 주실 수가 없었던 것이다. 은혜를 안 주실려야 안 주실 수가 없었던 것이다.

하나님께서는 항상 우리에게 지금 하라고 말씀하신다. 지금 제단 우선주의의 삶을 살라고 하신다. 그런데 우리는 맨날 몇 년 후를 이야기하고 몇 년 후에 하겠다고, 자꾸 내가 판단을 하며 성령의 감동을 보이콧시킨다. 그 이유는 하나님의 감동을 선악으로 판단하기 때문이다. 그러나 성령의 감동을 붙잡으면 지금부터, 오늘 당장 제단 우선주의 삶을 살 수가 있다. 아니 힘들고 어려워도 정말 고난 속에서도 제단 우선주의의 삶, 하나님 중심, 예배 중심, 교회 중심의 삶을 살아야 한다.

Q 여러분의 삶의 우선순위는 어떻습니까? 바쁘다는 핑계, 자녀교육, 직장 생활, 사업 문제 때문에 예배를 소홀히 했던 경험을 서로 나누어 봅시다.

A 예배가 우리의 삶에 우선순위가 되어야 한다. 경기가 힘들고 어려울 때 제단을 멀리하고 십일조를 안 하는 사람도 있다. 힘든 상황이라고 해서 선악과를 선택하지 말고 제단 우선주의의 삶을 살면서 생명나무를 선택해야 한다. 힘들어도 주일성수 하고 교회 봉사 하고 예배 생활을 잘해야 한다. 하나님과 교회를 위해 먼저 헌신하고 희생하고 먼저 투자하는 삶을 살아야 한다. 그것이 바로 우리에게 생명이 되고 생명나무가 되는 것이다. 그럴 때 이삭처럼 우리도 백 배, 천 배의 축복을 받는 기적의 주인공이 될 수 있다.

Q 평소에 하나님 보시기에 정직하며 생명나무를 선택했던 히스기야 왕은 위기 속에서 어떻게 기도했고 어떤 응답을 받았습니까? 이것은 나에게 어떤 도전이 됩니까?

A 히스기야 왕은 병들어 죽게 되었을 때 하나님께 나아가 "하나님 보시기에 선하게 행한 것을 기억하옵소서"라고 기도한다.

〈왕하 20:3〉 여호와여 구하오니 내가 진실과 전심으로 주 앞에 행하며 주께서 보시기에 선하게 행한 것을 기억하옵소서 하고 히스기야가 심히 통곡하더라.

즉 지금까지 생명나무를 선택하려고 발버둥친 것을 기억해 달라는 말이다. 그 기도에 하나님은 그의 날 수를 15년 더하는 축복을 주신다.

〈왕하 20:6〉 내가 네 날에 십오 년을 더할 것이며 내가 너와 이 성을 앗수르 왕의 손에서 구원하고 내가 나를 위하고 또 내 종 다윗을 위하므로 이 성을 보호하리라 하셨다 하라 하셨더라.

나눔 갖기 서로 나눔

■ 이삭이 복을 받은 배경은 무엇인가?

■ 이삭에게 어떤 고난이 찾아왔는가?

■ 이삭은 어떻게 생명나무를 잘 선택했는가?

무기 삶기 생활 적용

1. 이삭의 삶을 통해 크게 느낀 점이나 깨달은 점을 함께 이야기해 봅시다.
   (무슨 어려움이 있어도 생명나무를 선택하면 끝내 축복해 주신다.)

2. 이삭은 언약의 생명나무, 순종의 생명나무, 제단 우선주의의 생명나무를 붙들어 끝내 축복을 받았습니다. 그렇다면 우리는 삶의 현장에서 어떻게 생명나무를 선택할 수 있을까요?

3. 이삭의 삶과 나의 신앙생활을 비교해 보고 적용해 봅시다.

4. 이삭처럼 생명나무를 선택함으로써 하나님에게 받은 축복이 무엇입니까? 또 어떤 축복을 기대합니까?

멘토링

오늘날 어느 정도 복을 받아놓고 실수를 하고 착각을 하는 경우가 참 많습니다. 복을 조금 받아서 사업이 일어서고 사업장의 지경이 조금 넓어지면 하나님께 투자하기보다는 자꾸 사업에 투자를 합니다. 먼저 하나님께 봉사를 잘하고 축복의 씨도 뿌려야 하는데 먼저 사업에 투자를 하다가 폭삭 망하는 사람들을 너무나 많이 보았습니다. 분명히 하나님께 축복의 씨를 뿌리고 먼저 하나님의 제단부터 섬기라고 감동을 주셨는데 그 감동을 묵살하고 욕심에 이끌려서 사업에다 투자를 하고 또 재투자를 하다가 계속해서 박살나는 사람을 많이 보았습니다.

예배 생활, 교회 생활에 우선순위를 두어야 하는데, 왜 그리 바쁜지 주일날 골프 치러 가고 사람 만나느라고 교회도 못 나옵니다. 하나님께서 복을 주니까 주일날 더 바빠집니다. 또 주일 낮 예배는 겨우 나오더라도 주일 밤 예배 때 얼굴이나 비칩니까? 저녁에 텔레비전이나 보고 주일날도 무슨 사람을 그렇게 만나러 다니는지, 예배 생활과 교회 생활이 게을러집니다. 그러더니 이렇게 영혼이 흐려지고 판단력이 흐려져 폭삭 망해버린 것 아니겠습니까?

그러나 이삭은 그렇지 않았습니다. 그는 어디를 가든지 목숨을 걸고 제단부터 쌓았습니다. 하나님을 먼저 섬겼습니다. 그는 하나님 중심, 교회 중심, 예배 중심의 삶을 살았습니다. 하나님이 헌신하라고 하면 먼저 헌신하고, 하나님이 축복의 씨를 뿌리라고 하면 먼저 씨를 뿌리고, 제단 우선주의 삶을 살았습니다. 그러니 하나님이 복을 주시지 않을 수가 있겠습니까?

저는 목회하면서 이렇게 말하는 사람치고 크게 헌신하거나 하나님께 쓰임받고 정말 주님 기쁘시게 하는 사람을 못 봤습니다. "목사님, 내년부터 제가 하나님께 충성하겠습니다. 몇 년만 기다려 주세요. 그 다음에 제가 하나님께 잘하겠습니다." 그러나 여러분, 내년 내년 하고 몇 년 몇 년 하면 아무것도 못 합니다. 나중에 몇 년 후에 망하고 몇 년 후에 세상을 뜨는 것을 보았습니다. 그러므로 제단 우선주의의 삶은 지금 실천해야 합니다. 지금 실천해야 백 배의 축복을 누릴 수 있고 천 배의 축복을 누릴 수 있습니다.

– 소강석 목사의 '생명나무 설교' 중에서

다이어리

제11과를 공부한 후의 삶의 변화와 깨달음을 적고 서로 나눕시다.

생명나무학교 The Tree of Life

12과 생명나무를 선택한 사람들 Ⅱ

- 에스더와 모르드개

10에스더가 하닥에게 이르되 너는 모르드개에게 전하기를 11왕의 신하들과 왕의 각 지방
백성이 다 알거니와 남녀를 막론하고 부름을 받지 아니하고 안뜰에 들어가서 왕에게
나가면 오직 죽이는 법이요 왕이 그 자에게 금규를 내밀어야 살 것이라 이제 내가 부
름을 입어 왕에게 나가지 못한 지가 이미 삼십 일이라 하라 하니라 12그가 에스더의 말
을 모르드개에게 전하매 13모르드개가 그를 시켜 에스더에게 회답하되 너는 왕궁에 있
으니 모든 유다인 중에 홀로 목숨을 건지리라 생각하지 말라 14이때에 네가 만일 잠잠
하여 말이 없으면 유다인은 다른 데로 말미암아 놓임과 구원을 얻으려니와 너와 네 아
버지 집은 멸망하리라 네가 왕후의 자리를 얻은 것이 이때를 위함이 아닌지 누가 알겠
느냐 하니 15에스더가 모르드개에게 회답하여 이르되 16당신은 가서 수산에 있는 유다인
을 다 모으고 나를 위하여 금식하되 밤낮 삼 일을 먹지도 말고 마시지도 마소서 나도
나의 시녀와 더불어 이렇게 금식한 후에 규례를 어기고 왕에게 나아가리니 죽으면 죽
으리이다 하니라 17모르드개가 가서 에스더가 명령한 대로 다 행하니라(에 4:10-17).

본문 묵상

바사의 궁궐에서는 왕과 왕후 사이에 어떤 법도가 있었습니까? (11절)

궁의 법도를 알고 있음에도 불구하고 모르드개는 어떤 말을 합니까? (3-14절)

모르드개의 말에 에스더는 어떤 요청과 결단을 내립니까?(16절)

생각하기 깨워 보기

언제나 은혜 받고 복 받을 사람은 순간순간 생명나무를 선택하는 사람이다. 선악을 판단하고 원망과 불평을 할 상황에서도 생명나무를 선택함으로써 하나님이 예비하시고 준비하시는 은혜와 축복을 모두 받아 누린다. 그래서 언제나 풍성한 하나님의 생명을 누릴 뿐 아니라 형통의 법칙 속에 살아가면서 거룩한 역전 드라마의 주인공이 된다.

■ 하나님의 일하심

1. 에스더가 왕후가 되기 전에 왕궁에서는 어떤 사건이 일어났습니까? 왜 왕후의 폐위 사건이 일어났을까요? 에스더 1장을 읽고 이야기해 봅시다.

〈에 1:4〉 왕이 여러 날 곧 일백팔십 일 동안에 그 영화로운 나라의 부함과 위엄의 혁혁함을 나타내니라.

〈에 1:11-12〉 [11]왕후 와스디를 청하여 왕후의 관을 정제하고 왕의 앞으로 나아오게 하여 그 아리따움을 뭇 백성과 지방관들에게 보이게 하라 하니 이는 왕후의 용모가 보기에 좋음이라 [12]그러나 왕후 와스디는 내시가 전하는 왕명을 따르기를 싫어하니 왕이 진노하여 마음속이 불붙는 듯하더라.

〈에 1:19〉 왕이 만일 좋게 여기실진대 와스디로 다시는 왕 앞에 오지 못하게 하는 조서를 내리되 바사와 메대의 법률에 기록하여 변개함이 없게 하고 그 왕후의 자리를 그보다 나은 사람에게 주소서.

〈에 1:21-22〉 [21]왕과 지방관들이 그 말을 옳게 여긴지라 왕이 므무간의 말대로 행하여 [22]각 지방 각 백성의 문자와 언어로 모든 지방에 조서를 내려 이르기를 남편이 자기의 집을 주관하게 하고 자기 민족의 언어로 말하게 하라 하였더라.

에스더 이야기는 삼국지를 읽는 것보다 훨씬 더 흥미가 있고 춘향전을 읽는 것보다 더 가슴이 뭉클하다. 이스라엘 백성이 메데 바사라는 나라에 끌려가 살고 있을 때였다. 그때 메데 바사는 아하수에로 왕이 통치하고 있었다. 아하수에로 왕이 등극한 지 3년이 되었을 때 왕은 등극 3년을 기념하여 180일 동안 큰 잔치를 배설했다. 그 나라는 얼마나 큰지 도가 127개나 되었다. 그러니까 오늘날로 말하자면 각 시도별로 도지사, 시장, 군수, 읍 · 면 · 동장 등을 데려다가 180일 동안이나 잔치를 하게 한 것이다.

그런데 그 180일 중에서도 마지막 7일 잔치가 클라이막스였다. 그때 이 왕이 자기의 아름다운 왕후의 모습을 여러 신하들에게 보이고 싶어서 왕 앞에 오라고 했다. 그러니까 이 왕후가 "내가 동물원에서 쇼나 하는 원숭이냐" 하며 천박한 곳에 갈 수 없다고 왕의 명령을 거절했다. 그래서 왕이 대로하여 와스디라는 교만한 왕후를 폐위시키고 새 왕후를 뽑았다.

이렇게 해서 새 왕후를 뽑는데, 자그마치 1년 동안 왕후를 골랐다. 전국 도가 127개나 되는 넓고 넓은 나라에서 각 고을마다 각 도마다 내로라하는 미모의 여성이 모여 다 왕 앞을 지나간다. 몇 달 동안 몸을 정결하게 하고 최고로 아름다운 옷과 최고의 것으로 얼굴을 예쁘게 꾸며 가지고 왕 앞에 지나가는데 계속해서 불합격이다.

그런데 이 왕후 선발전에 유대 여인도 한 명 참가하게 되었다. 그 여인은 어머니도 없고 아버지도 없이 가까운 친척의 오라버니뻘 되는 사람 밑에서 자란 에스더라고 하는 불쌍한 고아였는데, 이 여인이 참가를 했던 것이다. 그런데 그렇게 빼어난 수많은 미녀들 가운데 왕의 눈에 왕후로 발탁된 여인이 에스더였다.

하나님의 역사에 우연은 없다. 이 또한 모두 다 에스더를 위한 하나님의 뜻이다. 잘되는 것도 안 되는 것도 모두 하나님의 계획인 것이다. 에스더는 이 사실을 믿고 나아갔다.

Q 와스디의 교만을 통해 우리가 깨달은 교훈은 어떤 것인지 나누어 봅시다.

A 교만한 자는 결국 넘어지게 되어 있다. 그러므로 교만하지 말아야 한다.

〈잠 16:5〉 무릇 마음이 교만한 자를 여호와께서 미워하시나니 피차 손을 잡을지라도 벌을 면하지 못하리라.

Q 와스디가 폐위를 당하고 에스더가 왕후가 된 것은 하나님의 인도하심입니다. 지금 나의 상황 가운데 인정해야 할 하나님의 인도하심은 무엇인지 나눕시다.

A 직장, 가정, 자녀, 지금의 위치뿐만 아니라 여기까지 온 것도 모두 하나님의

인도하심이다.

〈잠 16:9〉 사람이 마음으로 자기의 길을 계획할지라도 그의 걸음을 인도하시는 이는 여호와시니라.

2. 에스더와 모르드개는 어떤 사이이며, 어떻게 해서 에스더가 아하수에로 왕의 왕후가 되었습니까? 에스더 2장을 읽고 이야기해 봅시다.

〈에 2:15〉 모르드개의 삼촌 아비하일의 딸 곧 모르드개가 자기의 딸같이 양육하는 에스더가 차례대로 왕에게 나아갈 때에 궁녀를 주관하는 내시 헤개의 정한 것 외에는 다른 것을 구하지 아니하였으나 모든 보는 자에게 사랑을 받더라.

〈에 2:16-17〉 16아하수에로 왕의 제 칠년 시월 곧 데벳 월에 에스더가 왕궁에 인도되어 들어가서 왕 앞에 나가니 17왕이 모든 여자보다 에스더를 더 사랑하므로 그가 모든 처녀보다 왕의 앞에 더 은총을 얻은지라 왕이 그의 머리에 관을 씌우고 와스디를 대신하여 왕후로 삼은 후에.

Tip 역사적 배경

이스라엘 백성은 하나님 앞에 범죄하여 B.C. 586년에 바벨론에 의해 멸망당했다. 당시 바벨론은 자신들이 정복한 나라 사람들을 자기의 나라로 끌고 와서 노예로 부리는 정책을 시행했다. 이스라엘 백성들도 바벨론에 끌려와서 종살이를 했다. 그러나 하나님께서 예레미야를 통해 회복을 약속하셨는데, 그 예언은 정확히 70년이 지난 후에 이루어진다. 신흥 강대국인 메데 바사가 일어나 바벨론을 점령한 것이다. 바벨론은 이스라엘을 정복한 지 70년 만에 메데 바사에 의해 무너졌다.

메데 바사의 왕 고레스는 자신들이 정복한 나라에 대해 각 나라로 돌아가도 좋다는 칙령을 내린다(스 1:1-4). 이때 이스라엘 백성들은 세 번에 걸쳐 이스라엘에 귀환하게 되었다. 첫 번째 귀환은 스룹바벨을 통해서 이루어지고(스 2:1-70), 두 번째 귀환은 에스라를 통해서 이루어지고(스 7:1-10; 8:1-14) 마지막 세 번째 귀환은 느헤미야를 통해서 이루어진다(느헤미야서).

에스더서의 배경은 첫 번째 귀환과 두 번째 귀환 사이에 일어난 일이다. 귀환한 많은 유대인들이 있었지만 아직 메데 바사에 남아 있는 유대인의 숫자도 많았다.

■ 모르드개와 유대인들의 위기

3. 모르드개와 유대인들은 왜 위기를 당합니까? 에스더 3장을 읽고 이야기해 봅시다.

〈에 3:3-4〉 [3]대궐 문에 있는 왕의 신하들이 모르드개에게 이르되 너는 어찌하여
왕의 명령을 거역하느냐 하고 [4]날마다 권하되 모르드개가 듣지 아니하고 자기는
유다인임을 알렸더니 저희가 모르드개의 일이 어찌 되나 보고자 하여 하만에게
전하였더라.

〈에 3:5-6〉 [5]하만이 모르드개가 무릎을 꿇지도 아니하고 절하지도 아니함을 보
고 매우 노하더니 [6]그들이 모르드개의 민족을 하만에게 알리므로 하만이 모르드
개만 죽이는 것이 부족하다 생각하고 아하수에로의 온 나라에 있는 유다인 곧
모르드개의 민족을 다 멸하고자 하더라.

〈에 3:8-9〉 [8]하만이 아하수에로 왕에게 아뢰되 한 민족이 왕의 나라 각 지방 백
성 중에 흩어져 거하는데 그 법률이 만민의 것과 달라서 왕의 법률을 지키지 아
니하오니 용납하는 것이 왕에게 무익하니이다 [9]왕이 옳게 여기시거든 조서를 내
려 그들을 진멸하소서 내가 은 일만 달란트를 왕의 일을 맡은 자의 손에 맡겨 왕
의 금고에 드리리이다 하니.

〈에 3:10-11〉 [10]왕이 반지를 손에서 빼어 유다인의 대적 곧 아각 사람 함므다다
의 아들 하만에게 주며 [11]이르되 그 은을 네게 주고 그 백성도 그리하노니 너는
너의 소견에 좋을 대로 행하라 하더라.

〈에 3:13〉 이에 그 조서를 역졸에게 맡겨 왕의 각 지방에 보내니 열두째 달 곧 아
달 월 십삼 일 하루 동안에 모든 유다인을 젊은이 늙은이 어린이 여인들을 막론
하고 죽이고 도륙하고 진멸하고 또 그 재산을 탈취하라 하였고.

에스더는 하나님의 은혜로 아하수에로의 왕후가 되어 왕의 각별한 총애를 받고 최고의 영광을 얻게 되었다. 그런데 궁궐에는 하만이라는 대신이 있었

는데 그는 아하수에로 왕의 심복 노릇을 하고 있었다. 그의 자리가 자꾸 높아지고 권력이 커지니까 스스로 교만해지기 시작했다. 그가 궁궐문 앞에 앉아 있으면 누구나 코가 땅바닥에 닿도록 절을 하고 가야 했다. 그런데 모르드개라고 하는 유대인은 고지식하고 철두철미하게 하나님만을 섬기는 자였기에 절을 하지 않았다. 어떻게 하나님을 섬기는 사람이 이유 없이 하만에게 절을 하느냐며, 남들은 다 절을 하고 기어가는데 모르드개는 그렇게 하지 않았다.

하만은 모르드개만 보면 괘씸해서 견딜 수가 없었다. 그래서 모르드개를 죽일 흉계를 짜는데 아무리 봐도 그를 죽일 명목이 없었다. 너무 깨끗한 삶을 살기 때문이다. 그러다 마침 좋은 꾀가 생각이 나서 하만은 왕에게 찾아가서 음모를 꾸민다. "왕이여! 우리나라에 사는 어떤 포로민 중에는 왕의 법을 안 지키고 왕이 섬기는 신도 안 섬기며 그들이 섬기는 신만 섬기는 민족이 있습니다. 그대로 두었다간 나중에 나라 안에 큰 역적들이 될 것입니다. 그러니 이들을 사전에 처치함이 마땅한 줄 아뢰옵니다." 하만은 지금 모르드개만 죽이려는 게 아니라 전 이스라엘 민족을 몰살시키려고 한다. 아하수에로 왕은 성미가 급해서 그들을 모조리 죽여버리라고 명령했다. 어느 민족인지도 알아보지도 않고 성급하게 조서에 도장을 찍고 만 것이다. 그래서 이스라엘 백성과 모르드개는 죽어야 할 위기를 당하게 된다.

모르드개만 하만에게 절을 안 했는데 왜 그랬을까? 모르드개는 하나님밖에 모르는 충직한 사람이었기 때문이다. 그는 하나님을 섬기기 때문에 절을 하지 않은 것이다. 그 일로 인해 하만의 눈밖에 나고 말았다. 하지만 모르드개는 그러한 상황 가운데에서도 하나님께서 반드시 지켜 주신다는 믿음이 있었다.

Q 내가 모르드개라면, 하만의 명령에 따라 머리를 숙였을지, 숙이지 않았을지, 어떻게 했을지 나누어 봅시다.

A 신앙은 절대로 타협해서는 안 된다.

Q 로마의 성도들은 주님을 믿으면 콜로세움에서 굶주린 사자밥이 되거나 화형에 처해졌습니다. 자신의 자녀가 이렇게 비참하게 죽어 가는 것을 봐야만 했습니다. 또 다른 부류는 신앙을 선택한 대가로 이 땅의 모든 재물과 명예와 권력을 버리고 지하 동굴인 카타콤에 들어가 평생 빛을 보지 못하며 살아야 했습니다. 만약 당신이 이런 핍박이 있는 로마 시대에 태어났다면 어떤 결정을 내리겠습니까?

A 스데반 집사는 비참한 순교를 했다. 하지만 그는 보좌에서 일어나신 주님을 볼 수 있었다.

〈행 7:55-56〉 스데반이 성령 충만하여 하늘을 우러러 주목하여 하나님의 영광과 및 예수께서 하나님 우편에 서신 것을 보고 말하되 보라 하늘이 열리고 인자가 하나님 우편에 서신 것을 보노라 한대,

■ 모르드개의 생명나무 선택

4. 이 위기 속에서 모르드개는 어떻게 생명나무를 선택합니까? 에스더 4장을 읽고 이야기해 봅시다.

〈에 4:1〉 모르드개가 이 모든 일을 알고 그 옷을 찢고 굵은 베옷을 입고 재를 뒤집어쓰고 성중에 나가서 대성 통곡하며,

모르드개는 위기 속에서 기도를 선택했다. “재를 뒤집어쓰고”라는 말은 모르드개가 최고로 하나님께 기도했다는 표현이다. 그처럼 아주 간절하게 하나님께 기도하였다.

모르드개는 자기의 힘으로 어떤 일을 진행하려는 것이 아니라, 먼저 하나님 앞에 무릎 꿇는 모습을 하고 있다.

Q **당신은 문제가 생기면 문제 해결을 위해 어떻게 행동합니까? 모르드개의 행동에 어떤 깨달음이 있는지 나누어 봅시다.**

A **주님께 피하는 것이 복이고 가장 현명한 방법이다.**

〈시 34:8-9〉 [8]너희는 여호와의 선하심을 맛보아 알지어다 그에게 피하는 자는 복이 있도다 [9]너희 성도들아 여호와를 경외하라 그를 경외하는 자에게는 부족함이 없도다.

〈에 4:7-8〉 [7]모르드개가 자기가 당한 모든 일과 하만이 유다인을 멸하려고 왕의 금고에 바치기로 한 은의 정확한 액수를 하닥에게 말하고 [8]또 유다인을 진멸하라고 수산궁에서 내린 조서 초본을 하닥에게 주어 에스더에게 보여 알게 하고 또 그에게 부탁하여 왕에게 나아가서 그 앞에서 자기의 민족을 위하여 간절히 구하라 하니.

Q **모르드개는 기도만으로 끝내지 않고 자신이 할 수 있는 방법을 동원하여 위기를 모면하려고 노력했습니다. 단지 기도만 하고 시도하거나 노력하지 않으면서 원망했던 경험을 나누어 봅시다.**

A **주님은 구하고 찾고 문을 두드리라고 말씀하셨다. 기도했다면 그 기도가 응답되기 위해 내가 할 수 있는 범위 내에서 최선을 다해야 한다.**

〈마 6:33〉 그런즉 너희는 먼저 그의 나라와 그의 의를 구하라 그리하면 이 모든 것을 너희에게 더하시리라.

모든 것이 하나님께 달려 있는 것처럼 기도하라.
모든 것이 당신에게 달려 있는 것처럼 일하라. -성 어거스틴
Pray as though everything depended on God.
Work as though everything depended on you. -Saint Augustine

또한 모든 일에 절대로 원망을 해서는 안 된다. 비록 지금 기도가 이루어지지 않을지라도 하나님의 주권을 인정하면서 인내하며 나아가야 한다.

〈고전 10:10〉 그들 가운데 어떤 사람들이 원망하다가 멸망시키는 자에게 멸망하였나니 너희는 그들과 같이 원망하지 말라.

〈빌 2:14〉 모든 일을 원망과 시비가 없이 하라.

〈에 4:13-14〉 [13]모르드개가 그를 시켜 에스더에게 회답하되 너는 왕궁에 있으니 모든 유다인 중에 홀로 목숨을 건지리라 생각하지 말라 [14]이때에 네가 만일 잠잠하여 말이 없으면 유다인은 다른 데로 말미암아 놓임과 구원을 얻으려니와 너와 네 아버지 집은 멸망하리라 네가 왕후의 자리를 얻은 것이 이때를 위함이 아닌지 누가 알겠느냐 하니.

하나님은 사람을 통해 역사하신다. 그 사람이 그 일을 하지 않으면 하나님은 그 사람을 버리고 다른 사람에게 그 일을 하게 하신다. 하나님은 바로 우리가 그 일을 하길 원하신다. 우리가 하지 않으면 하나님은 그 촛대를 옮기시는 것이다.

Q **그러나 오직 하나님만을 섬기다가 어려움을 당할 때도 있습니다. 그때 우리는 좌절하거나 원망하기 쉽습니다. 그러나 모르드개처럼 우리도 생명나무를 선택한 경험에 대해 함께 이야기해 봅시다.**

A **욥은 고난 속에서도 오히려 하나님을 찬양했다. 좌절하기 쉬운 상황이라 할지라도 생명나무만 선택하면 된다.**

〈욥 1:21〉 이르되 내가 모태에서 알몸으로 나왔사온즉 또한 알몸이 그리로 돌아가올지라 주신 이도 여호와시요 거두신 이도 여호와시오니 여호와의 이름이 찬송을 받으실지니이다 하고.

Q **당신은 지금의 자리와 위치, 축복과 인도하심이 어느 때를 위한 자리라는 사실에 어떤 느낌이 듭니까? 지금의 나의 위치와 축복을 통해 무엇을 할 수 있**

을지 나누어 봅시다.

A 우리의 모든 위치와 자리는 하나님이 허락하신 것이다. 그것을 인정하고 내가 가진 모든 것을 하나님께 영광 돌리는 도구로 사용해야 한다. 다윗은 자신의 위치와 받은 축복은 모두 주님으로부터 왔음을 고백했다. 그리고 자신의 명예와 물질을 도구삼아 하나님의 성전 건축을 준비했다.

〈삼하 7:18〉 다윗 왕이 여호와 앞에 들어가 앉아서 이르되 주 여호와여 나는 누구이오며 내 집은 무엇이기에 나를 여기까지 이르게 하셨나이까.

■ 에스더의 생명나무 선택

5. 에스더는 이 위기 속에서 모르드개에게 어떤 말을 듣습니까?

〈에 4:13〉 모르드개가 그를 시켜 에스더에게 회답하되 너는 왕궁에 있으니 모든 유다인 중에 홀로 목숨을 건지리라 생각하지 말라.

위기를 맞은 모르드개는 이 사실을 에스더에게 알린다. 그러나 에스더는 모르드개에게 난색을 표한다. 그러자 모르드개는 세 가지 기가 막힌 말을 에스더에게 한다. 그 세 가지 말은 우리의 심금을 울려 주는 말이요, 하나님의 역사관을 분명하게 꿰뚫고 하는 말이다.

① 에스더야! 모든 유대인들이 다 죽게 되었는데 홀로 궁중에 있다고 너만 그 죽음에서 피할 줄로 생각하지 말라. 네가 왕비라고 해서 너만 무사할 것이라고 생각하지는 말라.

〈에 4:14 상〉 이때에 네가 만일 잠잠하여 말이 없으면 유다인은 다른 데로 말미암아 놓임과 구원을 얻으려니와 너와 네 아버지 집은 멸망하리라.

② 네가 만일 왕에게 말씀을 잘 드려서 우리 이스라엘 백성을 구하지 아니하면 하나님은 반드시 다른 방법을 통해서라도 우리 민족을 구할 것이다. 네가 힘을 쓰지 않고 네가 이번 일을 해결하지 않아도 하나님은 기어코 우리 백성을 구할 것이다. 그러나 너와 네 집은 영원히 화를 당하고 영원히 망하게 될 것이다.

〈에 4:14 하〉 네가 왕후의 자리를 얻은 것이 이때를 위함이 아닌지 누가 알겠느냐 하니.

③ 성경은 모든 권세는 하나님께로부터 나왔다고 고백하고 있다(롬 13:1)
"각 사람은 위에 있는 권세들에게 복종하라 권세는 하나님으로부터 나지 않음이 없나니 모든 권세는 다 하나님께서 정하신 바라."

그러므로 모르드개의 고백은 "네가 왕후가 된 것은 지금 바로 이때를 위해서이다. 네가 하나님 앞에서 정말 남달리 특별하게 하나님의 기적적인 은혜와 축복을 받은 것은, 지금 이때의 일을 감당하고 사명을 이루기 위해서이다. 그러므로 지금 이때, 이 기회를 놓치지 말라"는 말이다.

Q **당신이 신앙의 갈등 속에 있을 때 주로 누가, 어떤 조언을 해줍니까? 생명나무를 선택하라는 조언에 어떻게 반응합니까? 나누어 봅시다.**

A **자신에게 영적인 멘토가 있다는 것은 축복이다. 또한 영적인 멘토의 충고나 조언을 듣고 순종하는 것이 자신에게 유익하다. 그런 의미에서 담임 목회자, 교구 목회자, 구역장의 충고에 순종해야 함을 주지시켜라.**

나아만 장군은 이해할 수 없는 엘리사의 충고에 자신의 이성으로 판단하며 분노했다. 하지만 그의 충고를 듣고 생명나무를 선택했을 때 놀라운 치유를 경험했다.

〈왕하 5:10-14〉 10엘리사가 사자를 그에게 보내 이르되 너는 가서 요단 강에 몸을 일곱 번 씻으라 네 살이 회복되어 깨끗하리라 하는지라 11나아만이 노하여 물러가며 이르되 내 생각에는 그가 내게로 나와 서서 그의 하나님 여호와의 이름을 부르고 그의 손을 그 부위 위에 흔들어 나병을 고칠까 하였도다 12다메섹 강 아바나와 바르발은 이스라엘 모든 강물보다 낫지 아니하냐 내가 거기서 몸을 씻으면 깨끗하게 되지 아니하랴 하고 몸을 돌려 분노하여 떠나니 13그의 종들이 나아와서 말하여 이르되 내 아버지여 선지자가 당신에게 큰일을 행하라 말하였더면 행하지 아니하였으리이까 하물며 당신에게 이르기를 씻어 깨끗하게 하라 함이리이까 하니 14나아만이 이에 내려가서 하나님의 사람의 말대로 요단 강에 일곱 번 몸을 잠그니 그의 살이 어린아이의 살같이 회복되어 깨끗하게 되었더라.

6. 에스더는 자신의 상황에 대해서 어떻게 말하고 있습니까?

〈에 4:10-11〉 10에스더가 하닥에게 이르되 너는 모르드개에게 고하기를 11왕의 신하들과 왕의 각 지방 백성이 다 알거니와 남녀를 막론하고 부름을 받지 아니하고 안뜰에 들어가서 왕에게 나아가면 오직 죽이는 법이요 왕이 그 자에게 금규를 내밀어야 살 것이라 이제 내가 부름을 입어 왕에게 나아가지 못한 지가 이미 삼십 일이라 하라 하니라.

왕이 부르지 않았는데 왕후가 왕을 찾아갔을 때 죽음을 당하는 것이 페르시아 왕실의 법이었다. 그러나 만약에 왕이 금규(홀)를 내밀고 왕후가 그 금규를 잡으면 살 수 있었다. 하지만 지금은 왕이 자신을 부른 지 30일이 지난 상황이었기 때문에 왕이 자신에게 금규를 내민다는 보장은 전혀 없었다. 그런 상황에서 부르지 않은 왕후 에스더가 왕에게 나간다는 것은 죽음을 담보로 한 모험이었다. 또 살 수 있다는 것도 보장하기 힘든 상황이었다. 이런 상황과 정황을 보면 에스더의 고백은 현실적인 고백이며 틀림없는 사실이다. 또 인간적으로 왕을 만나 이스라엘 민족들의 위기를 말할 수 없는 상황이다.

Q 당신은 나의 상황과 여건을 핑계삼아 순종하지 못했던 경험을 나누어 봅시다. 또 상황을 초월하여 순종했을 때 어떤 은혜와 축복이 있었습니까? (물질 헌신, 제사, 십일조, 주일성수, 헌신, 충성, 봉사, 내려놓음, 전도 등)

A 하나님의 놀라운 기적과 역사는 환경을 초월하여 나타난다.

7. 에스더는 상황을 초월하여 어떤 고백과 결단을 통해 생명나무를 선택합니까?

〈에 4:16〉 당신은 가서 수산에 있는 유다인을 다 모으고 나를 위하여 금식하되 밤낮 삼 일을 먹지도 말고 마시지도 마소서 나도 나의 시녀와 더불어 이렇게 금식한 후에 규례를 어기고 왕에게 나아가리니 죽으면 죽으리이다 하니라.

에스더는 생명나무를 선택하고 죽으면 죽으리라는 결단으로 왕 앞에 나아갔다. 하나님이 자신을 왕후로 삼으신 이유가 바로 이때를 위함이 아닌가 하는 믿음으로 말이다. 삶과 죽음의 길이 하나님께 달려 있음을 믿고 담대하게 생명을 선택하고 나간 것이다.

Q 에스더는 하나님 나라 영광을 위해 왕궁의 법도를 어기며 죽음을 무릅쓰고 왕 앞에 나가는 생명나무를 선택합니다. 우리에게도 이런 담대함을 가지고 어떤 손해도 감당하겠다는 각오로 순종했던 경험을 나눕시다. 어떤 결과가 있었는지 나눕시다. 그런 경험이 있으면 함께 이야기해 봅시다.

A 하나님의 뜻을 따르는 데 있어서 엄청난 손해와 핍박이 있지만, 순종함으로 결국 승리했던 경험을 나누라. 결국 주님은 선을 이루어 주신다(롬 8:28).
다윗은 골리앗을 향해 싸우러 나갈 때 인간적인 전력으로 볼 때 100% 질 수밖에 없는 상황이었다. 하지만 그는 생명나무를 붙잡고 하나님을 모욕하는 골리앗을 향해 담대하게 나갔을 때 위대한 역전을 경험했다.

〈삼상 17:45–47〉 45다윗이 블레셋 사람에게 이르되 너는 칼과 창과 단창으로 내
게 나아 오거니와 나는 만군의 여호와의 이름 곧 네가 모욕하는 이스라엘 군대
의 하나님의 이름으로 네게 나아가노라 46오늘 여호와께서 너를 내 손에 넘기시
리니 내가 너를 쳐서 네 목을 베고 블레셋 군대의 시체를 오늘 공중의 새와 땅의
들짐승에게 주어 온 땅으로 이스라엘에 하나님이 계신 줄 알게 하겠고 47또 여호
와의 구원하심이 칼과 창에 있지 아니함을 이 무리에게 알게 하리라 전쟁은 여
호와께 속한 것인즉 그가 너희를 우리 손에 넘기시리라.

■ 생명나무를 선택한 모르드개와 에스더를 위한 하나님의 역전 드라마

8. 하나님은 에스더와 모르드개에게 어떻게 역전 드라마를 진행해 가십니까? 에스더 5–7장을 읽고 이야기해 봅시다.

〈에 5:1–2〉 1제삼일에 에스더가 왕후의 예복을 입고 왕궁안 뜰 곧 어전 맞은편에
서니 왕이 어전에서 전 문을 대하여 왕좌에 앉았다가 2왕후 에스더가 뜰에 선 것
을 본즉 매우 사랑스러우므로 손에 잡았던 금규를 그에게 내미니 에스더가 가까
이 가서 금규 끝을 만진지라.

하나님은 왕의 마음을 감동하게 하셔서 왕후 에스더의 모습을 보자마자 사랑스럽게 보이도록 하셨다. 그리하여 금규를 내밀지 않으면 안 될 상황을 만든 것이다. 이것이 기적의 시작이다.

〈에 5:11–13〉 11자기의 큰 영광과 자녀가 많은 것과 왕이 자기를 들어 왕의 모든
지방관이나 신하들보다 높인 것을 다 말하고 12또 하만이 이르되 왕후 에스더가
그 베푼 잔치에 왕과 함께 오기를 허락 받은 자는 나밖에 없었고 내일도 왕과 함
께 청함을 받았느니라 13그러나 유다 사람 모르드개가 대궐 문에 앉은 것을 보는
동안에는 이 모든 일이 만족하지 아니하도다 하니.

〈에 6:1–2〉 1그날 밤에 왕이 잠이 오지 아니하므로 명령하여 역대 일기를 가져다가
자기 앞에서 읽히더니 2그 속에 기록하기를 문을 지키던 왕의 두 내시 빅다나와 데

레스가 아하수에로 왕을 암살하려는 음모를 모르드개가 고발하였다 하였는지라.

하나님께서는 모르드개를 세워 주시기 위해 왕으로 하여금 모르드개의 업적을 기록한 왕궁 역대 기록을 읽게 하신 것이다. 이 일은 아하수에로 왕이 모르드개의 편이 되게 하는 결정적인 사건이 된다. 생명나무를 선택하면 하나님께서는 갖가지의 방법을 통해 그를 보호하시고 인도하신다.

〈에 6:10-11〉 [10]이에 왕이 하만에게 이르되 너는 네 말대로 속히 왕복과 말을 가져다가 대궐 문에 앉은 유다 사람 모르드개에게 행하되 무릇 네가 말한 것에서 조금도 빠짐이 없이 하라 [11]하만이 왕복과 말을 취하여 모르드개에게 옷을 입히고 말을 태워 성 중 거리로 다니며 그 앞에서 반포하되 왕이 존귀하게 하시기를 원하시는 사람에게는 이같이 할 것이라 하니라.

모르드개에게 수치를 주려고 했던 하만이 오히려 모르드개에게 수치를 당했다. 이는 원수 앞에서 상을 베풀어 주시고 원수의 뺨을 치게 하시는 놀라운 역사이다.

Q **당신은 오직 생명나무를 선택했을 때 결국 원수 앞에서 상을 베풀어 주시는 하나님의 기적과 은혜를 어떻게 경험했는지 나눕시다.**

A **생명나무를 선택한 자는 분명히 승리한다는 사실을 주지시키라.**

〈시 3:7〉 여호와여 일어나소서 나의 하나님이여 나를 구원하소서 주께서 나의 모든 원수의 뺨을 치시며 악인의 이를 꺾으셨나이다.

〈에 7:2〉 왕이 이 둘째 날 잔치에 술을 마실 때에 다시 에스더에게 물어 이르되 왕후 에스더여 그대의 소청이 무엇이냐 곧 허락하겠노라 그대의 요구가 무엇이냐 곧 나라의 절반이라 할지라도 시행하겠노라.

〈에 7:6-7〉 [6]에스더가 이르되 대적과 원수는 이 악한 하만이니이다 하니 하만이 왕과 왕후 앞에서 두려워하거늘 [7]왕이 노하여 일어나서 잔치 자리를 떠나 왕궁 후원으로 들어가니라 하만이 일어서서 왕후 에스더에게 생명을 구하니 이는 왕이 자기에게 벌을 내리기로 결심한 줄 앎이더라.

〈에 7:8-10〉 [8]왕이 후원으로부터 잔치 자리에 돌아오니 하만이 에스더가 앉은 걸상 위에 엎드렸거늘 왕이 이르되 저가 궁중 내 앞에서 왕후를 강간까지 하고자 하는가 하니 이 말이 왕의 입에서 나오매 무리가 하만의 얼굴을 싸더라 [9]왕을 모신 내시 중에 하르보나가 왕에게 아뢰되 왕을 위하여 충성된 말로 고발한 모르드개를 달고자 하여 하만이 높이가 오십 규빗 되는 나무를 준비하였는데 이제 그 나무가 하만의 집에 섰나이다 왕이 이르되 하만을 그 나무에 달라 하매 [10]모르드개를 매달려고 한 나무에 하만을 다니 왕의 노가 그치니라.

〈에 8:2〉 왕이 하만에게서 거둔 반지를 빼어 모르드개에게 준지라 에스더가 모르드개에게 하만의 집을 관리하게 하니라.

■ 생명나무를 선택한 유대인을 위한 하나님의 역전 드라마

9. 하나님은 유대인들에게 어떻게 패자 부활전에 이르게 하셨습니까? 에스더 8-9장을 읽고 이야기해 봅시다.

〈에 8:8〉 너희는 왕의 명의로 유다인에게 조서를 뜻대로 쓰고 왕의 반지로 인을 칠지어다 왕의 이름을 쓰고 왕의 반지로 인 친 조서는 누구든지 철회할 수 없음이니라.

〈에 8:10-11〉 [10]아하수에로 왕의 명의로 쓰고 왕의 반지로 인을 치고 그 조서를 역졸들에게 부쳐 전하게 하니 그들은 왕궁에서 길러서 왕의 일에 쓰는 준마를 타는 자들이라 [11]조서에는 왕이 여러 고을에 있는 유다인에게 허락하여 그들이 함께 모여 스스로 생명을 보호하여 각 지방의 백성 중 세력을 가지고 그들을 치려 하는 자와 그들의 처자를 죽이고 도륙하고 진멸하고 그 재산을 탈취하게 하되.

〈에 9:2-3〉 [2]유다인들이 아하수에로 왕의 각 지방, 각 읍에 모여 자기를 해하고자 한 자를 죽이려 하니 모든 민족이 그들을 두려워하여 능히 막을 자가 없고 [3]각 지방 모든 지방관과 대신들과 총독들과 왕의 사무를 보는 자들이 모르드개를 두려워하므로 다 유다인을 도우니.

〈에 9:5-6〉 [5]유다인이 칼로 그 모든 대적들을 쳐서 도륙하고 진멸하고 자기를 미워하는 자에게 마음대로 행하고 [6]유다인이 또 도성 수산에서 오백 명을 죽이고 멸하고,

〈에 9:16〉 왕의 각 지방에 있는 다른 유다인들이 모여 스스로 생명을 보호하여 대적들에게서 벗어나며 자기들을 미워하는 자 칠만오천 명을 도륙하되 그 재산에는 손을 대지 아니하였더라.

〈에 9:32〉 에스더의 명령이 이 부림에 대한 일을 견고하게 하였고 그 일이 책에 기록되었더라.

에스더는 목숨을 걸고 왕 앞에 나가 결국 왕의 마음을 얻는 데 성공한다. 그러나 그 자리에서 바로 소원을 말하지 않고 잔치를 베풀었다. 이튿날 왕후가 마련한 잔치에 왕과 하만이 갔다. 잔치 분위기가 한참 고조되었을 때 왕이 취기가 고조되면서 에스더에게 말한다. "그대 소원이 무엇인가? 내 나라의 절반이라도 그대에게 주겠노라." 그때 드디어 에스더가 눈물로 아뢴다. "왕이여! 저 악한 하만이 우리 민족과 나를 죽이려고 합니다. 제 생명과 왕의 생명을 구한 모르드개도 죽이려고 하고 있습니다. 그러니 악한 저놈을 죽여 주옵소서."

결국 하만과 그의 식구들, 그리고 그 모의에 동참한 500명이 다 왕의 명령으로 사형을 당하고 이스라엘 백성이 극적으로 역전승을 하여 죽음에서 구원받는 감격스런 영광을 체험하게 된다. 그뿐 아니라 모르드개를 죽이려던 장대 위에 하만이 달려 죽고 모르드개가 그의 자리를 차지하여 왕의 신임을 돈독히 받게 된다.

Q 우리도 유대인들과 같은 패자 부활전을 어떻게 경험했는지 나누어 봅시다.

A 주님의 기쁨이 되려고 노력할 때 주님이 선한 길로 인도해 주신 경험을 나눈다.

나눔 갖기 서로 나눔

■ 와스디 왕후의 폐위 배경과 에스더가 왕후가 된 상황은 어떠한가?

■ 유대인들에게 어떤 위기가 닥쳤는가?

■ 위기 속에서 모르드개는 어떻게 생명나무를 선택하는가?

■ 에스더가 생명나무를 선택하지 못할 상황은 무엇이었고, 그 환경 속에서 어떤 결정을 내리는가?

■ 결과적으로 에스더와 모르드개 그리고 유대인들에게 어떤 역전의 기적이 있었는가?

무기 삼기 생활 적용

1. 에스더와 모르드개를 공부하면서 느낀 점이나 깨달은 점을 서로 이야기해 봅시다.

2. 오늘의 상황에서 내가 선택해야 할 생명나무는 무엇입니까?

3. 에스더와 모르드개 이야기를 우리의 교회 생활에 적용해 봅시다.

살다 보면 도저히 이해가 안 되는 일들이 많다. 아무런 이유 없이 어려움을 당하기도 하고, 모함을 당하고, 억울한 일을 당하기도 한다. 그러나 우리는 끝까지 생명나무 신앙을 붙잡고 감사하고 찬양하고 은혜를 붙잡아야 한다. 생명나무를 선택하는 사람에게 역전의 축복과 기적이 일어나기 때문이다. 에스더가 그랬고 모르드개가 그런 역전의 신앙을 보여주었지 않은가? 비록 눈앞에 보이는 것은 원망이요 불평이요 낙심뿐일지라도 구름 사이에는 찬란한 태양이 빛나고 있는 것처럼, 우리는 하나님의 은혜를 붙잡고 생명을 선택해야 한다. 그것이 바로 우리의 축복이고, 기적의 전주곡이기 때문이다.

멘토링

춘향전을 보면 춘향이가 오매불망 이 도령만을 기다립니다. 변 사또가 아무리 수청을 들라고 해도 거절을 하다 결국 감옥에 들어갑니다. 이 사실을 언제 한양에까지 가서 알리겠습니까? 그래도 방자를 통해 편지를 보냅니다. 이몽룡은 남원으로 오는 길에서 그 편지를 보고 모든 사실을 알았지만 모른 척하고 왔습니다.

먼저 장모 월매한테 갔는데, 월매가 마당에 물을 떠 놓고 손바닥이 닳도록 비비며 "비나이다, 비나이다, 천지신명이시여!" 하고 빌고 있었습니다. 우리 식으로 하면 "하늘과 땅을 지으신 여호와 하나님이시여! 기도하오니 응답하여 주시옵소서" 하고 있는 것입니다. 그런데 이몽룡이 거지 차림으로 들어섭니다. 월매는 "왜 그러냐? 이 몰골이 어찌 된 일이냐?"라고 물었습니다. 이몽룡은 "한양에 올라가서 과거도 떨어지고 집안이 다 망해서 이렇게 왔소"라고 하며 신세타령을 했습니다.

월매는 그런 이몽룡을 보고 "아이고, 우리 춘향이는 이제 죽었네. 내 딸 춘향이는 진짜 죽었네" 하고 땅바닥을 치며 한탄을 해요. 그런데 이몽룡이 속도 없이 "어이, 장모! 배고파 죽겠네, 밥 좀 주소" 합니다. 월매가 식은밥을 주니까 그것도 좋다고 찬물에 말아서 일부러 게걸스럽게 먹었습니다. 그러면서 "이보게 장모, 밥 좀 더 주소" 하고 말합니다. 월매는 이몽룡이 너무나 밉고 속이 터져요.

그러고 나서 이몽룡이 춘향이한테 갑니다. 감옥에 있는 춘향이도 이몽룡이의 남루한 모습을 보면서 절망을 합니다. 이 도령은 넉살도 좋게 "춘향아, 절망하지 마라. 하늘이 무너지고 땅이 꺼져도 솟아날 구멍이 있어. 사람의 목숨이 그리 쉽게 죽지는 않는 법이니라"고 말합니다. 그러자 춘향이는 처량한 모습으로 눈물을 흘리며 "서방님, 제가 죽으면 서방님의 선산에 묻어 주시오" 하고 마지막 부탁을 합니다. 그러니까 이몽룡이가 "죽긴 왜 죽느냐, 너는 안 죽는다. 하늘이 무너져도 솟아날 구멍이 있고 땅이 꺼져도 살아남을 구멍이 있느니라"고 하면서 "핫핫핫!" 하고 웃는 거예요.

그리고 이튿날 변 사또 앞에 가서 이몽룡이 술 한 잔 달라고 하면서 시를 짓습니다.

금준미주(金樽美酒) 천인혈(千人血)이요
옥반가효(玉盤佳肴) 만성고(萬姓膏)라
촉루낙시(燭淚落時) 민루락(民淚落)이요
가성고처 (歌聲高處) 원성고(怨聲高)라

금동이의 아름다운 술은 일천 백성의 피요
옥쟁반의 아름다운 안주는 일만 백성의 기름이라
촛농이 떨어질 때 백성 눈물 떨어지고
노래 소리 높은 곳에 원망 소리 드높구나.

미친놈이 아니고서야 어떻게 이럴 수가 있단 말입니까? 그러나 눈치가 빠른 운봉은 이 시를 보고 배가 아프다고 하면서 먼저 도망을 가버립니다. 그런데 아무것도 모르는 변 사또가 감히 거지 주제에 어디서 이런 시를 쓰느냐고 하면서 이몽룡을 잡아 죽이려 해요. 그러자 그 위기의 순간에 이몽룡이 마패를 보이면서 "암행어사 출도요!"라고 외칩니다. 그때 사방에서 군관들이 몽둥이를 들고 와서 변 사또를 잡고 타락한 관원들도 다 처리합니다.

그때까지도 춘향이는 아무것도 모르고 있었습니다. 암행어사가 변 사또를 처리하고 나서 감옥에 있는 춘향이를 불렀습니다. 그러고는 "춘향아, 변 사또는 나쁜 놈이니까 수청을 들지 않았지만 나는 착한 어사니까 내게 수청을 들지 않겠느냐?"라고 물어봅니다. 그러자 춘향이는 고개를 숙인 채로 "차라리 저를 죽여 주세요, 나는 임자가 있는 몸이고 정을 준 서방님이 계십니다. 비록 과거에 실패하고 집안은 망했어도 그분은 이 세상에 한 분뿐인 제 임이시옵니다. 저는 임자가 있는 몸입니다."

젊은 어사또의 눈에 눈물이 핑 돌았습니다. 그런 춘향이의 모습이 너무나 아름답게 보였습니다. 어사가 목젖이 뜨거워 목메이는 목소리로 말했습니다. "춘향아, 고개를 들어라. 눈을 들어 나를 보아라." 그는 바로 이몽룡이었습니다. "춘향아, 춘향아, 내 사랑 춘향아!" 춘향이는 눈물이 글썽글썽해져서 이몽룡만 보았습니다. "정말 서방님이시옵니까? 진정 내가 그토록 연모하고 그리워하던, 이 세상에 한 분뿐인 내 임이시옵니까? 내가 죽어서 서방님의 모습을 볼 줄만 알았는데 이렇게 서방님을 보오니 이게 꿈이옵니까? 생시이옵니까? 서방님!" 이몽룡을 춘향이의 그 애타는 모습을 도저히 보지 못하고 어사의 자리에서 내려와서 무릎을 꿇고 피투성이가 된 춘향이의 몸을 껴안아 주었습니다. "내가 너무 늦어서 미안하다. 내가 너를 너무 혹독하게 시험을 해서 미안하다. 내 그럴 줄 알았느니라. 너만은 나를 배신하지 않고 끝까지 나를 믿어 주고 나를 향한 사랑의 절개를 지킬 줄 알았느니라. 이제 내가 너를 보상해 주고 한양으로 데려가 정경부인으로 삼고 암행어사의 어부인이 되게 해주마."

우리의 고전 속에서 나오는 이야기이지만 참으로 귀한 교훈을 줍니다. 춘향이가 고난과 시련 속에서 자신의 절개를 포기하였다면 어떻게 되었겠습니까? 그가 일편단심 이몽룡만을 사랑하며 기다렸기 때문에 나중에 역전의 영광을 누릴 수가 있었던 것입니다. 우리도 아무리 괴롭고 힘든 일이 있어도 하나님을 향한 사랑, 하나님을 향한 일사각오의 순결과 충성의 마음은 변하지 않아야 합니다. 그런 마음이 위대한 역전의 기적을 만들어내는 생명나무 신앙이기 때문입니다.

– 소강석 목사의 '생명나무 설교' 중에서

다이어리

제12과를 공부한 후의 삶의 변화와 깨달음을 적고 서로 나눕시다.

The Tree of Life
생명나무학교

13과 생명나무를 선택한 사람들Ⅲ
- 다윗

[1]나의 힘이신 여호와여 내가 주를 사랑하나이다 [2]여호와는 나의 반석이시요 나의 요새
시요 나를 건지시는 이시요 나의 하나님이시요 내가 그 안에 피할 나의 바위시요 나의
방패시요 나의 구원의 뿔이시요 나의 산성이시로다(시 18:1-2).

본문 묵상

다윗은 자신에게 있어서 진정한 힘이 되신 분은 누구라고 고백합니까?(1절)

다윗은 자신의 힘이 되신 하나님에 대해 어떻게 말하고 있습니까?(2절)

생각하기 깨워 보기

생명나무를 선택해야 할 상황은 사람마다 다를 수 있다. 그러나 상황은 다르지만 생명나무를 선택하면 결과는 항상 같다. 언제나 생명의 풍성함이요 영육간의 역전이다. 성경의 많은 인물 중에서도 다윗은 특별히 그런 사람이었다. 그는 언제나 주님을 선택했고 하나님의 은혜를 사모했다. 목마른 사슴이 시냇물을 찾기에 갈급함같이 하나님의 은혜와 생명을 갈망했다. 그래서 그는 절망과 시련의 골짜기를 지나 찬란한 축복과 기적의 자리에 오를 수 있었던 것이다.

명심하기 본문 탐색

■ 다윗이 등장한 배경

1. 사무엘상 16-17장을 읽으면서 다윗이 이스라엘에 등장하게 된 동기와 과정을 이야기해 봅시다.

〈삼상 16:12-13〉 [12]이에 사람을 보내어 그를 데려오매 그의 빛이 붉고 눈이 빼어나
고 얼굴이 아름답더라 여호와께서 이르시되 이가 그니 일어나 기름을 부으라 하시
는지라 [13]사무엘이 기름 뿔병을 가져다가 그의 형제 중에서 그에게 부었더니 이날
이후로 다윗이 여호와의 영에게 크게 감동되니라 사무엘이 떠나서 라마로 가니라.

사울은 하나님께 버림을 받았다. 한 사람이 쓰임 받기 위해서는 이를 위해 버림받는 사람의 터 위에 세워진다. 다윗이 하나님께 쓰임을 받음으로 사울은 악령에게 괴로움을 당한다.

Q 아버지 이새도 다윗에 대해 어떤 기대를 하지 않았습니다. 그럼에도 불구하고 하나님은 다윗을 위로하셨고 축복하셨습니다. 다윗은 비록 목동의 일이지만 작은 일에 최선을 다했기 때문입니다. 하나님께서 비록 부족하지만 충성한 자를 사용하시는 모습을 보며 어떤 도전이 됩니까? 지금 내가 헌신하고 있는 부분에서 어떤 각오로 해야 할지 나눕시다.

A 하나님은 큰 것을 보지 않는다. 큰 축복을 주시기 전에 먼저 작은 일에 어떻게 충성하는지를 보신다.

〈마 25:23〉 그 주인이 이르되 잘하였도다 착하고 충성된 종아 네가 적은 일에 충성하였으매 내가 많은 것을 네게 맡기리니 네 주인의 즐거움에 참여할지어다 하고.

〈삼상 16:22-23〉 [22]또 사울이 이새에게 사람을 보내어 이르되 원하건대 다윗을 내 앞에 모셔 서게 하라 그가 내게 은총을 얻었느니라 하니라 [23]하나님께서 부리시는 악령이 사울에게 이를 때에 다윗이 수금을 들고 와서 손으로 탄즉 사울이 상쾌하여 낫고 악령이 그에게서 떠나더라.

하나님은 하나님이 쓰실 사람을 절대로 그냥 초야에서 지내게 하지 않으신다. 하나님은 다윗을 사울이 있는 왕궁으로 오게 하셨고 사울에게 어느 정도 인정을 받게 해주셨다. 그래서 훗날 골리앗과 싸우러 나가려고 하는 다윗을 말리지 않게 하신 것이다.

Q **지금 당장은 이해가 되지 않지만 훗날 이해가 되었던 어떤 사건이나 고난에 대해 나눕시다. 훗날 어떤 유익과 깨달음이 있었는지 나누어 봅시다.**

A **우리 주님은 모든 것을 기쁘신 뜻대로, 선한 길로 인도하심을 주지시키라.**

〈롬 12:2〉 너희는 이 세대를 본받지 말고 오직 마음을 새롭게 함으로 변화를 받아 하나님의 선하시고 기뻐하시고 온전하신 뜻이 무엇인지 분별하도록 하라.

〈삼상 17:48-49〉 [48]블레셋 사람이 일어나 다윗에게로 마주 가까이 올 때에 다윗이 블레셋 사람을 향하여 빨리 달리며 [49]손을 주머니에 넣어 돌을 가지고 물매로 던져 블레셋 사람의 이마를 치매 돌이 그의 이마에 박히니 땅에 엎드러지니라.

위기는 때로 영웅이 등장하는 무대로 사용된다. 사울의 위기는 다윗이라고 하는 찬란한 영웅의 등장을 의미했다. 사울은 하나님 중심이 아닌 자기 중심의 삶을 살았지만 다윗은 자신의 모든 주권을 하나님께 반납하고 하나님만을 왕으로 모시며 살았기 때문에 축복을 받은 것이다.

■ 다윗의 위기

2. 다윗에 대한 사울의 태도는 어떻게 변합니까?

〈삼상 18:6-9〉 [6]무리가 돌아올 때 곧 다윗이 블레셋 사람을 죽이고 돌아올 때에
여인들이 이스라엘 모든 성읍에서 나와서 노래하며 춤추며 소고와 경쇠를 가지
고 왕 사울을 환영하는데 [7]여인들이 뛰놀며 노래하여 이르되 사울이 죽인 자는
천천이요 다윗은 만만이로다 한지라 [8]사울이 이 말에 불쾌하여 심히 노하여 이
르되 다윗에게는 만만을 돌리고 내게는 천천만 돌리니 그의 더 얻을 것이 나라
말고 무엇이냐 하고 [9]그날 후로 사울이 다윗을 주목하였더라.

다윗은 사울의 시기와 질투를 당하게 된다. 또 다른 위기가 찾아온 것이다.

3. 급기야 사울은 다윗에게 어떤 행동을 합니까?

〈삼상 18:10-11〉 [10]그 이튿날 하나님께서 부리시는 악령이 사울에게 힘있게 내리
매 그가 집 가운데서 정신없이 떠들어대므로 다윗이 평일과 같이 손으로 수금을
타는데 그때에 사울의 손에 창이 있는지라 [11]그가 스스로 이르기를 내가 다윗을
벽에 박으리라 하고 그 창을 던졌으나 다윗이 그 앞에서 두 번 피하였더라.

〈삼상 19:9-10〉 [9]사울이 손에 단창을 가지고 그의 집에 앉았을 때에 여호와께서
부리시는 악령이 사울에게 접하였으므로 다윗이 손으로 수금을 탈 때에 [10]사울이
단창으로 다윗을 벽에 박으려 하였으나 그는 사울의 앞을 피하고 사울의 창은
벽에 박힌지라 다윗이 그 밤에 도피하매.

〈삼상 19:11-12〉 [11]사울이 전령들을 다윗의 집에 보내어 그를 지키다가 아침에
그를 죽이게 하려 한지라 다윗의 아내 미갈이 다윗에게 말하여 이르되 당신이
이 밤에 당신의 생명을 구하지 아니하면 내일에는 죽임을 당하리라 하고 [12]미갈
이 다윗을 창에서 달아 내리매 그가 피하여 도망하니라.

다윗의 죄는 골리앗을 죽인 것밖에 없다. 그런데 그 일로 인하여 도리어 사울의 시기와 질투를 당하게 된다. 얼마나 억울한 일인가? 하나님의 일을 해놓고도 칭찬과 격려를 받지는 못하고 오히려 쫓기는 신세가 된 것이다.

Q **당신은 하나님의 일에 나름대로 충성을 다했는데, 오히려 상황이 나빠지거나 핍박과 고난이 더욱 심해진 경험을 나눕시다.**

A **어떠한 경우라도 생명나무만 선택하면 때가 될 때 거두게 된다.**

〈갈 6:9〉 우리가 선을 행하되 낙심하지 말지니 포기하지 아니하면 때가 이르매 거두리라.

■ 다윗의 광야 생활

4. 다윗은 광야 생활에서 어떤 어려움을 당합니까?

〈삼상 21:12-15〉 [12]다윗이 이 말을 그의 마음에 두고 가드 왕 아기스를 심히 두려워하여 [13]그들 앞에서 그 행동을 변하여 미친 체하고 대문짝에 그적거리며 침을 수염에 흘리매 [14]아기스가 그 신하에게 이르되 너희도 보거니와 이 사람이 미치광이로다 어찌하여 그를 내게로 데려왔느냐 [15]내게 미치광이가 부족하여서 너희가 이 자를 데려다가 내 앞에서 미친 짓을 하게 하느냐 이 자가 어찌 내 집에 들어 오겠느냐 하니라.

피신 생활에서 다윗은 먼저 블레셋 사람에게 도움을 구한다. 그러나 그들이 오히려 다윗을 잡아 사울에게 넘기려 한다. 그가 하는 것마다 안 되고, 은혜를 베푼 자들에게마저 배신을 당하는 끝없는 어려움을 겪게 된다.

〈삼상 22:6-7〉 [6]사울이 다윗과 그와 함께 있는 사람들이 나타났다 함을 들으니라 그때에 사울이 기브아 높은 곳에서 손에 단창을 들고 에셀 나무 아래 앉았고

모든 신하들은 그의 곁에 섰더니 [7]사울이 곁에 선 신하들에게 이르되 너희 베냐
민 사람들아 들으라 이새의 아들이 너희에게 각기 밭과 포도원을 주며 너희로
천부장, 백부장을 삼겠느냐.

〈삼상 23:12〉 다윗이 이르되 그일라 사람들이 나와 내 사람들을 사울의 손에 넘기겠나이까 하니 여호와께서 이르시되 그들이 너를 넘기리라 하신지라.

〈삼상 23:19–20〉 [19]그때에 십 사람들이 기브아에 이르러 사울에게 나아와 이르
되 다윗이 우리와 함께 광야 남쪽 하길라 산 수풀 요새에 숨지 아니하였나이까
[20]그러하온즉 왕은 내려오시기를 원하시는 대로 내려 오소서 그를 왕의 손에 넘
길 것이 우리의 의무니이다 하니.

다윗은 그때도 하나님을 원망하지 않았다. 그때도 하나님을 사랑하고 하나님을 바라보았다. 이것이 다윗이 선택한 생명나무이다.

Q **이런 쓰라린 버림을 당해 본 경험에 대해 나눕시다. 이럴 때 어떻게 했습니까?**

A **생명나무를 선택한다 할지라도 때로는 아픔이 찾아온다. 그때마다 인내하며 승리하는 것이 진정한 생명나무 선택이다.**

〈롬 5:3–4〉 다만 이뿐 아니라 우리가 환난 중에도 즐거워하나니 이는 환난은 인내를, 인내는 연단을, 연단은 소망을 이루는 줄 앎이로다.

■ 다윗의 블레셋으로의 망명과 그로 인한 깨달음

5. 다윗은 결국 블레셋으로 망명했습니다. 그런데 거기서 어떤 일을 당합니까? 사무엘상 27–30장까지 읽고 이야기해 봅시다.

다윗의 망명은 하나님께 묻지 않은 행위였다. 즉, 하나님의 뜻을 따르지 않은 자의적 판단이었다. 그래서 그는 큰 어려움을 당하게 된다.

〈삼상 27:1-2〉 1다윗이 그 마음에 생각하기를 내가 후일에는 사울의 손에 붙잡히
리니 블레셋 사람의 땅으로 피하여 들어가는 것이 좋으리로다 사울이 이스라엘
온 영토 내에서 다시 나를 찾다가 단념하리니 내가 그의 손에서 벗어나리라 하고 2
다윗이 일어나 함께 있는 사람 육백 명과 더불어 가드 왕 마옥의 아들 아기스에게
로 건너가니라.

〈삼상 27:5-6〉 5다윗이 아기스에게 이르되 바라건대 내가 당신께 은혜를 입었다
면 지방 성읍 가운데 한 곳을 주어 내가 살게 하소서 당신의 종이 어찌 당신과 함
께 왕도에 거하리이까 하니 6아기스가 그날에 시글락을 그에게 주었으므로 시글
락이 오늘까지 유다 왕에게 속하니라.

〈삼상 28:1-2〉 1그때에 블레셋 사람이 이스라엘을 쳐서 싸우려고 군대를 모집한
지라 아기스가 다윗에게 이르되 너는 밝히 알라 너와 네 사람들이 나와 함께 나
가서 군대에 참가할 것이니라 2다윗이 아기스에게 이르되 그러면 당신의 종이
행할 바를 아시리이다 아기스가 다윗에게 이르되 그러면 내가 너를 영원히 내
머리를 지키는 자를 삼으리라 하니라.

6. 블레셋 방백들은 어떤 고백을 하며, 그 고백의 의미는 무엇입니까?

〈삼상 29:4-5〉 4블레셋 사람의 방백들이 그에게 노한지라 블레셋 방백들이 그
에게 이르되 이 사람을 돌려보내어 왕이 그에게 정하신 그 처소로 가게 하소서
그는 우리와 함께 싸움에 내려가지 못하리니 그가 전장에서 우리의 대적이 될까
하나이다 그가 무엇으로 그 주와 다시 화합하리이까 이 사람들의 머리로 하지
아니하겠나이까 5그들이 춤추며 노래하여 이르되 사울이 죽인 자는 천천이요 다
윗은 만만이로다 하던 이 다윗이 아니니이까 하니.

블레셋 방백들은 전부 다윗을 믿지 못하는 것이다. 같이 지내고는 있지만 경계했고 다윗 자신에 대해 원수라는 의식이 팽배했다. 다윗은 블레셋 백성들과 함께 거하고 있지만 블레셋 방백들을 믿지 못하는 살얼음 위를 걷는 듯한 상황이다.

7. 다윗이 생명나무를 선택하지 않고 인간의 생각으로 블레셋을 선택한 이후 어떤 위기가 찾아옵니까?

〈삼상 30:1-4〉 [1]다윗과 그의 사람들이 사흘 만에 시글락에 이른 때에 아말렉 사
람들이 이미 네겝과 시글락을 침노하였는데 그들이 시글락을 쳐서 불사르고 [2]거
기에 있는 젊거나 늙은 여인들은 한 사람도 죽이지 아니하고 다 사로잡아 끌고
자기 길을 갔더라 [3]다윗과 그의 사람들이 성읍에 이르러 본즉 성읍이 불탔고 자
기들의 아내와 자녀들이 사로잡혔는지라 [4]다윗과 그와 함께 한 백성이 울 기력
이 없도록 소리를 높여 울었더라.

이같은 실수로 다윗은 동족과 싸워야 하는 고통과 왕과 장수들에게 의심을 받는 모욕, 그리고 진중에 돌아왔을 때 모든 것을 노략질 당하고 백성들에게마저 원성을 듣는 지경에 이르렀다.

Q 다윗이 하나님께 묻지 않고 스스로의 안전을 위해 블레셋을 선택한 까닭에 결국 고난과 위기에 직면하게 된 모습을 보며, 당신도 공감하는 경험이 있다면 나누어 봅시다.

A 기도하지 않고 자기 생각대로 결정했지만 결국 아픔이었던 경험을 나눈다.

■ 위기 속에서 생명나무를 선택하는 다윗

8. 다윗은 이런 상황 속에서 어떻게 생명나무를 선택합니까?

〈삼상 23:3-4〉 3다윗의 사람들이 그에게 이르되 보소서 우리가 유다에 있기도
두렵거든 하물며 그일라에 가서 블레셋 사람의 군대를 치는 일이리이까 한지라
4다윗이 여호와께 다시 묻자온대 여호와께서 대답하여 이르시되 일어나 그일라
로 내려가라 내가 블레셋 사람을 네 손에 넘기리라 하신지라.

다윗은 생명나무를 선택하였다. 원망하거나 좌절하지 않고 하나님께 기도하였다. 그는 사울을 죽일 기회가 있었지만 자신의 손으로 하나님의 일을 대신하지 않았다.

9. 다윗은 원수 사울을 죽일 수 있는 상황에서 어떻게 생명나무를 선택합니까?

〈삼상 24:4-6〉 4다윗의 사람들이 이르되 보소서 여호와께서 당신에게 이르시기
를 내가 원수를 네 손에 넘기리니 네 생각에 좋은대로 그에게 행하라 하시더니
이것이 그날이니이다 다윗이 일어나서 사울의 겉옷 자락을 가만히 베니라 5그리
한 후에 사울의 옷자락 벰으로 말미암아 다윗의 마음이 찔려 6자기 사람들에게
이르되 내가 손을 들어 여호와의 기름 부음을 받은 내 주를 치는 것은 여호와께
서 금하시는 것이니 그는 여호와의 기름 부음을 받은 자가 됨이니라 하고.

〈삼상 26:9-11〉 9다윗이 아비새에게 이르되 죽이지 말라 누구든지 손을 들어 여
호와의 기름 부음을 받은 자를 치면 죄가 없겠느냐 하고 10다윗이 또 이르되 여호
와께서 살아 계심을 두고 맹세하노니 여호와께서 그를 치시리니 혹은 죽을 날이
이르거나 또는 전장에 가서 망하리라 11내가 손을 들어 여호와의 기름 부음을 받
은 자를 치는 것을 여호와께서 금하시나니 너는 그의 머리 곁에 있는 창과 물병
만 가지고 가자 하고.

다윗은 분명 하나님의 촛대가 옮겨졌고 하나님께 버림받았을지라도 하나님께 기름 부음 받았다는 사실 때문에 사울의 생명을 보존해 준다. 이것은 하나님의 권위에 대해 인정하는 것이고 하나님을 존중히 여기는 모습이다. 나의 선택과 결정, 내가 보는 도덕의 관점이 중요한 것이 아니고 하나님 보시기에 어떠한가가 더욱 중요하다.

Q 당신의 이성과 도덕의 기준으로 교회와 목회자를 판단하고 공격했던 경험이 있었다면 나누어 봅시다. 앞으로 어떻게 해야 할지 나눕시다.

A 하나님의 사람은 실수했을지라도 인간이 판단해서는 안 된다. 하나님을 존중히 여기는 마음으로 그를 인정하고 기도해 주어야 한다. 판단은 하나님이 하신다.

〈민 12:1〉 모세가 구스 여자를 취하였더니 그 구스 여자를 취하였으므로 미리암과 아론이 모세를 비방하니라.

〈민 12:8〉 그와는 내가 대면하여 명백히 말하고 은밀한 말로 하지 아니하며 그는 또 여호와의 형상을 보거늘 너희가 어찌하여 내 종 모세 비방하기를 두려워하지 아니하느냐.

10. 원망해야 할 상황에서 다윗은 어떤 선택을 합니까?

〈삼상 30:7-8〉 [7]다윗이 아히멜렉의 아들 제사장 아비아달에게 이르되 원하건대 에봇을 내게로 가져오라 아비아달이 에봇을 다윗에게로 가져가매 [8]다윗이 여호와께 묻자와 이르되 내가 이 군대를 추적하면 따라잡겠나이까 하니 여호와께서 그에게 대답하시되 그를 쫓아가라 네가 반드시 따라잡고 도로 찾으리라.

다윗은 자기가 당한 실패의 원인과 문제의 핵심을 정확하게 파악하였다. '이것은 아말렉에게 있었던 것도 아니고 600명의 부하에게 있던 것도 아니다. 이 문제는 바로 나 때문에 일어난 것이다. 내가 기도하지 않아서 그렇고, 내가 하나님을 의지하지 않아서 그렇고, 내가 하나님을 떠나서 이런 문제가 찾아온 것이다. 그러므로 이제라도 하나님께 엎드려 기도해 보자. 이제라도 하나님만 의지해 보자.' 다윗은 이런 마음으로 하나님께 엎드려 기도하였다. 그리고 하나님의 응답과 명령을 받고 군사를 이끌고 아말렉 군사를 따라가기 시작한 것이다. 그는 달려가면서 하나님께 이런 노래로 고백하였을 것이다.

〈시 18:1-2〉 [1]나의 힘이신 여호와여 내가 주를 사랑하나이다 [2]여호와는 나의 반석이시요 나의 요새시요 나를 건지시는 이시요 나의 하나님이시요 내가 그 안에 피할 나의 바위시요 나의 방패시요 나의 구원의 뿔이시요 나의 산성이시로다.

Q 다윗은 어떤 순간에도 항상 시편 18편 1-2절의 고백을 하며 살았던 사람입니다. 지금의 상황에서 이 고백이 당신에게 어떤 위로가 됩니까?

A 하나님은 어떤 순간에도 하나님을 의지하고 바라보는 자를 위로하신다.

〈시 18:18〉 그들이 나의 재앙의 날에 내게 이르렀으나 여호와께서 나의 의지가 되셨도다

■ 생명나무를 선택한 다윗에게 주시는 패자 부활전의 축복

11. 하나님은 이런 다윗을 어떻게 역전시키고 패자 부활전에 이르게 하십니까?

〈삼상 30:16-20〉 [16]그가 다윗을 인도하여 내려가니 그들이 온 땅에 편만하여 블레셋 사람의 땅과 유다 땅에서 크게 약탈하였음으로 말미암아 먹고 마시며 춤추는지라 [17]다윗이 새벽부터 이튿날 저물 때까지 그들을 치매 낙타를 타고 도망한

소년 사백 명 외에는 피한 사람이 없었더라 [18]다윗이 아말렉 사람들이 빼앗아갔
던 모든 것을 도로 찾고 그의 두 아내를 구원하였고 [19]그들의 약탈하였던 것 곧
무리의 자녀들이나 빼앗겼던 것의 크고 작은 것을 막론하고 아무것도 잃은 것이
없이 모두 다윗이 도로 찾아왔고 다윗이 [20]또 양떼와 소떼를 다 되찾았더니 무리
가 그 가축들을 앞에 몰고 가며 이르되 이는 다윗의 전리품이라 하였더라.

다윗은 아말렉에게 잡힌 아내와 자녀들, 약탈 당한 모든 재물뿐만 아니라 더 많은 축복을 도로 찾는 기적을 경험하였다.

〈삼하 1:3-4〉 [3]다윗이 그에게 묻되 너는 어디서 왔느냐 하니 대답하되 이스라엘
진영에서 도망하여 왔나이다 하니라 [4]다윗이 이르되 일이 어떻게 되었느냐 너는
내게 말하라 그가 대답하되 군사가 전쟁 중에서 도망하기도 하였고 무리 중에
엎드러져 죽은 자도 많았고 사울과 그 아들 요나단도 죽었나이다 하는지라.

〈삼하 2:2-4〉 [2]다윗이 그의 두 아내 이스르엘 여인 아히노암과 갈멜 사람 나발의
아내였던 아비가일을 데리고 그리로 올라갈 때에 [3]또 자기와 함께한 추종자들과
그들의 가족들을 다윗이 다 데리고 올라가서 헤브론 각 성읍에 살게 하니라 [4]유
다 사람들이 와서 거기서 다윗에게 기름을 부어 유다 족속의 왕으로 삼았더라 어
떤 사람이 다윗에게 말하여 이르되 사울을 장사한 사람은 길르앗 야베스 사람들
이니이다 하매.

〈삼하 3:1〉 사울의 집과 다윗의 집 사이에 전쟁이 오래매 다윗은 점점 강하여 가고 사울의 집은 점점 약하여 가니라.

하나님께서는 다윗에게 가시와 같았던 사울의 집을 다윗이 아닌 다른 세력에 의해 몰락하게 하셨다. 그로 인해 다윗의 모든 원수가 사라지고 승승장구한 역전의 은혜를 부어 주셨다.

〈삼하 5:3〉 이에 이스라엘 모든 장로가 헤브론에 이르러 왕에게 나아오매 다윗 왕이 헤브론에서 여호와 앞에서 그들과 언약을 맺으매 그들이 다윗에게 기름을 부어 이스라엘 왕으로 삼으니라.

다윗은 잃었던 모든 것을 찾고 그 이상의 것을 취하였다. 원수가 죽고 유다 족속의 왕이 되었다. 그리고 이스라엘의 왕이 되었다. 어려움을 당할수록 생명나무를 선택하라. 그러면 역전과 축복으로 인도하신다.

■ 다윗의 지속적인 생명나무 선택

12. 다윗은 왕이 된 후에 먼저 어떤 일을 함으로써 생명나무를 선택했습니까?

〈삼하 6:1–2〉 [1]다윗이 이스라엘에서 뽑은 무리 삼만 명을 다시 모으고 [2]다윗이 일어나서 자기와 함께 있는 모든 사람과 더불어 바알레유다로 가서 거기서 하나님의 궤를 메어 오려 하니 그 궤는 그룹들 사이에 좌정하신 만군의 여호와의 이름으로 불리는 것이라.

〈삼하 6:13–14〉 [13]여호와의 궤를 멘 사람들이 여섯 걸음을 가매 다윗이 소와 살진 송아지으로 제사를 드리고 [14]다윗이 여호와 앞에서 힘을 다하여 춤을 추는데 그때에 베 에봇을 입었더라.

다윗은 왕이 된 이후에 가장 먼저 법궤를 가져왔다. 법궤를 진정한 기쁨으로 맞아들였다.

〈삼하 7:1–3〉 [1]여호와께서 주위의 모든 원수를 무찌르사 왕으로 궁에 평안히 살게 하신 때에 [2]왕이 선지자 나단에게 이르되 볼지어다 나는 백향목 궁에 살거늘 하나님의 궤는 휘장 가운데에 있도다 [3]나단이 왕께 아뢰되 여호와께서 왕과 함께 계시니 마음에 있는 모든 것을 행하소서 하니라.

다윗은 하나님의 영광을 위해 법궤를 모실 성전을 건축하기로 계획하였다.

Q **다윗은 왕이 된 이후에 왕의 권력과 힘을 이용하여 하나님이 원하시는 일에 최선을 다했습니다. 지금 당신이 가진 것을 통해 어떻게 하나님의 기쁨이 될**

지 나누어 봅시다.

A 느헤미야는 자신이 가진 술관원이라는 높은 위치를 통해 예루살렘의 성벽을 쌓는 데 사용한다. 그리고 결국 예루살렘 성벽을 52일 만에 완벽하게 완성한다(느 6:15).

〈느 2:5〉 왕에게 아뢰되 왕이 만일 좋게 여기시고 종이 왕의 목전에서 은혜를 얻었사오면 나를 유다 땅 나의 조상들의 묘실이 있는 성읍에 보내어 그 성을 건축하게 하옵소서 하였는데.

■ 생명나무를 선택한 다윗이 받은 축복

13. 하나님은 이런 다윗을 어떻게 축복하고 높이십니까?

〈삼하 7:9〉 네가 가는 모든 곳에서 내가 너와 함께 있어 네 모든 원수를 네 앞에서 멸하였은즉 땅에서 위대한 자들의 이름같이 네 이름을 위대하게 만들어 주리라.

하나님은 그의 이름을 위대하게 만들어 주신다고 약속하셨다.

〈삼하 7:14-16〉 14나는 그에게 아버지가 되고 그는 내게 아들이 되리니 그가 만일 죄
를 범하면 내가 사람의 매와 인생의 채찍으로 징계하려니와 15내가 네 앞에서 물러나
게 한 사울에게서 내 은총을 빼앗은 것처럼 그에게서 빼앗지는 아니하리라 16네 집과
네 나라가 내 앞에서 영원히 보전되고 네 왕위가 영원히 견고하리라 하셨다 하라.

하나님은 하나님의 언약을 반드시 이루어 주시겠다고 약속하셨다.

〈삼하 8:1-2〉 1그 후에 다윗이 블레셋 사람을 쳐서 항복을 받고 블레셋 사람들의
손에서 메덱암마를 빼앗으니라 2다윗이 또 모압을 쳐서 그들로 땅에 엎드리게
하고 줄로 재어 그 두 줄 길이의 사람은 죽이고 한 줄 길이의 사람은 살리니 모압

사람이 다윗의 종들이 되어 조공을 드리니라.

하나님은 다윗으로 하여금 주변국들을 평정하게 하셨고, 이스라엘의 주변 나라로부터 조공을 받게 해 주셨다.

〈삼하 8:5〉 다메섹의 아람 사람들이 소바 왕 하닷에셀을 도우러 온지라 다윗이 아람 사람 이만이천 명을 죽이고.

〈삼하 8:9-10〉 [9]하맛 왕 도이가 다윗이 하닷에셀의 온 군대를 쳐서 무찔렀다 함을 듣고 [10]도이가 그의 아들 요람을 보내 다윗 왕에게 문안하고 축복하게 하니 이는 하닷에셀이 도이와 더불어 전쟁이 있던 터에 다윗이 하닷에셀을 쳐서 무찌름이라 요람이 은그릇과 금그릇과 놋그릇을 가지고 온지라.

다윗보다 인생을 크게 성공한 사람이 없다. 다윗만큼 그의 영향력의 지경을 넓힌 사람이 없다. 다윗은 이스라엘의 왕이 되었을 뿐만 아니라 고대 근동의 수많은 제국을 다스린 황제 중의 황제였다. 그래서 그야말로 그는 존귀한 이름, 명예 중의 명예의 축복을 누린 사람이다.

지금도 이스라엘의 국기는 다윗의 빛나는 새벽별로 하고 있고, 이 세상의 수많은 사람들 중에 다윗을 모르는 사람이 없다. 또한 다윗은 자손 대대로 망하지 않는 축복을 받았으며, 형통과 평안의 축복을 받았다. 그리고 무엇보다 견고한 나라와 자손 대대로 영원히 빼앗기지 않는 축복을 받은 사람이다. 왜 그렇게 되었는가? 그는 고난과 역경 가운데서도 생명나무 신앙을 선택하였기 때문이다.

나눔 갖기 서로 나눔

- 다윗이 등장하게 된 배경은 어떠한가?
- 다윗은 블레셋 장수를 죽인 이후에 어떤 위기에 직면하게 되는가?
- 다윗은 광야생활 가운데 어떤 어려움이 있었는가?
- 하나님께 묻지 않고 블레셋을 선택했을 때 어떤 결과가 있었고, 다시 주님을 회복하고 생명나무를 선택할 때 어떤 결과가 있었는가?
- 다윗은 왕이 된 이후에도 어떤 생명나무를 선택하는가?
- 생명나무를 선택한 다윗에게 하나님은 어떤 축복을 주시는가?

무기 삼기 생활 적용

1. 다윗의 삶을 통해 크게 느낀 점이나 깨달은 점을 함께 이야기해 봅시다.
   (무슨 어려움이 있어도 생명나무를 선택하면 역전으로 인도하신다.)

2. 내 삶의 현장에서 다윗과 같이 생명나무를 선택해야 할 것은 무엇입니까?

3. 다윗의 삶과 나의 교회 생활을 연관해서 적용해 봅시다.

4. 나도 다윗처럼 생명나무를 선택함으로써 하나님께 받을 축복은 무엇입니까?

다윗은 한때 위기를 맞았지만 다시 한 번 생명나무 신앙을 회복하고 하나님을 붙잡았다. 그리고 군사들과 함께 아말렉 진영을 향해 기습 공격을 했다. 최선을 다하고 사력을 다해 싸웠다. 그래서 마침내 그들을 무찌르고 나서 빼앗긴 가족과 모든 재산을 하나도 남김없이 빼앗아올 수 있었다. 아말렉을 다 쳐 죽이고 한 사람도 남김없이 빼앗아 왔다. 물론 부녀와 자녀들은 머리카락 하나 다치지 않게 하고서 말이다. 다윗의 완전한 역전승이었다. 하나도 손해난 것이 없었다. 그리고 다윗은 그 사건을 통해 부하들에게 참으로 존경받는 지도자로 서게 되었다. 또한 이 일이 있고 난 얼마 후에 사울은 블레셋과의 전쟁에서 죽게 되었고, 마침내 다윗이 이스라엘의 왕이 되었다. 그리고 그는 또 승리에 승리를 거듭하여 고대 근동을 제패하고 다스리는 황제 중의 황제가 되었던 것이다.

멘토링

여러분 가운데 실패한 분이 있습니까? 세상 가운데 온갖 실패와 좌절하거나 낙망한 분이 있습니까? 요즘 경기가 좋지 않다고, 불경기라고 낙심한 분들이 많습니다. 그러나 언제나 중요한 것은 상황이 아니라 사람이라는 사실입니다. 그렇다면 우리가 이럴 때 다윗처럼 하나님 앞에서 내 영적인 상태부터 체크해 보시기 바랍니다. '나의 영성이 죽어 있지는 않은가, 나의 영성이 잠들어 있지는 않은가?' 영성이 잠을 자니까 선악과를 선택하고 스스로 선악을 판단하고 좌절하고 낙망하고 있는 것이 아니겠습니까?

그러므로 우리 모두 생명나무를 선택해야 합니다. 기도의 생명나무를 선택하고, 하나님의 약속을 붙잡고, 생명을 다해 진력하고, 최선을 다하는 그 생명나무를 선택해야 합니다. 그럴 때 절망을 승리로, 실패를 성공으로 바꾸는 패자 부활전의 위대한 영광의 길이 열릴 것입니다.

– 소강석 목사의 '생명나무 설교' 중에서

다이어리

제13과를 공부한 후의 삶의 변화와 깨달음을 적고 서로 나눕시다.

생명나무학교 The Tree of Life

14과 생명나무를 선택한 사람들Ⅳ - 마리아

[38]그들이 길 갈 때에 예수께서 한 마을에 들어가시매 마르다라 이름하는 한 여자가 자
기 집으로 영접하더라 [39]그에게 마리아라 하는 동생이 있어 주의 발치에 앉아 그의 말
씀을 듣더니 [40]마르다는 준비하는 일이 많아 마음이 분주한지라 예수께 나아가 이르되
주여 내 동생이 나 혼자 일하게 두는 것을 생각하지 아니하시나이까 그를 명하사 나를
도와 주라 하소서 [41]주께서 대답하여 이르시되 마르다야 마르다야 네가 많은 일로 염려
하고 근심하나 [42]몇 가지만 하든지 혹은 한 가지만이라도 족하니라 마리아는 이 좋은
편을 택하였으니 빼앗기지 아니하리라 하시니라(눅 10:38-42).

본문 묵상

예수님이 마리아와 마르다 집에 가셨을 때 그들은 각각 어떤 행동을 합니까? (38-39절)

마르다는 주님께 어떤 요청을 합니까?(40절)

주님은 마르다의 요청에 어떤 대답을 하십니까?(42절)

생각하기 깨워 보기

생명나무를 선택하면 역전 드라마의 주인공만 되는 것이 아니라 하나님께 큰 일꾼, 귀한 일꾼으로 쓰임 받기도 한다. 가장 모범적인 일꾼으로 쓰임 받는 영광을 누린다. 성경에 많은 사람이 그런 모범적 일꾼으로 쓰임 받았는데 대표적 인물이 바로 마리아이다. 연약한 여인의 한 사람으로서 그녀는 어떻게 생명나무를 선택했으며 가장 큰 일꾼이 될 수 있었을까? 생명나무를 선택한 마리아의 삶과 신앙 속으로 들어가 보자.

명심하기 본문 탐색

1. 마리아와 마르다의 차이점은 무엇이었습니까? 누가복음 10장 38–42절의 말씀을 읽고 이야기해 봅시다.

〈눅 10:38–42〉 [38]저희가 길 갈 때에 예수께서 한 마을에 들어가시매 마르다라 이
름하는 한 여자가 자기 집으로 영접하더라 [39]그에게 마리아라 하는 동생이 있어
주의 발치에 앉아 그의 말씀을 듣더니 [40]마르다는 준비하는 일이 많아 마음이 분
주한지라 예수께 나아가 이르되 주여 내 동생이 나 혼자 일하게 두는 것을 생각
하지 아니하시나이까 그를 명하사 나를 도와주라 하소서 [41]주께서 대답하여 이르
시되 마르다야 마르다야 네가 많은 일로 염려하고 근심하나 [42] 몇 가지만 하든지
혹은 한 가지만이라도 족하니라 마리아는 이 좋은 편을 택하였으니 빼앗기지 아
니하리라 하시니라.

이 두 사람은 신앙의 본질과 우선순위에 차이가 있다. 마르다는 하나님 앞에서 봉사도 은혜와 생명 본질을 붙잡고 해야 한다는 것을 몰랐다. 생명보다 봉사를 중시하는 것은 하나님을 앞세우는 것이 아니라 나를 내세우는 것이다. 그러나 마리아는 먼저 말씀을 듣고 생명을 붙잡았다. 무엇을 우선순위에 두어야 하는지를 분명히 알았다.

Q 당신에게 가장 우선순위는 무엇입니까? 주님이 우선순위가 되기 위해 어떻게 해야 할지 나눕시다. (가족, 물질, 명예, 권력, 건강, 취미, 신앙, 주님, 봉사 등)

A 우리의 제일 되는 우선순위는 먼저 그의 나라와 그의 의를 위한 것이다. 마리아는 바로 그의 의를 위해 말씀 듣는 편을 선택한 것이다.

〈마 6:33〉 그런즉 너희는 먼저 그의 나라와 그의 의를 구하라 그리하면 이 모든 것을 너희에게 더하시리라.

1) 마르다는 어떻게 선악과를 선택했습니까?

〈눅 10:40〉 마르다는 준비하는 일이 많아 마음이 분주한지라 예수께 나아가 이르되 주여 내 동생이 나 혼자 일하게 두는 것을 생각하지 아니하시나이까 그를 명하사 나를 도와주라 하소서.

마르다가 선택한 것은 불평의 선악과이다. 이제라도 동생이 자기를 도와주게 하라고 불평하였다. 뿐만 아니라 마르다는 주님까지도 판단의 대상으로 삼아 그 생각이 잘못되었다고 말하고 있다.

Q 당신은 하나님의 말씀조차 잘못되었다고 판단하거나 원망한 적이 있습니까? 그때 어떤 선택을 했습니까? 무엇이 잘못되었는지, 어떻게 수정해야 할지 나눕시다.

A 하나님은 인간들끼리도 판단하지 말라고 하셨다. 하물며 하나님을 판단하고 말씀을 평가한다는 것은 있을 수 없는 일이다. 말씀은 무조건 순종해야 한다.

〈약 4:11〉 형제들아 서로 비방하지 말라 형제를 비방하는 자나 형제를 판단하는 자는 곧 율법을 비방하고 율법을 판단하는 것이라 네가 만일 율법을 판단하면 율법의 준행자가 아니요 재판관이로다.

〈고전 10:10〉 그들 가운데 어떤 사람들이 원망하다가 멸망시키는 자에게 멸망하였나니 너희는 그들과 같이 원망하지 말라.

2) 마리아는 어떻게 생명나무를 선택했습니까?

〈눅 10:39〉 그에게 마리아라 하는 동생이 있어 주의 발치에 앉아 그의 말씀을 듣더니.

'주의 발치에 앉아' 말씀을 듣는 것은 사모하는 마음, 겸손한 마음으로 말씀을 받았다는 것을 뜻한다. 마리아는 주님의 말씀 앞에 철저히 순종하는 모습을 보였다. 이처럼 순종하는 삶이 바로 생명나무를 택하는 삶이다.

3) 마리아는 예수님께 어떤 칭찬을 받았습니까?

〈눅 10:42〉 몇 가지만 하든지 혹은 한 가지만이라도 족하니라 마리아는 이 좋은 편을 택하였으니 빼앗기지 아니하리라 하시니라.

Q **마르다와 마리아에 대한 예수님의 반응을 통해서 알 수 있는 신앙의 본질이자 최우선순위는 무엇이라고 생각하는지 나눕시다. 그렇다면 최우선순위를 위협받는 이유는 무엇인지, 어떻게 승리할지 나눕시다.**

A **하나님의 말씀을 들으며 예배드리고 은혜 받는 것이 삶의 우선순위이다.**

〈삼상 15:22-23〉 22사무엘이 이르되 여호와께서 번제와 다른 제사를 그의 목소리를 청종하는 것을 좋아하심같이 좋아하시겠나이까 순종이 제사보다 낫고 듣는 것이 숫양의 기름보다 나으니 23이는 거역하는 것은 점 치는 죄와 같고 완고한 것은 사신 우상에게 절하는 죄와 같음이라 왕이 여호와의 말씀을 버렸으므로 여호와께서도 왕을 버려 왕이 되지 못하게 하셨나이다 하니.

2. 요한복음 11장 17-44절을 읽고 마리아와 마르다의 차이점을 이야기해 봅시다.

〈요 11:17-44〉17예수께서 와서 보시니 나사로가 무덤에 있은 지 이미 나흘이라 18
베다니는 예루살렘에서 가깝기가 한 오 리쯤 되매 19많은 유대인이 마르다와 마
리아에게 그 오라비의 일로 위문하러 왔더니 20마르다는 예수 오신다는 말을 듣
고 곧 나가 맞이하되 마리아는 집에 앉았더라 21마르다가 예수께 여짜오되 주께
서 여기 계셨더라면 내 오라버니가 죽지 아니하였겠나이다 22그러나 나는 이제라
도 주께서 무엇이든지 하나님께 구하시는 것을 하나님이 주실 줄을 아나이다 23
예수께서 이르시되 네 오라비가 다시 살아나리라 24마르다가 이르되 마지막 날

부활 때에는 다시 살아날 줄을 내가 아나이다 25예수께서 이르시되 나는 부활이
요 생명이니 나를 믿는 자는 죽어도 살겠고 26무릇 살아서 나를 믿는 자는 영원히
죽지 아니하리니 이것을 네가 믿느냐 27이르되 주여 그러하외다 주는 그리스도시
요 세상에 오시는 하나님의 아들이신 줄 내가 믿나이다 28이 말을 하고 돌아가서
가만히 그 자매 마리아를 불러 말하되 선생님이 오셔서 너를 부르신다 하니 29마
리아가 이 말을 듣고 급히 일어나 예수께 나아가매 30예수는 아직 마을로 들어오
지 아니하시고 마르다의 맞이하던 곳에 그대로 계시더라 31마리아와 함께 집에
있어 위로하던 유대인들은 그가 급히 일어나 나가는 것을 보고 곡하러 무덤에
가는 줄로 생각하고 따라가더니 32마리아가 예수 계신 곳에 가서 뵈옵고 그 발 앞
에 엎드리어 이르되 주께서 여기 계셨더라면 내 오라버니가 죽지 아니하였겠나
이다 하더라 33예수께서 그가 우는 것과 또 함께 온 유대인들이 우는 것을 보시
고 심령에 비통히 여기시고 불쌍히 여기사 34이르시되 그를 어디 두었느냐 이르
되 주여 와서 보옵소서 하니 35예수께서 눈물을 흘리시더라 36이에 유대인들이
말하되 보라 그를 얼마나 사랑하였는가 하며 37그중 어떤 이는 말하되 맹인의 눈
을 뜨게 한 이 사람이 그 사람은 죽지 않게 할 수 없었더냐 하더라 38이에 예수께
서 다시 속으로 비통히 여기시며 무덤에 가시니 무덤이 굴이라 돌로 막았거늘 39
예수께서 이르시되 돌을 옮겨 놓으라 하시니 그 죽은 자의 누이 마르다가 이르
되 주여 죽은 지가 나흘이 되었으매 벌써 냄새가 나나이다 40예수께서 이르시되
내 말이 네가 믿으면 하나님의 영광을 보리라 하지 아니하였느냐 하시니 41돌을
옮겨 놓으니 예수께서 눈을 들어 우러러 보시고 이르시되 아버지여 내 말을 들
으신 것을 감사하나이다 42항상 내 말을 들으시는 줄을 내가 알았나이다 그러나
이 말씀하옵는 것은 둘러선 무리를 위함이니 곧 아버지께서 나를 보내신 것을
그들로 믿게 하려 함이니이다 43이 말씀을 하시고 큰 소리로 나사로야 나오라 부
르시니 44죽은 자가 수족을 베로 동인 채로 나오는데 그 얼굴은 수건에 싸였더라
예수께서 이르시되 풀어 놓아 다니게 하라 하시니라.

1) 마르다는 어떻게 선악과를 선택했습니까?

〈요 11:39〉 예수께서 이르시되 돌을 옮겨 놓으라 하시니 그 죽은 자의 누이 마르다가 이르되 주여 죽은 지가 나흘이 되었으매 벌써 냄새가 나나이다.

마르다는 의심의 선악과를 택하였다. 말씀에 순종하지 못하는 것은 말씀을 신뢰하지 못함에 있다.

Q 당신이 말씀을 신뢰하고 나아갈 때 얻은 유익과 축복에 대해 나눕시다. 내가 쉽게 넘어지는 의심은 무엇입니까?

A 의심은 백해무익하다. 그러기에 의심은 선악과이다.

〈약 1:6-7〉
[6]오직 믿음으로 구하고 조금도 의심하지 말라 의심하는 자는 마치 바
람에 밀려 요동하는 바다 물결 같으니 [7]이런 사람은 무엇이든지 주께 얻기를 생
각하지 말라.

2) 마리아는 어떻게 생명나무를 선택합니까?

〈요 11:32〉 마리아가 예수 계신 곳에 가서 뵈옵고 그 발 앞에 엎드리어 이르되 주께서 여기 계셨더라면 내 오라버니가 죽지 아니하였겠나이다 하더라.

〈요 11:33-34〉
[33]예수께서 그가 우는 것과 또 함께 온 유대인들이 우는 것을 보
시고 심령에 비통히 여기시고 불쌍히 여기사 [34]이르시되 그를 어디 두었느냐 이
르되 주여 와서 보옵소서 하니.

Q 마리아와 같은 상황에서 그저 말없이 눈물로 기도했던 경험에 대해 함께 이야기해 봅시다.

A 아픔과 고난이 나를 엄습할 때는 어쩔 수 없이 눈물로 기도할 수밖에 없다. 하지만 생명나무를 끝까지 선택하는 것이 중요하다.

〈삼상 1:10-13〉
[10]한나가 마음이 괴로워서 여호와께 기도하고 통곡하며 [11]서원하
여 이르되 만군의 여호와여 만일 주의 여종의 고통을 돌보시고 나를 기억하사
주의 여종을 잊지 아니하시고 주의 여종에게 아들을 주시면 내가 그의 평생에
그를 여호와께 드리고 삭도를 그의 머리에 대지 아니하겠나이다 [12]그가 여호와

앞에 오래 기도하는 동안에 엘리가 그의 입을 주목한즉 [13]한나가 속으로 말하매 입술만 움직이고 음성은 들리지 아니하므로 엘리는 그가 취한 줄로 생각한지라.

3) 이 사태의 결과가 어떻게 되었습니까?

〈요 11:43-44〉 [43]이 말씀을 하시고 큰 소리로 나사로야 나오라 부르시니 [44]죽은 자가 수족을 베로 동인 채로 나오는데 그 얼굴은 수건에 싸였더라 예수께서 이르시되 풀어 놓아 다니게 하라 하시니라.

Q **이해할 수 없는 상황에 직면한 경험이 있다면 나눕시다. 그럴 때 주로 어떤 방법을 취합니까?**

A **오직 하나님의 역사를 바라보며 순종하며 인내할 때 기적이 일어난다.**
예) 모세의 홍해 기적

〈출 14:13-14〉 [13]모세가 백성에게 이르되 너희는 두려워하지 말고 가만히 서서 여호와께서 오늘 너희를 위하여 행하시는 구원을 보라 너희가 오늘 본 애굽 사람을 영원히 다시 보지 아니하리라 [14]여호와께서 너희를 위하여 싸우시리니 너희는 가만히 있을지니라.

믿는 자에게 능치 못할 것이 없다. 내 이성을 자꾸 앞세우면서 자기 판단으로 지금의 상황을 결정하면 절대로 기적과 역사를 경험할 수 없다. 오직 믿음으로 바라보면 주님은 놀라운 역사를 이루어 주시는 것이다.

3. 요한복음 12장 1-8절과 마태복음 26장 6-13절을 읽고 마르다와 마리아의 차이점을 나누어 봅시다.

〈요 12:1-8〉 [1]유월절 엿새 전에 예수께서 베다니에 이르시니 이곳은 예수께서 죽은 자 가운데서 살리신 나사로가 있는 곳이라 [2]거기서 예수를 위하여 잔치할새 마르다는 일을 하고 나사로는 예수와 함께 앉은 자 중에 있더라 [3]마리아는 지극히 비싼 향유 곧 순전한 나드 한 근을 가져다가 예수의 발에 붓고 자기 머리털로 그의 발을 닦으니 향유 냄새가 집에 가득하더라 [4]제자 중 하나로서 예수를 잡아 줄 가룟 유다가 말하되 [5]이 향유를 어찌하여 삼백 데나리온에 팔아 가난한 자들에게 주지 아니하였느냐 하니 [6]이렇게 말함은 가난한 자들을 생각함이 아니요 그는 도둑이라 돈궤를 맡고 거기 넣는 것을 훔쳐 감이러라 [7]예수께서 이르시되 그를 가만 두어 나의 장례할 날을 위하여 그것을 간직하게 하라 [8]가난한 자들은 항상 너희와 함께 있거니와 나는 항상 있지 아니하리라 하시니라.

〈마 26:6-13〉 [6]예수께서 베다니 나병환자 시몬의 집에 계실 때에 [7]한 여자가 매우 귀한 향유 한 옥합을 가지고 나아와서 식사하시는 예수의 머리에 부으니 [8]제자들이 보고 분개하여 이르되 무슨 의도로 이것을 허비하느냐 [9]이것을 비싼 값에 팔아 가난한 자들에게 줄 수 있었겠도다 하거늘 [10]예수께서 아시고 그들에게 이르시되 너희가 어찌하여 이 여자를 괴롭게 하느냐 그가 내게 좋은 일을 하였느니라 [11]가난한 자들은 항상 너희와 함께 있거니와 나는 항상 함께 있지 아니하리라 [12]이 여자가 내 몸에 이 향유를 부은 것은 내 장례를 위하여 함이니라 [13]내가 진실로 너희에게 이르노니 온 천하에 어디서든지 이 복음이 전파되는 곳에서는 이 여자가 행한 일도 말하여 그를 기억하리라 하시니라

마르다는 여전히 인간 예수를 위한 잔치에 몰두하고 있었지만, 마리아는 우리를 위해 십자가에 죽으실 메시아로서의 예수님의 장례를 위한 헌신을 드렸다.

1) 예수님께서 베다니를 마지막으로 방문하셨을 때 마르다는 무엇을 했습니까?

〈요 12:2〉 거기서 예수를 위하여 잔치할새 마르다는 일을 하고 나사로는 예수와 함께 앉은 자 중에 있더라.

마르다는 여전히 말씀을 듣거나 주님의 뜻을 이루기 위한 노력이 아니라, 예수님을 대접하기 위해서 일을 하고 있었다.

Q 당신은 일 때문에 예배를 소홀히 하거나 제대로 예배드리지 못한 경험이 있다면 나눕시다. 지금 상황에서 어떻게 예배에 성공할지도 나눕시다.

A 무엇보다 예배에 성공해야 한다. 예배에 성공하기 위해 미리부터 일을 한다.

〈요 4:23〉 아버지께 참되게 예배하는 자들은 영과 진리로 예배할 때가 오나니 곧 이때라 아버지께서는 자기에게 이렇게 예배하는 자들을 찾으시느니라.

2) 마리아는 어떻게 생명나무를 선택했습니까? 이때 마리아의 마음을 상상해 봅시다.

〈요 12:3〉 마리아는 지극히 비싼 향유 곧 순전한 나드 한 근을 가져다가 예수의 발에 붓고 자기 머리털로 그의 발을 닦으니 향유 냄새가 집에 가득하더라.

마리아는 정말 이 세상 그 어떤 것보다 주님을 사랑했다. 주님의 십자가의 고통을 묵상하며 자신이 가지고 있는 것 중에 가장 귀한 것으로 주님의 죽으심을 예비하고픈 순수한 마음이 있었다.

Q 당신은 어린아이같이 순수한 마음으로 하나님께 드리고 싶어 자신의 것을 내려놓은 경험이 있었습니까? 그때의 마음은 어떠했습니까?

A 다윗은 법궤가 다윗 성에 들어오는 것을 보고 경망스러울 정도로 춤추며 찬양하며 기뻐했다. 감사와 진심을 다해 주님의 일을 하면 이런 기쁨을 누릴 수 있다.

〈삼하 6:15-16〉 [15]다윗과 온 이스라엘 족속이 즐거이 환호하며 나팔을 불고 여호와의 궤를 메어오니라 [16]여호와의 궤가 다윗 성으로 들어올 때에 사울의 딸 미갈이 창으로 내다보다가 다윗 왕이 여호와 앞에서 뛰놀며 춤추는 것을 보고 심중에 그를 업신여기니라.

3) 그때 제자들은 마리아의 행위를 어떻게 비판했습니까?

〈요 12:5-6〉 [5]이 향유를 어찌하여 삼백 데나리온에 팔아 가난한 자들에게 주지 아니하였느냐 하니 [6]이렇게 말함은 가난한 자들을 생각함이 아니요 그는 도둑이라 돈궤를 맡고 거기 넣는 것을 훔쳐 감이러라.

〈마 26:7-9〉 [7]한 여자가 매우 귀한 향유 한 옥합을 가지고 나아와서 식사하시는 예수의 머리에 부으니 [8]제자들이 보고 분개하여 이르되 무슨 의도로 이것을 허비하느뇨 [9]이것을 비싼 값에 팔아 가난한 자들에게 줄 수 있었겠도다 하거늘.

Q **요즘 교회를 위해 충성하며 자신의 물질과 시간을 드리며 헌신하는 사람에 대해 "꼭 그렇게 해야 하느냐"라고 비판했던 경험이나, 비판하는 모습을 본 적이 있습니까? 어떤 생각이 듭니까?(교회 성장, 물질 드림, 내려놓음, 열정적인 전도, 열심 있는 헌신 등)**

A **하나님은 절대로 뿌린 만큼 갚아 주시는 분이다. 우리의 가진 모든 것을 가지고 너무하다 싶을 정도로 충성하고 드린다 할지라도 주님의 은혜에 비하면 아직 부족하다.**

• 베드로의 경우

〈요 21:19〉 이 말씀을 하심은 베드로가 어떠한 죽음으로 하나님께 영광을 돌릴 것을 가리키심이러라 이 말씀을 하시고 베드로에게 이르시되 나를 따르라 하시니.

• 사도 바울의 경우

〈빌 1:20-21〉 [20]나의 간절한 기대와 소망을 따라 아무 일에든지 부끄러워하지 아니하고 지금도 전과 같이 온전히 담대하여 살든지 죽든지 내 몸에서 그리스도가 존귀하게 되게 하려 하나니 [21]이는 내게 사는 것이 그리스도니 죽는 것도 유익함이라.

〈시 126:6〉 울며 씨를 뿌리러 나가는 자는 반드시 기쁨으로 그 곡식 단을 가지고 돌아오리로다.

4) 그러나 예수님은 마리아의 행위를 무엇이라고 칭찬하셨습니까? 그리고 그 칭찬의 교훈과 의미를 서로 이야기해 봅시다.

〈마 26:10-13〉 10예수께서 아시고 그들에게 이르시되 너희가 어찌하여 이 여자
를 괴롭게 하느냐 그가 내게 좋은 일을 하였느니라 11가난한 자들은 항상 너희와
함께 있거니와 나는 항상 함께 있지 아니하리라 12이 여자가 내 몸에 이 향유를
부은 것은 내 장례를 위하여 함이니라 13내가 진실로 너희에게 이르노니 온 천하
에 어디서든지 이 복음이 전파되는 곳에서는 이 여자가 행한 일도 말하여 그를
기억하리라 하시니라.

그의 헌신은 주님의 죽으심과 장사를 위한 것임을 말씀하셨다. 그리고 그녀의 헌신과 충성에 대해 복음이 전파되는 곳에 여자가 행한 일도 전해져서 저를 기억하라고 하셨다. 즉, 복음이 전파되는 곳에 그녀가 주님을 위해 자신의 가장 귀한 것을 내려놓고 드릴 수 있는 그 열정과 헌신을 동일하게 전하라는 것이다. 이것은 인간 된 자로서 받을 수 있는 최고의 찬사이며 칭찬이다.

5) 마리아가 생명나무를 선택함으로써 받은 축복은 결국 어떤 것이었을까요?

〈마 26:13〉 내가 진실로 너희에게 이르노니 온 천하에 어디서든지 이 복음이 전파되는 곳에서는 이 여자가 행한 일도 말하여 그를 기억하리라 하시니라.

그녀는 간증의 대상이 되고 헌신의 모델이 되었다. 복음이 전파되는 곳마다 그녀는 다른 모든 성도들에게 귀감이 되는 것이다.

Q **당신에게 가장 큰 도전을 준 간증자나 신앙의 모델이 있다면 누구입니까? 왜 그렇습니까? 나도 그런 간증자가 되기 위해서는 어떻게 해야 할지 나눕시다.**

A 사도 바울은 얼마나 하나님을 사랑하고 충성했는지 자신을 본받으라고 말하고 있다. 우리는 축복의 주인공, 간증의 주인공이 되고자 하는 열망이 있어야 한다.

〈고전 11:1〉 내가 그리스도를 본받는 자가 된 것같이 너희는 나를 본받는 자가 되라.

Q 당신은 사도 바울처럼 나를 본받는 자가 되라고 말할 수 있습니까? 그런 말을 하는 데 부족한 부분은 무엇인지 나눕시다.

A 자신을 본받는 자가 되라고 고백할 수 있을 정도로 하나님을 사랑해야 한다.

〈빌 3:17〉 형제들아 너희는 함께 나를 본받으라 그리고 너희가 우리를 본받은 것처럼 그와 같이 행하는 자들을 눈여겨보라.

나눔 갖기 서로 나눔

- 누가복음 10장 38-42절에서 마리아와 마르다의 차이점은 무엇인가?
- 마르다는 어떻게 선악과를 선택했는가?
- 마리아는 어떻게 생명나무를 선택했는가?
- 마리아는 예수님께 어떤 칭찬을 받았는가?
- 요한복음 11장 17-44절에서 마리아와 마르다의 차이점은 무엇인가?
- 마르다는 어떻게 선악과를 선택했는가?

■ 마리아는 어떻게 생명나무를 선택하는가?

■ 요한복음 12장 1-8절과 마태복음 26장 6-13절에서 마르다와 마리아의 차이점은 무엇인가?

■ 예수님께서 마지막으로 베다니를 방문했을 때 마르다는 무엇을 했는가?

■ 마리아는 어떻게 생명나무를 선택했는가?

■ 마리아가 생명나무를 선택함으로써 받은 축복은 어떤 것이었는가?

무기 삼기 생활 적용

1. 마리아와 마르다의 별명을 지어 봅시다.

2. 마리아를 통해 배운 점을 어떻게 교회 생활에 실천하고 적용할 것인지 이야기해 봅시다(본질과 비본질의 차이와 우선순위).

3. 마르다와 마리아를 공부하면서 개인적으로 느낀 점과 깨달은 점을 함께 이야기해 봅시다(무슨 일을 하든지 먼저 은혜부터 받고 봉사하자).

마르다는 말씀이 마음에 없고 은혜를 받지 못하다 보니, 겉으로는 열심이지만 사실 속에는 불신과 불평밖에 없었다. 마르다의 실수는 말씀의 중요성, 은혜의 중요성을 모르는 데 있었다.

그러나 마리아는 은혜의 중요성을 알았다. 기도의 중요성을 알았다. 그래서 그녀는 생명나무를 선택한 것이다. 그녀 또한 그토록 사랑하는 주님을 위해 왜 귀한 음식으로 대접하고 싶지 않았겠는가? 이 세상에서 가장 좋은 것으로 주님께 드리고 싶었을 것이다. 그러나 이 세상 어떤 것보다 그녀는 주님 자체를 사랑했고, 주님 말씀으로 만족했으며, 기도하는 편을 선택했다. 그녀는 주님부터 선택하고 은혜부터 받으려고 애썼다. 그리고 결국 주님 발 아래서 옥합을 깨뜨렸다. 세상의 어떤 음식보다 귀한 절대 사랑과 절대 헌신을 담은 순전한 나드 한 근을 아무 망설임 없이, 아낌없이 주님을 위해 드렸던 것이다.

그래서 그녀는 주님이 최고로 큰 일꾼으로 인정하시고 칭찬해 주셔서 시대를 뛰어넘어 그 이름이 기억되는 최고로 아름다운 일꾼이 되었다. 주님의 복음이 증거되면 교회가 설립되고 거기에 많은 일꾼들이 세워지게 될 텐데, 그때 이 여자의 봉사 행위가 역사를 초월하여 모든 교회 성도들의 표준이 되고 모범이 되게 해주셨다. 오늘 우리도 현대의 마리아가 되어 생명나무를 선택해야 한다.

멘토링

저는 목회하면서 성도들에게 복음 전파를 권면하는 것을 제외하고 먼저 다른 일이나 봉사부터 시키지 않습니다. 왜냐하면 은혜 받지 않고 봉사부터 하다 보면 반드시 말썽을 일으키고 문제를 일으키게 되어 있기 때문입니다. 그래서 언제나 은혜부터 받게 하고 말씀부터 듣게 합니다. 이런 이유 때문에 장로님들에게도 말씀부터 들으라 하고, 중직자들에게도 먼저 은혜부터 받으라고 하는 것입니다. 그래야 순한 양 같은 일꾼이 되고 벧세메스로 가는 암소와 같은 일꾼이 되지 않겠습니까? 그렇지 않으면 뿔난 염소 같고 주인을 받아버리는 황소 같은 사람이 될 수 있습니다.

마리아는 이것을 잘 알았습니다. 그래서 그녀는 만사를 제치고 먼저 말씀 듣는 편을 선택했습니다. 주님의 발치에서 주님의 말씀을 꿀송이처럼 여기며 아멘 아멘 하면서 받았던 것입니다. 바로 이런 마리아에게 주님께서는 좋은 편을 선택하였다고 말씀하신 것입니다. 생명나무를 선택하였다고 칭찬하였던 것입니다.

말씀의 중요성을 알고 말씀부터 듣는 것, 이것이 좋은 편을 선택한 것입니다. 은혜의 중요성을 알고 주님의 발 아래 앉아 은혜부터 받는 것이 좋은 편을 선택하는 것입니다. 마리아는 이 좋은 편을 알았고 좋은 편, 곧 생명나무를 선택한 것입니다.

– 소강석 목사의 ‘생명나무 설교’ 중에서

다이어리

제14과를 공부한 후의 삶의 변화와 깨달음을 적고 서로 나눕시다.

생명나무학교 The Tree of Life

15과 어떻게 생명나무를 선택할 것입니까? I

1그러므로 이제 그리스도 예수 안에 있는 자에게는 결코 정죄함이 없나
니 2이는 그리스도 예수 안에 있는 생명의 성령의 법이 죄와 사망의 법
에서 너를 해방하였음이라 3율법이 육신으로 말미암아 연약하여 할 수
없는 그것을 하나님은 하시나니 곧 죄로 말미암아 자기 아들을 죄 있는
육신의 모양으로 보내어 육신에 죄를 정하사 4육신을 따르지 않고 그 영
을 따라 행하는 우리에게 율법의 요구가 이루어지게 하려 하심이니라 5
육신을 따르는 자는 육신의 일을, 영을 따르는 자는 영의 일을 생각하나
니 6육신의 생각은 사망이요 영의 생각은 생명과 평안이니라(롬 8:1-6).

본문 묵상

그리스도 안에 있는 자에게 정죄함이 없는 이유는 무엇입니까?(1-2절)

율법이 요구하는 바를 이룰 수 있는 사람은 누구입니까?(4절)

육신의 생각과 영의 생각의 결론은 무엇입니까?(6절)

생각하기 깨워 보기

우리의 모든 신앙생활은 선택의 연속이다. 매 순간마다 생명나무를 선택할 것인가, 선악과를 선택한 것인가를 결정하는 것이 우리의 신앙생활의 현주소이다. 그때마다 당연히 우리는 생명나무를 선택해야 한다. 그래야 우리가 항상 영적으로 승리하고 하나님을 기쁘시게 하며 하나님께 영광을 돌릴 수 있기 때문이다. 그렇다면 어떻게 생명나무를 선택해야 하는지 살펴보자.

명심하기 본문 탐색

■ 생명나무를 선택하기 위해서는 어떻게 해야 합니까?

1. 십자가를 경험해야 합니다.

1) 십자가는 죄 용서함뿐만 아니라 죄에 대한 승리를 줍니다.

인간의 모든 실존적 고민은 죄에 대한 문제이다. 그러나 죄는 우리 힘으로 싸워 이길 수 있는 것이 아니다. 그러므로 십자가를 경험해야 한다. 우리가 옛 사람의 원리와 법칙으로 살면 언제나 보이는 것이 선악과요, 선택하고 싶은 것이 선악과일 뿐이다. 언제나 선악을 따지고 불평하고 원망하며 실망하고 절망하며 육신의 정욕의 노예로 살아갈 뿐이다. 아무리 예수 믿은 지 20년, 30년이 되고 교회 안에서 중직자가 되었다고 할지라도 십자가를 경험하지 못하고 옛 사람의 원리와 법칙으로 살면 죄와의 싸움에서 실패할 뿐이다.

그러나 우리가 옛 사람을 죽이고 새사람의 원리로 살게 되면 항상 생명나무만 선택하게 되어 있다. 하나님을 선택하고 은혜를 선택하고 감사와 찬양을 선택하게 되어 있다. 새사람의 원리는 언제나 생명나무만 보이게 되고 생명나무만을 선택하고 추구하는 것이기 때문이다. 그러므로 십자가를 경험함으로써 옛 사람 중심의 신앙생활에서 새사람 중심의 신앙생활로 바꾸어야 한다. 다시 말하면 신앙의 중심 이동이 이루어져야 한다는 것이다. 그럴 때 죄 용서함뿐만 아니라 죄에 대한 승리를 경험할 수 있다.

(1) '나는 왜 이럴까?' 하는 탄식이 언제 나옵니까?(영적 싸움에서 질 때, 실패할 때)

(2) 그러면 우리는 어떤 상황에서 낙심하게 됩니까?

〈롬 7:23-24〉
23내 지체 속에서 한 다른 법이 내 마음의 법과 싸워 내 지체 속에
있는 죄의 법으로 나를 사로잡는 것을 보는도다
24오호라 나는 곤고한 사람이로
다 이 사망의 몸에서 누가 나를 건져내랴.

'한 다른 법'은 죄와 사망의 법을 이야기한다. 이와 다른 '내 마음의 법'은 내 의지로 선을 행하려는 법, 도덕적 욕구 같은 나 스스로 계명을 지키려고 하는 것이다. 학교나 불교에서 말하는 마음의 법은 아주 높다. 이러한 마음의 법은 노력으로 어느 정도까지는 이길 수 있으며, 수련도 가능하다. 하지만 그 후에 더 큰 고통을 받을 수 있다. 하나님 보시기에 이러한 나의 의지, 마음의 법이 원수와도 같은 것이다. 이러한 마음의 법을 다스리는 것이 바로 생명, 성령님의 법이다. 나의 의, 나의 신념, 나의 도덕적인 성향으로 이루어지는 진정한 해방은 없다. 오직 생명나무를 선택하는 생명, 성령님의 법 안에만 진정한 자유와 기쁨을 누릴 수 있다.

Q 당신은 죄의 힘을 얼마나 느껴 보았습니까? 그리고 그것을 나의 힘으로 이겨 보려고 투쟁해 본 경험이 있습니까? 이러한 경험이 있다면 서로 나누어 봅시다.

A 죄는 인간과 하나님의 사이를 파괴한다.

〈사 59:1-2 〉 [1]여호와의 손이 짧아 구원하지 못하심도 아니요 귀가 둔하여 듣지 못하심도 아니라 [2]오직 너희 죄악이 너희와 너희 하나님 사이를 갈라 놓았고 너희 죄가 그의 얼굴을 가리어서 너희에게서 듣지 않으시게 함이니라.

〈사 1:15〉 너희가 손을 펼 때에 내가 내 눈을 너희에게서 가리고 너희가 많이 기도할지라도 내가 듣지 아니하리니 이는 너희의 손에 피가 가득함이라.

죄는 우리에게 고통을 준다.

〈창 3:15-19〉 [15]내가 너로 여자와 원수가 되게 하고 네 후손도 여자의 후손과 원수가 되게 하리니 여자의 후손은 네 머리를 상하게 할 것이요 너는 그의 발꿈치를 상하게 할 것이니라 하시고 또 여자에게 이르시되 내가 네게 임신하는 고통을 크게 더하리니 네가 수고하고 자식을 낳을 것이며 너는 남편을 원하고 남편은 너를 다스릴 것이니라 하시고 아담에게 이르시되 네가 네 아내의 말을 듣고 내가 네게 먹지 말라 한 나무의 열매를 먹었은즉 땅은 너로 말미암아 저주를 받고 너는 네 평생에 수고하여야 그 소산을 먹으리라 땅이 네게 가시덤불과 엉겅퀴를 낼 것이라 네가 먹을 것은 밭의 채소인즉 네가 흙으로 돌아갈 때까지 얼굴에 땀을 흘려야 먹을 것을 먹으리니 네가 그것에서 취함을 입었음이라 너는 흙이니 흙으로 돌아갈 것이니라 하시니라.

죄는 후손들에게 유전된다.

〈출 20:5〉 그것들에게 절하지 말며 그것들을 섬기지 말라 나 네 하나님 여호와는 질투하는 하나님인즉 나를 미워하는 자의 죄를 갚되 아버지로부터 아들에게로 삼사 대까지 이르게 하거니와.

질병의 원인도 죄이다.

〈신 28:58-60〉네가 만일 이 책에 기록한 이 율법의 모든 말씀을 지켜 행하지 아니하고 네 하나님 여호와라 하는 영화롭고 두려운 이름을 경외하지 아니하면 여호와께서 네 재앙과 네 자손의 재앙을 극렬하게 하시리니 그 재앙이 크고 오래고 그 질병이 중하고 오랠 것이라 여호와께서 네가 두려워하던 애굽의 모든 질병을 네게로 가져다가 네 몸에 들어붙게 하실 것이며.

죄는 기도도 막히게 한다.

〈시 66:18〉내가 나의 마음에 죄악을 품었더라면 주께서 듣지 아니하시리라.

죄로 인해 내 생각과 전혀 관계없는 방향으로 발전하게 되는 경우, 죄가 죄를 낳아 상황이 더 꼬이게 되는 경우, 인생 가운데 더 불행한 방향으로 진행되었던 경우를 나눈다. 또한 죄로 인해 자신의 신앙이 무너지는 것, 마음에 생긴 불편함에 대해 나눈다.

〈롬 6:1-2〉[1]그런즉 우리가 무슨 말을 하리요 은혜를 더하게 하려고 죄에 거하겠느냐 [2]그럴 수 없느니라 죄에 대하여 죽은 우리가 어찌 그 가운데 더 살리요.

우리는 십자가에서 이미 죽은 자들이다.

함께 인사해 봅시다. "십자가에서 죽게 된 것을 축하드립니다."

〈롬 6:10-11〉[10]그가 죽으심은 죄에 대하여 단번에 죽으심이요 그의 살아 계심은 하나님께 대하여 살아 계심이니 [11]이와 같이 너희도 너희 자신을 죄에 대하여는 죽은 자요 그리스도 예수 안에서 하나님을 대하여는 살아 있는 자로 여길지어다.

2) 십자가는 육신의 정욕도 이길 수 있게 해주었습니다.

〈갈 5:17〉 육체의 소욕은 성령님을 거스르고 성령님의 소욕은 육체를 거스르나니 이 둘이 서로 대적함으로 너희의 원하는 것을 하지 못하게 하려 함이니라.

〈갈 5:24〉 그리스도 예수의 사람들은 육체와 함께 그 정욕과 탐심을 십자가에 못 박았느니라.

십자가를 경험하면 우리 안의 옛 사람과 육신의 정욕을 이길 수 있다. 육신의 정욕과 옛 사람의 원리를 십자가에 못 박아버렸기 때문이다. 물론 우리는 그리스도와 함께 십자가에서 죽은 사람이다. 이러한 사건은 본질적인 죽음이요, 원리적인 죽음이요, 언약적인 죽음이라고 말한다. 바로 이러한 죽음을 성경은 헬라어로 '아포스네스코' 라고 표현하고 있다. 단번에 과거적으로 죽어버렸다는 말이다.

그러나 아직도 우리에게 여전히 옛 사람의 본성, 즉 죄를 좋아하는 본성과 뿌리가 남아 있다. 그리고 그런 죄의 행위와 습관까지 남아 있을 때가 있다. 그러므로 우리는 계속해서 육체와 함께 그 정과 욕심을 십자가에 못 박고 행위까지 못 박아야 한다. 이것이 은연중에 남아서 우리로 하여금 선악과를 선택하게 하고 내 속에서 나도 모르게 넘어지게 할 때가 있기 때문이다. 옛 사람의 행위가 나도 모르게 습관적으로 나를 넘어지게 하기 때문이다. 따라서 우리는 이 옛 사람의 본성과 죄의 본성을 십자가에 못 박아야 한다. 그리고 습관과 행위까지도 십자가에 못 박아야 한다. 그럴 때 육신의 정욕도 이길 수 있다.

육신의 정욕, 죄의 본성은 마치 그리스 신화에 나오는 메두사의 머리와 같다. 아무리 목을 잘라도 또 솟아나오고 또 솟아나오는 메두사의 머리 말이다. 아무리 우리가 때리고 채찍질하고 말씀의 검으로 내리쳐도 얼마 안 있다가 다시 올라오고 또 올라오고 솟구쳐 오른다. 방법은 하나밖에 없다. 십자가에 못을 박아버려야 한다. 대못으로 꼼짝 못하도록 못을 박아버릴 때 죽고 폐기 처분되는 것이다. 그럴 때 우리 안에 거룩한 자아 교환 사건이 일어나며 죄에 대하여 승리하게 된다.

3) 십자가는 세상도 이길 수 있게 해주었습니다.

〈요일 2:15-16〉 [15]이 세상이나 세상에 있는 것들을 사랑하지 말라 누구든지 세상을 사랑하면 아버지의 사랑이 그 안에 있지 아니하니 [16]이는 세상에 있는 모든 것이 육신의 정욕과 안목의 정욕과 이생의 자랑이니 다 아버지께부터 온 것이 아니요 세상으로부터 온 것이라.

〈갈 6:14〉 그러나 내게는 우리 주 예수 그리스도의 십자가 외에 결코 자랑할 것이 없으니 그리스도로 말미암아 세상이 나를 대하여 십자가에 못 박히고 내가 또한 세상을 대하여 그러하니라.

십자가를 경험하고 못을 박지 않고 신앙생활을 하면 세상을 이길 수 없고 십자가의 능력으로 살아갈 수 없다. 그래서 교회 안에서 어쩔 수 없이 가면을 쓰고 살아가는 것이다. 속에서는 여전히 갈등하고 회의하고 시험의 종으로 살아간다. 그러면서도 겉으로는 거룩하고 믿음이 있는 척해야 하니 얼마나 신앙생활이 힘들겠는가? 평상시에는 믿음이라고 하는 가면을 쓰고 있지만 본성으로는 옛 사람의 생활을 하면서 선악을 선택하고 살아간다.

4) 십자가는 옛 사람의 존재를 못 박아버렸습니다. 그래서 새사람으로 살게 했습니다.(자아 교환 ⇒ 로드십)

〈롬 6:6〉 우리가 알거니와 우리 옛 사람이 예수와 함께 십자가에 못 박힌 것은 죄의 몸이 죽어 다시는 우리가 죄에게 종노릇하지 아니하려 함이니.

〈갈 2:20〉 내가 그리스도와 함께 십자가에 못 박혔나니 그런즉 이제는 내가 사는 것이 아니요 오직 내 안에 그리스도께서 사시는 것이라 이제 내가 육체 가운데 사는 것은 나를 사랑하사 나를 위하여 자기 자신을 버리신 하나님의 아들을 믿는 믿음 안에서 사는 것이라.

믿음의 갈등이란 육신의 생각과 성령님의 생각이 충돌하는 것이다. 육신의 생각을 따르게 하는 옛 사람을 못 박아야 온전히 믿음 안에서 살게 되는 것이다. 물론 우리는 이미 십자가에 죽은 사람이다. 예수 그리스도를 구주로 영접할 때 그리스도와 함께 본질적으로 원리적으로 언약적으로 죽었다.

그래서 이제는 옛 사람이 죽고 육신의 정욕이 십자가에 죽었다. 육신의 정욕과 옛 사람의 법칙이 내 안에서 폐기 처분되고 사라지고 도망가버렸다. 그리고 오직 내 안에 예수 그리스도가 오셔서 살고 있는 것이다. 내 안에 내가 사는 것이 아니라 그리스도 예수께서 사는 축복을 누리게 되는 것이다.

Q 십자가를 경험하신 적이 있습니까? 지금은 어떻게 경험하고 있습니까? 나의 삶 속에서 내가 죽고 예수 그리스도가 사는 삶을 어떻게 살고 있는지 나누어 봅시다.

A 내 생각이 아닌 성령님의 생각으로 살아가는 삶이다.

그런데 예수 그리스도의 십자가 사건은 현대를 사는 우리와 시간적으로, 공간적으로 엄청난 차이가 있다. 시간적으로는 2천 년이라는 차이가 있고, 공간적으로도 1만6천 킬로미터가 넘는 엄청난 거리 차이가 있다. 그러니까 하나님의 언약 안에서 우리와 주님이 십자가에 함께 죽었다는 것은 3차원의 패러다임으로 볼 때 이해가 잘 안 가는 말씀이다.

그러나 이것은 하나님의 언약 안에서 이루어진 확실한 사실이요, 실제이다. 이것은 결코 상징적이거나 교훈적인 일이 아니다. 이것은 4차원의 세계, 혹은 그 이상에서 생각해 볼 때 얼마든지 가능한 일이다. 우리가 예수를 영접하거나 큰 은혜를 받고 회개할 때 바로 이러한 사건이 깨달아지고 경험이 된다. 2천 년 전 갈보리 십자가 사건이 오늘 나의 존재와 일치되고 동일성을 형성할 때 우리는 참회의 눈물, 통곡의 눈물을 흘리게 된다. 그때 우리의 귓전에 주님을 못 박는 그 망치 소리, 주님의 손과 발등 위에 못이 박히는 소리……. 그리고 예수님의 처절한 절규가 우리의 귓전에 생생하고 그 고통과 아픔이 가슴 속에 전율로 다가온다. "엘리엘리 라마사박다니!" 그때 그 십자가의 사건은 영락없는 현재의 사건으로 우리에게 느껴지고 경험이 된다는 말이다.

※ 그러면 어떻게 십자가를 경험할 수 있습니까?

십자가를 경험하기 위해서는 상상해야 한다. 먼저 주님의 십자가에 내가 못 박혀 내 본성과 행위를 못 박는 것을 상상해야 한다. 더 나아가 말씀으로 못질하는 것을 상상해야 한다. 그러면서 나의 생각을 바꾸고 하나님이 원하신 것을 선택하면서 자아 교환을 경험하는 것이다. '나' 중심적인 생각에서 '성령님(하나님)' 중심의 생각으로 바뀌야만 한다. 즉, 삶과 신앙의 주체가 바뀌는 것이다.

〈롬 6:1-2〉 [1]그런즉 우리가 무슨 말을 하리요 은혜를 더하게 하려고 죄에 거하겠느냐 [2]그럴 수 없느니라 죄에 대하여 죽은 우리가 어찌 그 가운데 더 살리요.

〈고전 15:31〉 형제들아 내가 그리스도 예수 우리 주 안에서 가진 바 너희에 대한 나의 자랑을 두고 단언하노니 나는 날마다 죽노라.

〈롬 8:13〉 너희가 육신대로 살면 반드시 죽을 것이로되 영으로써 몸의 행실을 죽이면 살리니.

〈골 3:5〉 그러므로 땅에 있는 지체를 죽이라 곧 음란과 부정과 사욕과 악한 정욕과 탐심이니 탐심은 우상숭배니라.

Q 당신이 경험한 신앙의 주체 교환 사건에 대해 나눕시다.

A 교회를 핍박하던 사도 바울은 다메섹 사건을 통해 주님 중심의 신앙생활로 바뀌었다. ① 거듭남(새로 태어남) ② 못 박힘 ③ 자아 교환

〈빌 1:20〉 나의 간절한 기대와 소망을 따라 아무 일에든지 부끄러워하지 아니하고 지금도 전과 같이 온전히 담대하여 살든지 죽든지 내 몸에서 그리스도가 존귀하게 되게 하려 하나니.

Q 당신은 어떻게 십자가를 경험했습니까? 그리고 십자가를 경험하기 전의 삶과 경험한 후의 삶은 어떻게 달라졌습니까?

A 십자가를 경험한 사람들은 변화된 삶을 살았다. 말씀을 통해, 회개를 통해, 변화 되었다. 가정 안에서 싸울 때 인내 하였다. 인내조차도 성령님의 인도하심 때문이다. ① 말씀으로 ② 회개로 ③ 찬양하면서 ④ 삶 속에서

2. 성령님을 따르는 삶을 살아야 합니다.

우리는 십자가에 못 박힐 뿐만 아니라 언제나 성령님 중심의 생각을 따르며 성령님의 감동과 인도를 따라야 한다. 그래야 언제나 생명나무를 선택할 수가 있다. 하나님은 자신의 약점을 극복하기 위해 성령님의 감동과 인도를 따르는 사람을 쓰신다. 성령님의 인도를 자신을 향한 은혜의 사슬로 생각하며 스스로 성령님의 사슬에 묶여서 살아가려는 사람을 쓰신다는 말이다. 이런 사람은 언제나 생명나무를 선택하며 하나님 앞에 귀하고 아름답게 쓰임을 받는 사람이다.

반면에 하나님이 안 쓰시고 버리는 사람은 약점이 있음에도 불구하고 그 약점을 계속해서 방치해 두는 사람이다. 그리고 선악과를 선택하며 방종의 도구가 되기 위하여 자신의 멋대로 살아간다. 삶의 중심이 성령님이 아니라 자기 자신이다. 어떻게 하나님이 이런 사람을 쓰실 수가 있겠는가? 삼손은 위대한 하나님의 능력도 있었지만 들릴라라고 하는 여인과 함께 정욕의 불꽃놀이를 하고야 말았다. 그래서 그는 사명의 부도를 내고 인생을 파산시켜 버렸다. 인생의 주인이 하나님이 아니라 자기 자신의 정욕이 되었기 때문이다. 그러므로 우리는 성령님 중심으로 삶의 주체가 바뀌어야 한다.

1) 성령님을 따르면 죄와 사망의 법으로부터 자유함을 얻습니다.

〈롬 8:2〉 이는 그리스도 예수 안에 있는 생명의 성령님의 법이 죄와 사망의 법에서 너를 해방하였음이라.

〈롬 8:4〉 육신을 따르지 않고 그 영을 따라 행하는 우리에게 율법의 요구가 이루어지게 하려 하심이니라.

성령님의 감동과 인도를 따르면 죄와 사망의 법에서 온전히 해방된다. 우리가 성령님의 감동과 인도를 따를 때 우리 안에 있는 생각의 주체가 성령님으로 바뀌기 때문이다. 그래서 성령님이 우리 안에서 생각을 주관하고 마음을 다스리며 우리의 모든 판단을 주관하게 되는 것이다. 그러나 옛사람의 생각의 주체가 나 자신이다. 내가 생각하고 내가 판단하고 내가 결정을 한다. 나 중심의 삶을 살고 인본주의 중심의 삶을 산다. 그래서 데카르트는 말하지 않았는가? "나는 생각한다 고로 존재한다." 한마디로 이것은 생각의 주체가 인간에게 있고 나 자신에게 있다는 말이다. ⇒ 결국 생각의 주체가 나라면 죄된 생각, 죄짓는 생각으로 가득차게 된다.

2) 성령님을 따르면 육신의 약함(약점)으로부터 자유함을 얻습니다.

〈롬 8:12-13〉 [12]그러므로 형제들아 우리가 빚진 자로되 육신에게 져서 육신대로 살 것이 아니니라 [13]너희가 육신대로 살면 반드시 죽을 것이로되 영으로써 몸의 행실을 죽이면 살리니.

〈롬 8:14〉 무릇 하나님의 영으로 인도함을 받는 사람은 곧 하나님의 아들이라.

성령님을 따르면 우리로 하여금 육신의 생각을 따르지 않고 성령님의 생각을 따르도록, 항상 성령님의 생각과 우리의 생각을 일치시키도록 만든다. 그래서 육신의 약함으로부터 자유함을 얻는다. 그러므로 우리가 생명나무를 선택하고 육신의 약점으로부터 자유함을 얻으려면 언제나 성령님을 따르는 삶을 살아야 한다. 바로 그런 사람이 성령님의 감동과 인도를 따르는 사람이요, 생명의 성령님의 법 아래서 사는 사람이다. 성령님의 전공이 무엇인가? 우리의 약함을 돕는 것이고 우리의 약점을 넘어서 언제나 생명나무를 선택하도록 도와주는 것이다. 그러므로 우리가 성령님을 따르고 성령님의 감동과 인도를 따르면 따를수록 주님은 우리를 더욱더 생명나무로 인도하시고 승리의 길로 인도해 주신다.

Q 성령님을 따름으로써 육신의 약함으로부터 자유함을 얻었던 경험을 나누어 봅시다.

A 성령님의 강력한 역사를 경험하면 육신의 생각을 충분히 이길 수 있다.

3) 성령님을 따르면 생각의 주체가 성령님이 되어 언제나 생명나무만 선택합니다.

〈롬 8:5-6〉 5육신을 따르는 자는 육신의 일을, 영을 따르는 자는 영의 일을 생각
하나니 6육신의 생각은 사망이요 영의 생각은 생명과 평안이니라.

내가 생각의 주체가 될 때는 나 자신의 의가 나오고 내 공명심, 내 공로가 나온다. 그리고 이것은 결국 우리를 선악 판단으로 이끌어간다. 내가 판단하고 내 기준에 의해서 결정하고, 내 기준에 안 맞고 내 선입견에 안 맞으면 비판하고 불평하고 비난한다. 그 대상은 사람일 수도 있고 교회일 수도 있고 목회자일 수도 있고, 심지어 하나님까지도 선악 판단의 대상으로 삼아버린다. 그러나 성령님이 주체가 되어서 생각하고 판단하게 하시고 기준하게 하셔서 우리의 삶을 이끌어가시게 하면 하나님을 선택하고 성령님을 선택하고 은혜를 선택한다. 이것이 생명나무를 선택하는 것이다.

(1) 여기서 얻을 수 있는 교훈은 무엇이며, 생각의 주체는 누구입니까?

〈롬 8:7-8〉 7육신의 생각은 하나님과 원수가 되나니 이는 하나님의 법에 굴복하
지 아니할 뿐 아니라 할 수도 없음이라 8육신에 있는 자들은 하나님을 기쁘시게
할 수 없느니라.

〈롬 8:24-25〉 24우리가 소망으로 구원을 얻었으매 보이는 소망이 소망이 아니니
보는 것을 누가 바라리요 25만일 우리가 보지 못하는 것을 바라면 참음으로 기다
릴지니라.

하나님은 무엇을 가장 기뻐하실까? 우리 안에 성령님이 우리 생각의 주체가 되는 것이다. 그래서 성령님이 우리 안에 생각의 주체가 되어서 성령님이 생각하고 판단하게 하시고 기준하게 하셔서 우리의 삶을 언제나 이끌어가기를 원하신다. 그럴 때 우리는 언제나 생명을 선택하고 하나님의 은혜를 선택하고 의를 선택하는 것이다. 언제나 기준이 하나님이 된다.

성령님이 우리의 생각의 주체가 되면 우리는 자연스럽게 하나님을 따르고 생명을 선택하고 하나님의 은혜를 선택하게 되는 것이다. 그래서 우리는 내 의로 경건한 삶을 사는 것이 아니라 하나님의 은혜와 생명으로 신앙생활을 하게 되어 있다. 내 의와 공명심으로 살면 잘될 것 같지만 내적으로는 맨날 넘어지고 실패하게 되는 것이다. 그러나 하나님의 은혜와 의로 신앙생활하는 사람은 항상 승리하고 감격하고 언제나 그 속에서 생명과 평안이 풍성하게 된다.

(2) 성령님이 소망하시는 것이 무엇입니까?

〈롬 8:35-39〉 35누가 우리를 그리스도의 사랑에서 끊으리요 환난이나 곤고나 박
해나 기근이나 적신이나 위협이나 칼이랴 36기록된 바 우리가 종일 주를 위하여
죽임을 당하게 되며 도살 당할 양같이 여김을 받았나이다 함과 같으니라 37그러
나 이 모든 일에 우리를 사랑하시는 이로 말미암아 우리가 넉넉히 이기느니라 38

내가 확신하노니 사망이나 생명이나 천사들이나 권세자들이나 현재 일이나 장래 일이나 능력이나 [39]높음이나 깊음이나 다른 어떤 피조물이라도 우리를 우리 주 그리스도 예수 안에 있는 하나님의 사랑에서 끊을 수 없으리라.

성령님은 언제나 우리가 그리스도와 연합하게 하고 그 사랑 안에서 하나가 되게 하신다. 세상은 그리스도의 사랑에서 우리를 끊어지게 하려고 갖은 박해와 환란을 주고 유혹하기도 하지만 성령님은 우리를 주님과의 사랑의 끈에서 끊어지지 못하게 한다. 그러므로 우리는 더욱더 성령님을 내 삶의 주체로 모시고 성령님의 감동과 인도를 따라야 한다. 성령님이 기준이 되고 주체가 되는 삶을 살아야 한다.

Q **나는 지금 어떻게 성령님을 따르고 있습니까? 그리고 성령님을 따르기 전의 삶과 따른 후의 삶은 어떻게 달라졌습니까?**

A **성령님을 따르는 삶을 살기 위해서는 영적인 싸움이 있어야 한다.**
① 감동에 순종 ② 말씀에 순종 ③ 영적 싸움

〈마 16:24〉 이에 예수께서 제자들에게 이르시되 누구든지 나를 따라오려거든 자기를 부인하고 자기 십자가를 지고 나를 따를 것이니라.

4) 성령님을 따르면 판단도 생명 중심의 성숙한 단계에 이릅니다.

〈고전 2:14-15〉 [14]육에 속한 사람은 하나님의 성령님의 일들을 받지 아니하나니 이는 그것들이 그에게는 어리석게 보임이요, 또 그는 그것들을 알 수도 없나니 그러한 일은 영적으로라야 분별되기 때문이라 [15]신령한 자는 모든 것을 판단하나 자기는 아무에게도 판단을 받지 아니하느니라.

〈히 5:13-14〉 [13]이는 젖을 먹는 자마다 어린아이니 의의 말씀을 경험하지 못한 자요 [14]단단한 음식은 장성한 자의 것이니 그들은 지각을 사용함으로 연단을 받아 선악을 분별하는 자들이니라.

육신에 속한 사람은 성령님을 따르지 않고 유치하게 생각한다. 성령님의 감동대로 살지 못한다. 영적 성장은 성령님 안에서 하나님께서 기뻐하시는 것을 분별하는 단계에 이르는 것이다. 성숙한 신앙인은 영적으로 분별하고 판단할 수 있다. 성령님 안에서 주신 지각을 따라 기도하고 생각하고 판단하고 분별 줄 알아야 할 것이다. 그럴 때 우리는 육신의 소욕을 벗어버리고 새 사람의 원리를 따라 생명나무를 선택할 수 있다.

Q 성령님이 인도하시는 길을 선택했을 때 좋은 결과를 얻은 경험이 있다면 나눕시다(합력하여 선을 이룬 경험, 공동체에 덕을 끼친 경험, 내게 유익인 경험, 축복을 얻은 경험).

A 주님의 인도하심을 받으면 결국 살리는 축복을 얻는다.

〈롬 8:13-14〉 13너희가 육신대로 살면 반드시 죽을 것이로되 영으로써 몸의 행실을 죽이면 살리니 14무릇 하나님의 영으로 인도함을 받는 사람은 곧 하나님의 아들이라.

Q 온전히 주님께 맡기지 못한 부분이 있다면 무엇인지 나눕시다. (고백과 나눔)

A 각자의 상황과 여건에 따라 나눈다.

〈롬 8:6〉 육신의 생각은 사망이요 영의 생각은 생명과 평안이니라.

나눔 갖기 서로 나눔

■ 생명나무를 선택하기 위해서 어떻게 해야 하는가?

십자가를 경험해야 합니다.
성령님을 따르는 삶을 살아야 합니다.

무기 삼기 생활 적용

1. 우리는 어떻게 십자가를 경험할 수 있을까요?

• 개인 생활에 있어서
① 조용한 시간 ⇒ 십자가를 묵상
② 못 박힘을 상상
③ 삶에서 경험과 체득(부부 · 자녀)

• 교회 생활에 있어서
예) 성도가 누명 쓸 때

2. 어떻게 구체적으로 성령님을 따르시겠습니까?
(감동이 오면 순종하자. 그것이 축복이다. 어려움 속에서도 하나님을 찾자. 무엇이든지 억지로 하지 말고 감사함으로 자원함으로 하자.)

멘토링

욥은 하루아침에 모든 재산을 잃고 10남매가 한꺼번에 다 죽어버렸습니다. 게다가 몸에는 악창이라는 불치병이 찾아들었습니다. 그래서 깨진 기왓장으로 잿더미 위에 앉아 자기 몸을 박박 긁었습니다. 사랑하는 아내마저 그를 저주하고 도망가버렸고, 사랑하는 친구들은 그에게 와서 그를 비방하며 정죄했습니다. 이런 상황에서 욥이 하나님께 불평하고 욕한다고 해도 인간적으로 누가 뭐라 할 사람이 없을 것 같습니다.

그러나 욥은 그런 일보다 하나님을 더 사랑했습니다. 하나님 앞에 나아가 독대하며 하나님을 더 의지했습니다. 그는 무슨 일이 있어도 하나님을 향한 사랑을 버리지 않았습니다. 그 어떤 역경과 시험과 절망 속에서도 생명을 선택하고, 하나님을 더 섬기면 하나님이 이 땅에서 반드시 자신의 눈물을 씻어 주시고 멍든 가슴을 어루만져 주시며 병든 육체를 쓰다듬고 보듬어 주실 것을 믿었습니다. 그랬을 때 그는 생명나무를 선택할 수 있었습니다. 그리고 "누가 뭐래도 나는 하나님을 사랑합니다. 나의 힘이 되신 여호와여, 내가 주님을 사랑합니다. 난 죽어도 하나님을 사랑하겠습니다. 난 망해도 하나님을 사랑하겠습니다"라고 고백하며 생명을 선택했습니다.

욥과 같은 사람에게는 삶의 좌우명이 있습니다. 언제나 생명나무를 선택하며 삶의 우선순위는 하나님이고 예배이며 교회라는 것입니다.

– 소강석 목사의 저서 《생명나무》 중 '7과 생명나무 열매를 선택한 결과 2' 중에서

다이어리

제15과를 공부한 후의 삶의 변화와 깨달음을 적고 서로 나눕시다.

생명나무학교 The Tree of Life

16과 어떻게 생명나무를 선택할 것입니까? Ⅱ

내가 그리스도와 함께 십자가에 못 박혔나니 그런즉 이제는 내가 사는 것이 아니요 오직 내 안에 그리스도께서 사시는 것이라 이제 내가 육체 가운데 사는 것은 나를 사랑하사 나를 위하여 자기 자신을 버리신 하나님의 아들을 믿는 믿음 안에서 사는 것이라(갈 2:20).

본문 묵상

성경은 원론적으로 우리는 그리스도와 함께 어떻게 되었다고 말합니까?

이제 우리 안에 사는 분은 누구라고 고백합니까?

우리가 살아가는 것에 대해 어떻게 말하고 있습니까?

생각하기 깨워 보기

생명나무를 선택하기 위해서 우리는 먼저 십자가를 경험해야 한다. 그리고 성령을 따르는 삶을 살아야 한다. 그리고 또 하나, 생명나무를 선택하기 위해서 해야 할 것이 있다.

명심하기 본문 탐색

15과에 이어서 어떻게 생명나무를 선택해야 하는지 배워 보자.

3. 로드십(Lordship) 신앙을 소유해야 합니다. 그러면 로드십 신앙이란 무엇입니까?

〈갈 2:20〉 내가 그리스도와 함께 십자가에 못 박혔나니 그런즉 이제는 내가 사는 것이 아니요 오직 내 안에 그리스도께서 사시는 것이라 이제 내가 육체 가운데 사는 것은 나를 사랑하사 나를 위하여 자기 자신을 버리신 하나님의 아들을 믿는 믿음 안에서 사는 것이라.

로드십은 주님을 왕으로 삼고 주님이 좋아하는 것을 선택하는 것이다. 십자가에서 내가 죽고 예수 안에서 다시 사는 것이다. 내가 좋아하는 것을 선택하는 것이 아니라 주님을 따르려는 것, 이러한 것을 경험하는 것이 바로 로드십 신앙이다.

1) 내가 그리스도와 함께 십자가에 죽고 함께 산 것입니다.

〈롬 6:3-5〉 3무릇 그리스도 예수와 합하여 세례를 받은 우리는 그의 죽으심과
합하여 세례 받은 줄을 알지 못하느냐 4그러므로 우리가 그의 죽으심과 합하여
세례를 받음으로 그와 함께 장사되었나니 이는 아버지의 영광으로 말미암아 그
리스도를 죽은 자 가운데서 살리심과 같이 우리로 또한 새 생명 가운데서 행하
게 하려 함이니라 5만일 우리가 그의 죽으심과 같은 모양으로 연합한 자가 되었
으면 또한 그의 부활과 같은 모양으로 연합한 자도 되리라.

〈롬 6:8-9〉 [8]만일 우리가 그리스도와 함께 죽었으면 또한 그와 함께 살 줄을 믿노니 [9]이는 그리스도께서 죽은 자 가운데서 살아나셨으매 다시 죽지 아니하시고 사망이 다시 그를 주장하지 못할 줄을 앎이로라.

나는 그리스도 안에서 원리적으로 죽었다. 그러나 이 죽음을 계속 경험해야 한다. 예컨대 이미 결혼해서 부부가 되었다고 날마다 사랑하고 사는 것은 아니다. 결혼을 했으면 언제나 사랑을 고백하고 사랑을 속삭이며 살아야 한다. 마찬가지로 우리가 못 박혔지만 언제나 죽음을 경험하고 살아야 한다. 십자가에 죽었으면 우리가 늘 죽는 것을 경험해야 한다.

십자가에서 죽으심의 내용

원칙	내용	설명
이루어진 사실	우리는 원래 십자가에 죽었음.	예수님을 구주로 영접할 때 우리는 그리스도와 함께 본질적으로 십자가에 못 박혀 죽었음. 원리적으로 죽었고 언약적으로 죽었음(갈2:20). 이것은 하나님의 언약 안에서 이루어진 사실임.
십자가에서 자아의 죽음을 깨달을 때	예수를 영접하거나 큰 은혜를 받으면 깨닫고 경험함.	2천 년 전 갈보리 십자가 사건이 오늘 나의 존재와 일치되기도 하고 동일성을 형성할 때 우리는 참회의 눈물을, 통곡의 눈물을 흘림. 그때 우리의 귓전에 주님을 못 박는 그 망치 소리, 그 신음 소리가 내 귀에 들리는 듯함. 주님의 십자가상의 처절함을 느끼고 눈물로 감격함.
십자가에서 죽으심을 깨달은 후	찬양을 부르며 감사하고 감격하며 기쁨의 삶을 누림.	자신의 내면에 태양 빛보다도 더 찬란한 진리의 빛이 비추기 시작함. 육신의 정욕과 옛 사람의 법칙이 내 안에서 폐기 처분되고 사라지고 도망감. 왜냐하면 나도 주님과 함께 십자가에 못 박혔다는 사실이 깨달아지기 때문. 그리스도 예수께서 사는 축복을 누리게 되는 것임.
결론	아포스네스코	바로 이러한 사건을 본질적인 죽음이요, 원리적인 죽음이요, 언약적인 죽음이라고 말함. 죽음을 성경은 헬라어로 '아포스네스코'라고 표현함.
본질적 죽음 이후의 상황	여전히 죄의 행위와 습관은 남아 있음.	본질적으로 십자가에 못 박혀 죽었지만 아직도 우리에게 여전히 옛 사람의 본성이 남아 있고 죄를 좋아하는 본성과 뿌리가 남아 있음. 옛 사람의 본성이 우리 속에 숨어 있다가 선악과를 선택하게 함. 옛 사람의 행위가 나도 모르게 습관적으로 넘어지게 함.

Q 말씀에 순종하려고 나를 죽이고 버리는 영적 싸움을 했던 경험을 나눕시다.

A 주님의 길을 가기 위해서는 나 자신의 생각을 버려야 한다. 내 이성을 앞세워서는 안 된다.

〈욘 1:3〉 그러나 요나가 여호와의 얼굴을 피하려고 일어나 다시스로 도망하려 하여 욥바로 내려갔더니 마침 다시스로 가는 배를 만난지라 여호와의 얼굴을 피하여 그들과 함께 다시스로 가려고 배삯을 주고 배에 올랐더라.

2) 이제는 내 안에 예수 그리스도가 주인(왕)으로 사는 것입니다.

우리는 이것을 어떻게 증명할 수 있는가? 그것은 내가 십자가에서 나를 죽이는 것을 반복적으로 경험해야 한다.

〈고전 3:16〉 너희는 너희가 하나님의 성전인 것과 하나님의 성령이 너희 안에 계시는 것을 알지 못하느냐.

내 안에 계신 성령님의 인도하심을 따라 지속적으로 나를 죽이고 십자가에 반복적으로 못 박는 경험을 해야 한다.

〈롬 8:9〉 만일 너희 속에 하나님의 영이 거하시면 너희가 육신에 있지 아니하고 영에 있나니 누구든지 그리스도의 영이 없으면 그리스도의 사람이 아니라.

〈갈 4:6〉 너희가 아들이므로 하나님이 그 아들의 영을 우리 마음 가운데 보내사 아빠 아버지라 부르게 하셨느니라.

※ 주님이 내 안의 왕이라면

① 언제나 주님을 기뻐해야 하고 사모해야 한다.
② 주님이 말씀하시면 무엇이든지 순종하는 삶이어야 한다.
③ 주님이 감동하지 않으시더라도 '내가 어떻게 하면 주님을 기쁘시게 할까?' 생각해야 한다.
④ 주님이 명령한다면 순종뿐 아니라 헌신과 희생하는 삶을 살아야 한다.

Q 많은 사람들이 그리스도를 주인으로 모시는 삶을 changing life를 사는 것으로 오해하고 있습니다. 그러나 성경은 exchanging life를 말씀합니다. 이 둘의 차이를 설명하시오. 당신은 이것을 어떻게 경험하고 있습니까?

A changing life는 '내가'가 강조되는 삶이다. 내가 내 삶을 변화시키고 바꾸려고 노력하는 삶이다. 그러나 exchanging life는 '주님'이 강조되는 삶이다. 주님이 내 삶의 주인이 되시는 것이다. 오직 나의 노력은 주님의 인도하심을 따르는 삶이다. 나는 주님의 주권을 인정하고 모시기만 하면 된다. 그러면 주님이 나를 인도하신다. 나의 공로는 오직 주님께 순종하는 것 외에는 없다.

3) 예수 그리스도를 믿는 믿음 안에서 그를 위해 사는 것입니다.

〈빌 1:20-21〉 [20]나의 간절한 기대와 소망을 따라 아무 일에든지 부끄러워하지 아니하고 지금도 전과 같이 온전히 담대하여 살든지 죽든지 내 몸에서 그리스도가 존귀하게 되게 하려 하나니 [21]이는 내게 사는 것이 그리스도니 죽는 것도 유익함이니라.

〈롬 14:8〉 우리가 살아도 주를 위하여 살고 죽어도 주를 위하여 죽나니 그러므로 사나 죽으나 우리가 주의 것이로다.

Q 당신이 물질과 권력을 얻으려는 목적은 무엇입니까? 그 목적에 어떻게 합당하게 살아가고 있습니까?

A 우리가 무엇을 하든지 간에 그것은 오직 하나님의 영광을 위한 목적이 되어야 한다.

〈마 6:33〉 그런즉 너희는 먼저 그의 나라와 그의 의를 구하라 그리하면 이 모든 것을 너희에게 더하시리라.

〈사 43:21〉 이 백성은 내가 나를 위하여 지었나니 나를 찬송하게 하려 함이니라.

Q 영어에는 주님을 Savior와 Lord로 부르는 두 가지 의미가 있습니다. 각각 이 의미를 설명해 보고, 나는 어떻게 주님을 부르고 있는지 이야기해 봅시다.

A 아래 표 참조

주님에 대한 고백	의미	상황 속에서의 모습	신앙의 모습
세이비어 (Savior)	구세주, 구원자라는 뜻	우리 죄를 용서해 주실 뿐만 아니라 환난과 질병, 모든 문제로부터 구원해 주시는 구세주의 의미. 이런 의미로 부를 때 세이비어 주님을 찾게 됨. 그래서 어려움을 당할 때 "이런 문제를 해결해 주세요, 이런 환난에서 구원해 주세요"라고 함.	하지만 막상 주님이 그 문제와 환란으로부터 구원을 해주시면 또 주님과 아무 상관없이 멋대로 자유롭게 살아감. 그렇게 어려울 때는 애걸복걸하다가도 그 문제를 해결 받은 후에는 주님과는 아무 상관없이 멋대로 살아감.
로드 (Lord)	구세주를 넘어서 나의 왕이고 주권자, 주인이라는 뜻	문제를 해결해 주시고 도움을 주시는 주님을 부를 뿐만 아니라 주님을 내 인생에 오셔서 나를 다스리시고 통치하는 왕으로 고백하고 섬김. 내가 주인으로 사는 것이 아니라 주님께서 내 안에 왕으로 오셔서 나의 인생을 이끌어가시고 나의 삶을 다스리고 통치하도록 하는 것.	주님을 로드로 부르는 사람은 항상 주님을 왕으로 모시고 그분의 다스림과 통치 속에서 살고 인도하심에 따라 순종하며 살아감. 고난과 고통이 와도 철저한 주님의 주권을 신뢰하기에 선을 이루실 하나님을 바라보며 더욱 헌신하고 감사하는 삶을 살아감.

주님을 Savior로 부르는 성도는 어려울 때는 주님을 부르지만 대부분 내 뜻대로 산다. 그러나 주님을 Lord로 부르는 성도는 언제나 주님을 왕으로 모시고 살아간다. 주님을 왕으로 모시는 신앙을 어떻게 하고 있는가? 옛날 과거의 삶을 살펴보면 주님을 위해 산다고 하였지만 Savior 주님만을 믿지 않았는가? 진짜 신앙은 주님을 왕으로 모실 때 생명나무를 선택하는 것이다.

로드십 신앙은 갈라디아서 2장 20절의 말씀처럼 내가 그리스도와 함께 죽고 함께 사는 것이다. 십자가의 죽음을 경험하지 않고는 주님을 왕으로 모실 수 없다. 로드십 신앙은 신앙생활의 변화가 아니라 삶의 주인이 바뀌는 것이다. 내가 주님과 함께 살고 주님이 주인으로 사는 것, 내 삶의 변화가 아닌 주님을 내 삶의 왕으로 모시는 것이 바로 로드십 신앙이다. 이러한 신앙이 진정한 헌신을 가능하게 한다. 이 믿음을 바탕으로 주님을 위해서 사는 것이다.

4) 영격자의 삶을 사는 것입니다.

(1) 성경의 영격자들은 유혹과 갈등 속에서 어떤 고백을 합니까?

인격자는 그 사람의 인격이나 언어나 성격에 의해서 형성된 사람을 말하고, 영격자는 그 사람의 올바른 신앙이나 영성에 기초해서 형성된 내적인 사람을 말한다. 인격자는 사람들의 평가를 중요시한다. 그들은 지정의를 갖춘 인간성으로 사람들 앞에 존경받고 인정받기 위해 노력한다. 그러나 영격자는 그러한 것을 보지 않고 오직 주님의 기쁘신 뜻을 좇는 것이다. 주님께 인정받는 것이 더 중요한 것이다.

이는 우리에게 인격이 필요없다는 말이 아니다. 인격 위에 영격이 있다는 말이다. 영격자는 인성보다는 영성을 기초로 둔 사람이다. 하나님을 기쁘시게 하고 하나님을 섬기는 것을 더 귀하게 생각하기에 하나님이 기뻐하시면 무엇이든 순종하고 헌신할 수 있는 것이다. 하나님께서 원하시는 사람은 바로 이러한 영격자이다.

성경에서 보여주는 최고의 영격자는 아브라함이다. 그리고 신약에서는 마리아의 남편 요셉이라 할 수 있다. 요셉은 인격이 아닌 영격을 가지고 있었기 때문에 '주님의 뜻이라면' 전적으로 순종할 수 있었던 것이다. 이렇게 로드십 신앙을 갖고 영격자가 되면 생명나무를 선택하게 된다.

〈창 39:7-10〉 [7]그 후에 그 주인의 아내가 요셉에게 눈짓하다가 동침하기를 청하
니 [8]요셉이 거절하며 자기 주인의 아내에게 이르되 내 주인이 집 안의 모든 소유
를 간섭하지 아니하고 다 내 손에 위탁하였으니 [9]이 집에는 나보다 큰 이가 없으
며 주인이 아무것도 내게 금하지 아니하였어도 금한 것은 당신뿐이니 당신은 그
의 아내임이라 그런즉 내가 어찌 이 큰 악을 행하여 하나님께 죄를 지으리이까 [10]
여인이 날마다 요셉에게 청하였으나 요셉이 듣지 아니하여 동침하지 아니할 뿐
더러 함께 있지도 아니하니라.

요셉이 가장 초점을 맞추고 집중했던 대상은 인간이 아니라 바로 하나님이었다. 보이는 곳에서만 그럴듯한 삶을 사는 것이 아니라, 보이지 않는 곳에서도 하나님 보시기에 정직한 삶을 살기 위해 노력한 것이다. 이것이 바로 영격자이다.

〈눅 1:30-31〉 [30]천사가 이르되 마리아여 무서워하지 말라 네가 하나님께 은혜를
입었느니라 [31]보라 네가 잉태하여 아들을 낳으리니 그 이름을 예수라 하라.

〈눅 1:38〉 마리아가 이르되 주의 여종이오니 말씀대로 내게 이루어지이다 하매 천사가 떠나가니라.

마리아 또한 어떻게 하면 하나님의 뜻을 이룰 것인가에 초점을 맞추었다. 처녀로서 임신했을 경우, 당시 율법에 의하면 죽임을 당할 수 있고 파혼을 당해 영원히 혼자 살 수도 있는 것이다. 하지만 마리아는 자신을 통해 하나님의 뜻이 이루어지는 것이 일생에 있어서 가장 큰 목적이었다. 그래서 사람들에게 어떤 대접을 받고 어떤 조롱을 받는다 할지라도 주님의 기쁨이 되기 위해 그 어떤 손해도 감수한 것이다.

Q **당신에게 하나님의 눈보다 사람들의 눈을 더 의식하는 모습이 있다면 무엇인지 나누어 봅시다.**

A **사람의 눈보다 하나님의 눈에 더욱 관심을 가져야 한다.**

〈엡 6:6〉 눈가림만 하여 사람을 기쁘게 하는 자처럼 하지 말고 그리스도의 종들처럼 마음으로 하나님의 뜻을 행하고.

〈욥 1:20-22〉 [20]욥이 일어나 겉옷을 찢고 머리털을 밀고 땅에 엎드려 예배하며 [21]
이르되 내가 모태에서 알몸으로 나왔사온즉 또한 알몸이 그리로 돌아가올지라
주신 이도 여호와시요 거두신 이도 여호와시오니 여호와의 이름이 찬송을 받으
실지니이다 하고 [22]이 모든 일에 욥이 범죄하지 아니하고 하나님을 향하여 원망
하지 아니하니라.

Q **욥은 충분히 원망하고 불평할 수 있는 상황에서도 불평하지 않고 찬양했습니다. 그 이유는 무엇이라고 생각합니까?**

A **그는 하나님을 인정하고 섭리를 믿는 영격자였기 때문이다.**

〈고전 1:25〉 하나님의 어리석음이 사람보다 지혜롭고 하나님의 약하심이 사람보다 강하니라.

〈창 22:3〉 아브라함이 아침에 일찍이 일어나 나귀에 안장을 지우고 두 종과 그의 아들 이삭을 데리고 번제에 쓸 나무를 쪼개어 가지고 떠나 하나님의 자기에게 일러 주신 곳으로 가더니.

Q **아브라함이 이삭을 번제로 바치라고 하신 하나님의 명령을 듣고 아침 일찍 일어나 안장을 지우고 이삭을 데리고 하나님이 지시한 산으로 출발했다는 것은 어떤 의미인지 나누어 봅시다.**

A 주님의 명령은 당장 이해가 안 되어서 그렇지, 그 명령의 뜻과 의도는 항상 선하시고 온전하시고 기뻐하신 뜻이다. 그는 영격자였기 때문에 따를 수 있었다.

〈롬 12:2〉 너희는 이 세대를 본받지 말고 오직 마음을 새롭게 함으로 변화를 받아 하나님의 선하시고 기뻐하시고 온전하신 뜻이 무엇인지 분별하도록 하라.

〈삼상 15:22〉 사무엘이 이르되 여호와께서 번제와 다른 제사를 그의 목소리를 청종하는 것을 좋아하심같이 좋아하시겠나이까 순종이 제사보다 낫고 듣는 것이 숫양의 기름보다 나으니.

〈삼상 16:7〉 여호와께서 사무엘에게 이르시되 그의 용모와 키를 보지 말라 내가 이미 그를 버렸노라 내가 보는 것은 사람과 같지 아니하니 사람은 외모를 보거니와 나 여호와는 중심을 보느니라 하시더라.

Q 당신은 상대방의 외모를 보고 실수한 경험이 있다면 나눕시다. 그 실수는 나에게 어떤 교훈을 주었습니까?

A 절대로 외모로 사람을 판단해서는 안 된다.

〈신 1:17〉 재판은 하나님께 속한 것인즉 너희는 재판할 때에 외모를 보지 말고 귀천을 차별 없이 듣고 사람의 낯을 두려워하지 말 것이며 스스로 결단하기 어려운 일이 있거든 내게로 돌리라 내가 들으리라 하였고.

〈마 8:8-10〉 [8]백부장이 대답하여 이르되 주여 내 집에 들어오심을 나는 감당하
지 못하겠사오니 다만 말씀으로만 하옵소서 그러면 내 하인이 낫겠사옵나이다 [9]
나도 남의 수하에 있는 사람이요 내 아래에도 군사가 있으니 이더러 가라 하면
가고 저더러 오라 하면 오고 내 종더러 이것을 하라 하면 하나이다 [10]예수께서 들
으시고 놀랍게 여겨 따르는 자들에게 이르시되 내가 진실로 너희에게 이르노니
이스라엘 중 아무에게서도 이만한 믿음을 보지 못하였노라.

Q 인격자와 영격자의 차이를 설명해 봅시다. 영격자가 되기 위해 우리는 어떻게 해야 할지 나눕시다.

A 세상에서는 인격자를 원하지만 그런 인격자는 언제 무너질지 모른다. 그래서 실망하고 절망하고 회의하고 갈등한다. 바리새인은 세상 사람들에게 존경을 받고 신앙 인격이 훌륭한 것처럼 보였지만 예수님은 그들을 공격하셨다. 왜냐하면 주님은 위선적인 인격을 원한 것이 아니라 로드십 신앙을 가진 영격자를 원하였기 때문이다.

인격자는 사람과의 관계에서 사람에게 잘 보이려고 위선할 수 있다. 그러나 영격자는 하나님과의 관계에서 결코 위선할 수 없다. 영격자와 로드십 신앙을 가진 자는 몇 가지 특징이 있다. 먼저 무조건 주님을 주인으로 모시고 섬긴다. 그것이 내 신앙의 생명이 되기 때문이다. 또 모든 인생의 목적이 내게 있지 않고 주님께 있다. 그것이 내 신앙의 생명이 되기 때문이다.

인격이라는 말의 어원(語源)은 연극의 가면, 역할, 등장인물 등을 뜻하는 라틴어의 '페르소나'(persona)에서 나온 말이다. 그리고 이 말은 헬라어의 '프로소폰'에서 나왔다.

※ 인격
영어 = 퍼스낼러티(personality)
라틴어 = 페르소나(persona)
헬라어 = 프로소폰(προσωπου)

인격이라는 단어는 보면 가면이라는 말에서 기인하였다. 아무리 온전하게 보이는 사람이라도 그 내면에 추악한 본질이 감춰져 있다. 때문에 우리는 인격자보다 영격자가 되어야 한다. 인격자는 사람을 우선하지만 영격자는 하나님을 우선한다.

4. 생명 중심의 가치관과 선택의 우선순위를 잘 두어야 합니다.

1) 그리스도인에게 생명보다 귀한 것이 없다는 사실을 알아야 합니다.

〈막 8:36-37〉 36사람이 만일 온 천하를 얻고도 자기 목숨을 잃으면 무엇이 유익
하리요 37사람이 무엇을 주고 자기 목숨과 바꾸겠느냐.

〈요 10:10〉 도둑이 오는 것은 도둑질하고 죽이고 멸망시키려는 것뿐이요 내가 온 것은 양으로 생명을 얻게 하고 더 풍성히 얻게 하려는 것이라.

죽음 앞에서는 모든 것이 헛되다. 생명을 잃으면 모든 것을 잃는다. 사람이 온 천하를 얻고도 목숨을 잃으면 무엇이 유익하겠는가? 이 세상에 생명보다 귀한 것이 없다.

2) 선악보다 생명이 먼저라는 사실을 알아야 합니다.

〈창 31:29〉 너를 해할 만한 능력이 내 손에 있으나 너희 아버지의 하나님이 어제 밤에 내게 말씀하시기를 너는 삼가 야곱에게 선악간에 말하지 말라 하셨느니라.

창세기 31장을 보면 야곱은 외삼촌 라반에게 잘못한 사실이 드러나자 야반도주를 한다. 거기다 라헬이 드라빔을 훔쳐간다. 윤리적으로 도덕적으로는 당연히 지탄을 받아야 한다. 라반이 야곱에 대해서 얼마든지 선악을 판단하고 해롭게 할 수 있다. 그러나 하나님은 라반에게 말씀하기를 "너는 절대로 야곱에게 선악 간에 말하지 말라"고 말씀하셨다. 야곱이가 잘못한 일이 있더라도 그 잘못을 지적도 하지 말고 책망도 하지 말고 덮으라는 것이다.

이것은 하나님의 명령이고 경고였다. 자칫하면 야곱이 라반에게 해를 받을 수 있기 때문에 하나님은 야곱을 덮어 주시고 선악 간에 말하지 못하게 하셨던 것이다. 그러므로 선악보다 중요한 것이 생명이고 하나님이다.

〈합 2:4〉 보라 그의 마음은 교만하며 그 속에서 정직하지 못하나 의인은 그의 믿음으로 말미암아 살리라.

〈욥 1:21〉 이르되 내가 모태에서 알몸으로 나왔사온즉 또한 알몸이 그리로 돌아가올지라 주신 이도 여호와시요 거두신 이도 여호와시오니 여호와의 이름이 찬송을 받으실지니이다 하고.

아무리 불평하고 원망해도 괜찮을 상황이라 할지라도 불평하고 원망하는 것은 사탄이 원하는 행위이다. 그러므로 아무리 합리적인 불평이라 할지라도 절대로 하나님 앞에 선이 될 수 없다. 결국 어떠한 상황에서도 불평이 아닌 감사와 인내로 승리해야 한다.

Q 사탄의 목적은 무엇입니까? 당신은 사탄의 목적에 부합되는 행동을 한 적이 있습니까? 어떻게 수정해야 할지 나눕시다.

〈욥 1:11〉 이제 주의 손을 펴서 그의 모든 소유물을 치소서 그리하시면 틀림없이 주를 향하여 욕하지 않겠나이까.

A 사탄은 불평할 수 있는 상황과 여건을 만드는 데 혈안이 되어 있다. 그러므로 어떠한 상황이라 할지라도 불평하고 원망하는 것은 사탄에게 유혹당한 것이다.

3) 순간순간 생명이 되는 것을 선택하는 원칙의 우선순위를 세워야 합니다.

〈롬 8:5-6〉 5육신을 따르는 자는 육신의 일을, 영을 따르는 자는 영의 일을 생각하나니 6육신의 생각은 사망이요 영의 생각은 생명과 평안이니라

〈눅 10:39〉 그에게 마리아라 하는 동생이 있어 주의 발치에 앉아 그의 말씀을 듣더니.

〈창 39:11-12〉 [11]그러할 때에 요셉이 그의 일을 하러 그 집에 들어갔더니 그 집 사람들은 하나도 거기 없었더라 [12]그 여인이 그의 옷을 잡고 이르되 나와 동침하자 그러나 요셉이 자기의 옷을 여인의 손에 버려두고 밖으로 나가매

요셉은 아무리 보디발의 부인이 유혹을 하고 동침하자고 시험을 해도 하나님 앞에서 생명을 선택하고 도망을 갔다. 거기서 선악을 따지고 논하다가는 금방 무너질 수 있기 때문이다. 그런 때는 먼저 생명 중심 원칙의 우선순위를 두고 생명나무를 붙잡고 도망가는 것만이 사는 것이다. 그래서 요셉은 생명나무를 붙잡고 탈출해버린 것이다.

우리는 하나님 앞에서 무조건 생명을 선택해야 한다. 불평의 순간에도 감사를 선택해야 한다. 고난 중에도 더욱 충성하고 헌신해야 한다. 생명을 선택하는 원칙의 우선순위를 세워야 한다.

Q **당신은 회식 자리의 술잔의 유혹 앞에서, 혹은 다른 이성의 유혹 앞에서 어떻게 생명나무를 붙잡으시겠습니까?**

A **도망가거나 피하는 것이 최선이다.**

4) 세상과 죄 속에는 멸망과 죽음뿐이라는 것을 알아야 합니다.

※ 이렇게 되새겨 봅시다.
선악과를 선택하면, "나는 망한다." "가정이 파탄 나고 생명이 말라버린다."
생명나무를 선택하면, "나는 흥한다." "가정이 행복하고 생명이 흘러 넘친다." "나는 축복을 받기 위해서라도 생명을 선택해야 한다."

〈요 2:15-16〉 [15]노끈으로 채찍을 만드사 양이나 소를 다 성전에서 내쫓으시고 돈 바꾸는 사람들의 돈을 쏟으시며 상을 엎으시고 [16]비둘기 파는 사람들에게 이르시되 이것을 여기서 가져가라 내 아버지의 집으로 장사하는 집을 만들지 말라 하시니.

당시 대제사장은 제사장이라는 위치를 유지하기 위해 많은 뇌물이 필요했다. 그래서 성전에서 파는 양, 소만으로 제사를 드려 준다고 하면서 이스라엘 백성들에게 폭리를 취했다. 대제사장은 친인척들로 하여금 성전에서 장사를 시작하게 했다. 주님은 이것에 분노하신 것이다. 자신의 기득권을 유지하고 명예를 유지하기 위한 신앙생활을 해서는 안 된다.

Q **당신은 나의 위치와 기득권, 명예를 위해 하나님의 뜻을 저버린 경험이 있습니까? 나누어 봅시다(주일성수, 신앙을 숨김, 기독인이라는 것을 숨김 등).**

A **다음 구절을 통해 어떤 도전과 깨달음이 있는지 나눈다.**

〈갈 1:10〉 이제 내가 사람들에게 좋게 하랴 하나님께 좋게 하랴 사람들에게 기쁨을 구하랴 내가 지금까지 사람들의 기쁨을 구하였다면 그리스도의 종이 아니니라.

〈딤후 4:9-10〉 9너는 어서 속히 내게로 오라 10데마는 이 세상을 사랑하여 나를 버리고 데살로니가로 갔고 그레스게는 갈라디아로, 디도는 달마디아로 갔고.

데마는 세상을 사랑하여 데살로니가로 가버렸다. 성령으로 시작하여 육체로 마친 것이다. 삼손도 마찬가지다. 처음에는 성령 충만하고 하나님이 주신 힘으로 능력을 행하고 영광을 돌렸지만 나중에는 들릴라의 유혹을 받아 비참하게 끝나버렸다. 그러므로 우리도 선악과를 선택하면 얼마든지 이렇게 될 수 있다는 것을 교훈 받으며 선악과를 버려야 한다. 세상과 죄 속에는 멸망과 죽음뿐이라는 것을 깨달아야 한다. 우리는 항상 승리하고 축복을 받기 위해서라도 생명나무를 선택해야 한다.

Q **당신은 세상을 더 사랑해서 세상으로 잠시 눈을 돌린 경험을 나누고 그 결과는 어떠했는지 나눕시다(물질, 명예, 권력, 취미, 쾌락, 재미 등).**

A **세상을 사랑하면 결국 남는 것은 아버지의 사랑이 식는 것뿐이다.**

〈요일 2:15〉 이 세상이나 세상에 있는 것들을 사랑하지 말라 누구든지 세상을 사랑하면 아버지의 사랑이 그 안에 있지 아니하니.

〈삿 16:16-17〉 16날마다 그 말로 그를 재촉하여 조르매 삼손의 마음이 번뇌하여
죽을 지경이라 17삼손이 진심을 드러내어 그에게 이르되 내 머리 위에는 삭도를
대지 아니하였나니 이는 내가 모태에서 하나님의 나실인이 되었음이라 만일 내
머리가 밀리면 내 힘이 내게서 떠나고 나는 약해져서 다른 사람과 같으리라 하
니라.

〈삿 16:20-21〉 20들릴라가 이르되 삼손이여 블레셋 사람이 당신에게 들이닥쳤느
니라 하니 삼손이 잠을 깨며 이르기를 내가 전과 같이 나가서 몸을 떨치리라 하
였으나 여호와께서 이미 자기를 떠나신 줄을 깨닫지 못하였더라 21블레셋 사람이
그를 잡아 그 눈을 빼고 끌고 가사에 내려가 놋줄로 매고 그에게 옥에서 맷돌을
돌리게 하였더라.

나눔 갖기 서로 나눔

■ 생명나무를 선택하기 위해서는 어떻게 해야 하는가?

■ 로드십 신앙이란 무엇인가?

■ 생명 중심의 가치관과 선택의 우선순위를 잘 두기 위해 어떻게 해야 하는가?

무기 삶기 생활 적용

1. 로드십 신앙을 우리는 어떻게 보여줄 수 있을까요?
(주님이 원하시면 무엇이든지 순종한다. 나는 분노의 시간에도 순종한다.)

2. 우리의 신앙생활의 우선순위와 가치관을 소개해 봅시다.

3. 교회 생활이나 삶의 현장에서 구체적으로 생명나무를 선택했던 예를 소개해 봅시다.

4. 지금까지 생명나무를 선택하는 데 가장 어려운 점이 있다면 무엇이었습니까?

생명나무를 선택하려면 로드십 신앙을 소유해야 한다. 우리는 훌륭한 인격을 갖추어야 한다. 그러나 자신의 의나 공명심을 앞세우는 이성이나 인격 중심의 신앙생활은 선악을 판단하는 습관에 빠져들거나 위선적 신앙인이 될 가능성이 있다. 그러므로 우리는 인격자를 초월하여 영격자가 되어야 한다. 주님을 선택하고 은혜와 생명을 선택하는 것을 최우선순위로 삼아야 한다. 그럴 때 로드십 신앙을 가진 영격자로서 생명나무를 선택하는 승리의 신앙 생활을 할 수 있다.

멘토링

우리 그리스도인에게 가장 큰 축복은 우리 안에 생명이 철철 넘치는 것입니다. 우리 안에 생명이 터질 듯이 흘러 넘치는 것입니다. 툭 건드리기만 해도 생명이 터질 정도로 풍성한 생명이 넘쳐야 합니다. 주님이 오신 목적이 무엇입니까? 그것은 풍성한 생명을 주시기 위한 것이 아닙니까?(요 10:10) 댐이 철철 흘러 넘치는 것처럼, 저수지의 물이 흘러 넘치는 것처럼 우리 안에서 생명이 풍성해야 합니다. 이런 생명 중심의 가치관과 생명 중심의 원칙과 우선순위를 가지고 있으면 생명을 선택하지 않을 수 없습니다.

생명의 패러다임을 따라 생활하면 항상 생명나무를 선택합니다. 그런데 생명이 없으면 항상 습관적으로 공허하게 되어 있습니다. 생명이 없으면 항상 공허하고 허탈합니다. 그런 사람은 항상 선악을 따지게 되어 있습니다. 법을 따집니다. 물론 생명 중심의 법과 원칙은 좋습니다. 생명 중심의 사람이 법과 원칙을 말하면 지지해 줄 수 있습니다. 그러나 생명이 풍성하지 못한 사람이 외치는 법과 원칙은 항상 따지고 비난하고 허물을 들추는 법과 원칙입니다. 이런 사람들은 회의 때마다 항상 "법이요!"를 외치고 항상 원칙을 따집니다. 항상 선악을 분별하고 판단하고 회의하다가 싸우고 갈라지고 이 파, 저 파 나누어지고 의견이 달라지고 입장이 달라집니다.

여러분, 사실 법으로만 말하면 법으로 구원받을 수 있는 사람이 어디 있습니까? 선악으로 구원을 받고 윤리로 구원받을 수 있는 사람이 어디 있습니까? 법으로 말하면 자기부터 죽어야 합니다. 우리가 사랑과 은혜와 생명으로 구원받지 않았습니까? 그러니까 우리는 법과 원칙을 가지고 따지고 선악을 말하기 전에 생명으로 풍성해야 합니다. 우리 안에 생명이 풍성하고 철철 넘쳐야 합니다. 무조건 생명이 가득하면 먼저 생명부터 추구하고 생명부터 선택해야 합니다. 그래야 생명이 창일하게 되고 생명의 열매를 맺게 되는 것입니다. 찬양이 가득하고 감사가 가득하고 순종과 헌신이 가득합니다.

이런 사람은 항상 축복의 통로자가 되고 은혜의 통로자가 됩니다. 이런 사람은 항상 무슨 말을 해도 하나님을 자랑하고 하나님을 간증하고 전도하는 삶을 살게 됩니다.

– 소강석 목사의 저서 《생명나무》 중 '18과 어떻게 생명나무를 선택할 것인가2' 중에서

다이어리

제16과를 공부한 후의 삶의 변화와 깨달음을 적고 서로 나눕시다.

The Tree of Life
생명나무학교

17과 교회 갈등과 생명나무

10형제들아 내가 우리 주 예수 그리스도의 이름으로 너희를 권하노니 모두
가 같은 말을 하고 너희 가운데 분쟁이 없이 같은 마음과 같은 뜻으로 온
전히 합하라 11내 형제들아 글로에의 집 편으로 너희에 대한 말이 내게 들
리니 곧 너희 가운데 분쟁이 있다는 것이라 12내가 이것을 말하거니와 너
희가 각각 이르되 나는 바울에게, 나는 아볼로에게, 나는 게바에게, 나는
그리스도에게 속한 자라 한다는 것이니(고전 1:10-12).

본문 묵상

사도 바울이 고린도 교회에 대해 어떤 소식을 접하게 됩니까?(11절)

분쟁의 내용은 무엇입니까?(12절)

분쟁에 대해 어떤 말을 합니까?(10절)

생각하기 깨워 보기

갈등은 하나님의 일이 아니라 사람의 일이다. 그것은 교회도 마찬가지다. 교회도 죄인이 모이고 불건전한 사람이 모이며 서로 성격과 기질과 개성이 다른 사람이 모인 곳이기에, 얼마든지 갈등과 위기가 존재할 수 있다. 그러므로 그 갈등과 위기의 근본 문제를 정확하게 간파해야 한다. 자꾸 본질적인 문제를 모르면서 비본질 문제만을 붙잡고 서로 싸우고 다투니까 불필요한 소모전을 하는 것이다. 교회 갈등과 생명나무에 대해 살펴보자.

■ 그렇다면 교회 갈등을 일으키는 경우는 어떤 경우입니까?

1. 교회 갈등은 담임 목회자에게서 시작되는 경우가 있습니다.

1) 영적 지도자로 인해 어떤 갈등이 생겼습니까?

〈창 9:20-23〉 [20]노아가 농사를 시작하여 포도나무를 심었더니 [21]포도주를 마시
고 취하여 그 장막 안에서 벌거벗은지라 [22]가나안의 아버지 함이 그의 아버지의
하체를 보고 밖으로 나가서 두 형제에게 알리매 [23]셈과 야벳이 옷을 가져다가 자
기들의 어깨에 메고 뒷걸음쳐 들어가서 그들의 아버지의 하체에 덮었으며 그들
이 얼굴을 돌이키고 그들의 아버지의 하체를 보지 아니하였더라.

문제의 발단: 노아의 음주였다. 노아는 당시 가정의 제사장이었고 영적인 지도자였다. 그런데 그가 술을 마시고 취하여 옷을 벗은 것이다. 이것으로 인해 가정과 가문에 영향을 미치게 된다.

〈민 12:1-2〉 [1]모세가 구스 여자를 취하였더니 그 구스 여자를 취하였으므로
미리암과 아론이 모세를 비방하니라 [2]그들이 이르되 여호와께서 모세와만 말
씀하셨느냐 우리와도 말씀하지 아니하셨느냐 하매 여호와께서 이 말을 들으
셨더라.

문제의 발단: 모세가 구스 여자와 결혼한 것이 이스라엘 공동체에 큰 파장을 일으켰다. 왜냐하면 당시 레위인과 지도자들은 이스라엘 처녀와 결혼해야 했기 때문이다.

〈레 21:13-15〉 [13]그는 처녀를 데려다가 아내를 삼을지니 [14]과부나 이혼 당한 여자
나 창녀 짓을 하는 더러운 여인을 취하지 말고 자기 백성 중에서 처녀를 취하여
아내를 삼아 [15]그의 자손이 그의 백성 중에서 속되게 하지 말지니 나는 그를 거룩
하게 하는 여호와임이니라.

신학적 배경 설명

구스 땅(에티오피아)

1. 애굽의 남쪽 나라였음
그러므로 내가 너와 네 강들을 쳐서 애굽 땅 믹돌에서부터 수에네 곧 구스 지경까지 황폐한 황무지 곧 사막이 되게 하리니(겔 29:10).

2. 함 자손이었음
함의 아들은 구스와 미스라임과 붓과 가나안이요(창 10:6).

3. 구스 땅에 기혼 강이 있었음
둘째 강의 이름은 기혼이라 구스 온 땅을 둘렀고(창 2:13).

4. 구스 거민들은 피부가 검음
구스인이 그 피부를, 표범이 그 반점을 변하게 할 수 있느냐 할 수 있을진대 악에 익숙한 너희도 선을 행할 수 있으리라(렘 13:23).

모세가 구스 여인을 취했다는 것은 이스라엘 공동체 안에서는 분명한 갈등의 요소였다.

〈삼상 3:1-2〉 1아이 사무엘이 엘리 앞에서 여호와를 섬길 때에는 여호와의 말씀이 희귀하여 이상이 흔히 보이지 않았더라 2엘리의 눈이 점점 어두워가서 잘 보지 못하는 그때에 그가 자기 처소에 누웠고,

문제의 발단: 엘리의 영적 눈이 어두워졌다. 그래서 자기 자녀들의 잘못에 대해 그 어떤 조치도 취하지 않았다. 그리하여 블레셋이 이스라엘을 쳐들어와 이스라엘이 위기에 직면하게 된다.

〈삼상 18:10〉 그 이튿날 하나님께서 부리시는 악령이 사울에게 힘 있게 내리매 그가 집 안에서 정신없이 떠들어대므로 다윗이 평일과 같이 손으로 수금을 타는데 그때에 사울의 손에 창이 있는지라.

문제의 발단: 사울에게 악령이 들어갔다. 영적인 회복이 되지 않고 지속적으로 육적인 삶을 살면 갈등이 일어나게 된다.

〈갈 2:11〉 게바가 안디옥에 이르렀을 때에 책망 받을 일이 있기로 내가 그를 대면하여 책망하였노라.

문제의 발단: 게바의 위선 때문이다.

Q 지금껏 교회 생활을 하면서 목회자(담임목사) 때문에 발생된 교회의 갈등과 문제가 있으면 이야기해 봅시다. 그런 시험이 오고 갈등이 올 때 어떻게 생명나무를 선택해야 합니까?

A 문제를 지적한다고 해결이 되는 것이 아니다. 먼저 기도해 주어야 한다.

2) 영적 지도자로부터 시작된 갈등의 경우 어떻게 하는 것이 생명나무를 선택하는 것입니까?

(1) 먼저 덮어 주는 것이 지혜입니다.

〈창 9:23〉 셈과 야벳이 옷을 가져다가 자기들의 어깨에 메고 뒷걸음쳐 들어가서 그들의 아버지의 하체에 덮었으며 그들이 얼굴을 돌이키고 그들의 아버지의 하체를 보지 아니하였더라.

아버지의 허물을 들춰냈던 함은 하나님께 저주를 받았다. 그러나 셈과 야벳은 자기들의 옷을 어깨에 메고 뒷걸음쳐 들어가서 아버지의 하체를 덮었다. 허물을 덮어 줄 수 있는 신앙이 바로 생명나무를 선택하는 신앙이다.

(2) 내 이성으로 판단하거나 비판해서는 안 됩니다.

〈삼상 24:6-7〉 6자기 사람들에게 이르되 내가 손을 들어 여호와의 기름 부음을
받은 내 주를 치는 것은 여호와께서 금하시는 것이니 그는 여호와의 기름 부음
을 받은 자가 됨이니라 하고 7다윗이 이 말로 자기 사람들을 금하여 사울을 해하
지 못하게 하니라 사울이 일어나 굴에서 나가 자기 길을 가니라.

〈삼상 26:11-12〉 11내가 손을 들어 여호와의 기름 부음 받은 자를 치는 것을 여호
와께서 금하시나니 너는 그의 머리 곁에 있는 창과 물병만 가지고 가자 하고 12다
윗이 사울의 머리 곁에서 창과 물병을 가지고 떠나가되 아무도 보거나 눈치채지
못하고 깨어 있는 사람도 없었으니 이는 여호와께서 그들을 깊이 잠들게 하셨으
므로 그들이 다 잠들어 있었기 때문이었더라.

보복하지 않는 신앙이 생명나무를 선택하는 신앙이다. 다윗은 절대로 사울을 죽이지 않았다. 얼마든지 죽일 수 있었지만 하나님께서 기름 부은 자였기 때문이다. 하나님이 세우시고 기름 부은 자를 인정하는 것은 그를 세우신 하나님에 대한 인정이다. 뿐만 아니라 하나님을 존중하는 모습이다. 그러므로 내가 판단자가 되고 재판관이 되려고 하지 말아야 한다.

Q 당신은 다음 구절을 보고 어떤 생각이 듭니까? 어떻게 하는 것이 생명나무를 선택하는 것인지 나눕시다.

〈마 7:1-3〉 1비판을 받지 아니하려거든 비판하지 말라 2너희가 비판하는 그 비판
으로 너희가 비판을 받을 것이요 너희가 헤아리는 그 헤아림으로 너희가 헤아림
을 받을 것이니라 3어찌하여 형제의 눈 속에 있는 티는 보고 네 눈 속에 있는 들
보는 깨닫지 못하느냐.

A 남의 허물과 실수는 비판의 대상이 아니라, 오히려 나를 바라보고 타산지석으로 삼는 성찰의 도구이다.

(3) 사랑으로 덮어 주어야 합니다.

〈벧후 1:5-7〉 [5]그러므로 너희가 더욱 힘써 너희 믿음에 덕을, 덕에 지식을, [6]지식
에 절제를, 절제에 인내를, 인내에 경건을, [7]경건에 형제 우애를, 형제 우애에 사
랑을 더하라.

Q 당신은 사랑의 능력과 용서의 능력을 어떻게 경험했는지 나눕시다.

A 성경은 사랑하면 어떤 죄도 용서할 수 있다고 말한다. 자식은 어떻게든 용서가 된다고들 한다. 그 이유는 사랑하기 때문이다.

〈벧전 4:8〉 무엇보다도 뜨겁게 서로 사랑할지니 사랑은 허다한 죄를 덮느니라.

Q 만일 목회자가 부덕한 일을 했고 그것을 나만 알고 있다면, 당신은 어떻게 하겠습니까?

A 덮어 주고 그를 위해 기도해 주는 것이 좋다.

2. 교회 갈등은 부교역자 때문에 생기는 경우가 있습니다.

1) 부교역자로 인해 어떤 갈등이 생겼습니까?

〈민 16:1-3〉 [1]레위의 증손 고핫의 손자 이스할의 아들 고라와 르우벤 자손 엘리
압의 아들 다단과 아비람과 벨렛의 아들 온이 당을 짓고 [2]이스라엘 자손 총회에
서 택함을 받은 자 곧 회중 가운데 이름 있는 지휘관 이백 오십 명과 함께 일어나

서 모세를 거스르니라 [3]그들이 모여서 모세와 아론을 거슬러 그들에게 이르되 너희가 분수에 지나도다 회중이 다 각각 거룩하고 여호와께서도 그들 중에 계시거늘 너희가 어찌하여 여호와의 총회 위에 스스로 높이느냐.

레위의 증손 고핫의 손자 이스할의 아들이라는 것은 하나님의 일을 하는 레위 집안의 사람이라는 의미이다.

신학적 배경 설명

레위 자손의 역사

1. 야곱의 아들 레위의 후손들임

1) 그가 또 임신하여 아들을 낳고 이르되 내가 그에게 세 아들을 낳았으니 내 남편이 지금부터 나와 연합하리로다 하고 그 이름을 레위라 하였으며(창 29:34).

2. 레위의 후손은 세 가족(게르손, 고핫, 므라리 자손)으로 나뉨

레위의 아들들의 이름은 그들의 족보대로 이러하니 게르손과 고핫과 므라리요 레위의 나이는 일백삼십칠 세이었으며(출 6:16).

3. 아론이 대제사장으로 선택됨

너는 이스라엘 자손 중 네 형 아론과 그의 아들들 나답과 아비후와 엘르아살과 이다말을 그와 함께 네게로 나오게 하여 나를 섬기는 제사장 직분을 행하게 하되(출 28:1).

4. 아론의 아들들에게 주어 이스라엘 자손을 대신하여 봉사하게 함

내가 이스라엘 자손 중에서 레위인을 취하여 그들을 아론과 그 아들들에게 주어 그들로 회막에서 이스라엘 자손을 대신하여 봉사하게 하며 또 이스라엘 자손을 위하여 속죄하게 하였나니 이는 이스라엘 자손이 성소에 가까이 할 때에 그들 중에 재앙이 없게 하려 하였음이니라(민 8:19).

여호와께서 또 모세에게 말씀하여 이르시되 레위 지파는 나아가 제사장 아론 앞에 서서 그에게 시종하게 하라(민 3:5-6).

5. 하나님을 섬김

그때에 여호와께서 레위 지파를 구별하여 여호와의 언약궤를 메게 하며 여호와 앞에 서서 그를 섬기며 또 여호와의 이름으로 축복하게 하셨으니 그 일은 오늘날까지 이르느니라(신 10:8).

6. 성막의 직무를 행함

너는 네 형제 레위 지파 곧 네 조상의 지파를 데려다가 너와 함께 있게 하여 너와 네 아들들이 증거의 장막 앞에 있을 때 그들이 너를 돕게 하라 (민 18:2)

〈삼하 15:6〉 이스라엘 무리 중에 왕께 재판을 청하러 오는 자들마다 압살롬의 행함이 이와 같아서 이스라엘 사람의 마음을 압살롬이 훔치니라.

〈삼하 15:10〉 이에 압살롬이 정탐을 이스라엘 모든 지파 가운데 두루 보내 이르기를 너희는 나팔 소리를 듣거든 곧 말하기를 압살롬이 헤브론에서 왕이 되었다 하라 하니라.

〈삼하 15:13〉 전령이 다윗에게 와서 말하되 이스라엘의 인심이 다 압살롬에게로 돌아갔나이다 한지라.

압살롬은 왕자이기 이전에 다윗 왕과 그의 왕국을 위해 섬기는 신하임에도 불구하고 다윗을 대적하며 백성들의 마음을 도둑질했다. 압살롬의 최종 목적은 왕인 다윗을 반역하고 자기가 그 자리에 앉는 것이었다. 교회 내에서 담임목사를 은근히 경계하고 비난하면서 자기의 성을 쌓아가는 사람은 잘못된 것이다.

〈출 32:2-3〉 [2]아론이 그들에게 이르되 너희의 아내와 자녀의 귀에서 금고리를 빼어 내게로 가져오라 [3]모든 백성이 그 귀에서 금고리를 빼어 아론에게로 가져가매.

Q 지금껏 내가 교회 생활을 하는 가운데 부교역자 때문에 발생된 교회의 갈등이 있으면 이야기해 봅시다. 그때 당신은 어떻게 했습니까?

A 적대적으로 행하지 말고 교회 편에서 무엇이 올바른지 명확하게 이야기해 주고, 만약에 깨닫지 못할 경우 담임 목회자에게 이야기하여 옳은 방향으로 전환할 수 있도록 한다.

2) 이때 우리는 어떻게 생명나무를 선택해야 할까요?

먼저는 하나님 편이 되고, 두 번째는 교회 편이 되고, 세 번째는 담임목사 편이 되어야 한다.

〈출 32:17〉 여호수아가 백성들의 요란한 소리를 듣고 모세에게 말하되 진중에서 싸우는 소리가 나나이다.

여호수아는 무리 가운데 일어나고 있는 일들을 혼자 알고만 있지 않고 영적 지도자인 모세가 알아야 할 내용이기에 모세에게 말했다. 부교역자는 절대로 자신만이 아는 비밀을 만들어서는 안 된다. 아무리 비밀이라고 말하는 상담이라 할지라도 그것이 담임 목회자가 알아야 할 사항이라면 반드시 보고해야 한다.

〈민 11:27-29〉 [27]한 소년이 달려와서 모세에게 전하여 이르되 엘닷과 메닷이 진중에서 예언하나이다 하매 [28]택한 자 중 한 사람 곧 모세를 섬기는 눈의 아들 여호수아가 말하여 이르되 내 주 모세여 그들을 말리소서 [29]모세가 그에게 이르되 네가 나를 두고 시기하느냐 여호와께서 그의 영을 그 모든 백성에게 주사 다 선지자 되게 하시기를 원하노라.

엘닷과 메닷이 진중에서 예언을 하자 여호수아는 이를 금할 것을 모세에게 요청한다. 모세는 여호수아의 제안을 거절하고 "네가 나를 위하여 시기하느냐"(29절) 하고 여호수아를 책망하였다. 여호수아와 모세는 각별한 사이였고 그 두 장로의 예언으로 인하여 모세의 명예가 격감되지 않기를 원하여 여호수아가 그러한 제안을 한 것이지만 모세는 그를 책망하였다.

우리는 우리와 의견이 다른 사람들이 '우리와 같은 식으로 그리스도를 따르지 않는다' 하여 그들을 정죄하거나 금지시키려 해서는 안 된다. 모든 일에 우리와 의견이 꼭 같지 않다고 해서 그리스도께서 인정하신 자들을 배척하거나 그들이 선행을 하지 못하도록 막아서는 안 된다. 모세는 그러한 인물이 아니었다. 모세는 그들을 잠잠하게 하거나 그들 속에 계신 성령을 소멸하는 일을 결코 하지 않고 하나님께서 주의 모든 백성이 다 선지자 되게 하시기를, 즉 하나님께서 그들 모두에게 그의 신을 내려 주시기를 원했다. 여호수아의 요청대로 했다면 분명 하나님의 뜻을 이루지 못한 결과를 얻게 되는 것이다.

Q **당신은 당신의 맘과 맞지 않는다는 이유 때문에 주의 일에 열심 있는 사람을 미워하거나 그의 사역을 방해하거나 돕지 않은 경험을 나눕시다.**

A **그가 하는 일이 하나님의 영광을 위한 일이라면 내 마음과 스타일에 맞지 않더라도 도와주고 섬겨 줄 수 있어야 한다.**

〈막 9:38-39〉 [38]요한이 예수께 여짜오되 선생님 우리를 따르지 않는 어떤 자가 주의 이름으로 귀신을 내쫓는 것을 우리가 보고 우리를 따르지 아니하므로 금하였나이다 [39]예수께서 이르시되 금하지 말라 내 이름을 의탁하여 능한 일을 행하고 즉시로 나를 비방할 자가 없느니라.

〈수 14:9-12〉 [9]그날에 모세가 맹세하여 이르되 네가 내 하나님 여호와께 충성하였은즉 네 발로 밟는 땅은 영원히 너와 네 자손의 기업이 되리라 하였나이다 [10]이제 보소서 여호와께서 이 말씀을 모세에게 이르신 때로부터 이스라엘이 광야

에서 방황한 이 사십오 년 동안을 여호와께서 말씀하신 대로 나를 생존하게 하
셨나이다 오늘날 내가 팔십오 세로되 [11]모세가 나를 보내던 날과 같이 오늘도 내
가 여전히 강건하니 내 힘이 그때나 지금이나 같아서 싸움에나 출입에 감당할
수 있으니 [12]그날에 여호와께서 말씀하신 이 산지를 지금 내게 주소서 당신도 그
날에 들으셨거니와 그곳에는 아낙 사람이 있고 그 성읍들은 크고 견고할지라도
여호와께서 나와 함께하시면 내가 여호와께서 말씀하신 대로 그들을 쫓아내리
이다 하니.

오직 말씀 중심으로, 언약을 붙잡으며 순종으로 나가야 한다.

〈삼상 3:15-18〉 [15]사무엘이 아침까지 누웠다가 여호와의 집의 문을 열었으나 그
이상을 엘리에게 알게 하기를 두려워하더니 [16]엘리가 사무엘을 불러 이르되 내
아들 사무엘아 하니 그가 대답하되 내가 여기 있나이다 하니 그가 [17]이르되 네게
무엇을 말씀하셨느냐 청하노니 내게 숨기지 말라 네게 말씀하신 모든 것을 하나
라도 숨기면 하나님이 네게 벌을 내리시고 또 내리시기를 원하노라 하는지라 [18]
사무엘이 그것을 자세히 말하고 조금도 숨기지 아니하니 그가 이르되 이는 여호
와시니 선하신 대로 하실 것이니라 하니라.

숨기는 것이 덕을 위한 일이고 사랑을 구하는 일이라 할지라도, 영적 지도자가 요청할 때에는 사실대로 말하는 것이 옳다.

〈계 2:1〉 에베소 교회의 사자에게 편지하라 오른손에 있는 일곱 별을 붙잡고 일곱 금촛대 사이에 다니시는 이가 이르시되.

〈민 14:6-8〉 [6]그 땅을 정탐한 자 중 눈의 아들 여호수아와 여분네의 아들 갈렙이
자기들의 옷을 찢고 [7]이스라엘 자손의 온 회중에게 말하여 이르되 우리가 두루
다니며 정탐한 땅은 심히 아름다운 땅이라 [8]여호와께서 우리를 기뻐하시면 우리
를 그 땅으로 인도하여 들이시고 그 땅을 우리에게 주시리라 이는 과연 젖과 꿀
이 흐르는 땅이니라.

〈출 32:26-29〉 [26]이에 모세가 진 문에 서서 이르되 누구든지 여호와의 편에 있

는 자는 내게로 나아오라 하매 레위 자손이 다 모여 그에게로 가는지라 [27]모세가
그들에게 이르되 이스라엘의 하나님 여호와께서 이렇게 말씀하시기를 너희는
각각 허리에 칼을 차고 진 이 문에서 저 문까지 왕래하며 각 사람이 그 형제를,
각 사람이 자기의 친구를, 각 사람이 자기의 이웃을 죽이라 하셨느니라 [28]레위 자
손이 모세의 말대로 행하매 이날에 백성 중에 삼천 명 가량이 죽임을 당하니라 [29]
모세가 이르되 각 사람이 자기의 아들과 자기의 형제를 쳤으니 오늘날 여호와께
헌신하게 되었느니라 그가 오늘 너희에게 복을 내리시리라.

Q **만일 부교역자가 교회에 부덕한 일을 행하거나 물의를 빚었을 때 당신은 어떻게 하겠습니까?**

A **부교역자 가운데에서도 분열을 조장하는 사람은 정확히 차단해야 한다.**

3. 교회의 갈등은 장로나 중직자에 의해 생기기도 합니다.

1) 평신도 리더들의 어떤 모습 때문에 이스라엘 백성들에게 갈등이 생겼습니까?

〈민 13:27-29〉 [27]모세에게 말하여 이르되 당신이 우리를 보낸 땅에 간즉 과연
그 땅에 젖과 꿀이 흐르는데 이것은 그 땅의 과일이니이다 [28]그러나 그 땅 거주민
은 강하고 성읍은 견고하고 심히 클 뿐 아니라 거기서 아낙 자손을 보았으며 [29]아
말렉인은 남방 땅에 거주하고 헷인과 여부스인과 아모리인은 산지에 거주하고
가나안인은 해변과 요단 가에 거주하더이다.

이스라엘 백성들을 대표한 10명의 부정적인 보고로 인해 모든 이스라엘 백성들이 동요하기 시작했다. 열두 정탐꾼들은 모든 이스라엘 백성들을 대표하는 평신도 지도자들이라고 해도 무방하다. 그렇기 때문에 그들의 말은 이스라엘 공동체에 적지 않은 파장을 일으킨 것이다.

〈민 16:2-3〉 [2]이스라엘 자손 총회에서 택함을 받은 자 곧 회중 가운데에서 이름 있는 지휘관 이백오십 명과 함께 일어나서 모세를 거스르니라 [3]그들이 모여서 모세와 아론을 거슬러 그들에게 이르되 너희가 분수에 지나도다 회중이 다 각각 거룩하고 여호와께서도 그들 중에 계시거늘 너희가 어찌하여 여호와의 총회 위에 스스로 높이느냐.

고라와 다단과 아비람의 반역에 동조한 유명한 족장 250명이 일어나 모세를 거스렸다. 결국 이들은 하나님의 불에 의해 죽임을 당했다.

〈민 16:35〉 여호와께로부터 불이 나와서 분향하는 이백오십 명을 불살랐더라.

〈삼하 17:1-4〉 [1]아히도벨이 또 압살롬에게 이르되 이제 내가 사람 만이천 명을
택하게 하소서 오늘 밤에 내가 일어나서 다윗의 뒤를 추적하여 [2]그가 곤하고 힘
이 빠졌을 때에 기습하여 그를 무섭게 하면 그와 함께 있는 모든 백성이 도망하
리니 내가 다윗 왕만 쳐 죽이고 [3]모든 백성이 당신께 돌아오게 하리니 모든 사람
이 돌아오기는 왕이 찾는 이 사람에게 달렸음이라 그리하면 모든 백성이 평안하
리이다 하니 [4]압살롬과 이스라엘 장로들이 다 그 말을 옳게 여기더라.

아히도벨은 다윗의 모사였다(대상 27:33). 하지만 다윗을 배반하여 압살롬 편에 섰고, 압살롬에게 더욱 힘을 키우기 위해 다윗의 후궁들과 더불어 동침해야 한다는 조언을 했다(삼하 16:21-22). 영원토록 다윗의 편이 되어야 할 아히도벨이 다윗을 배신하고 갈등을 일으키는 핵심인물이 된 것이다.

〈행 4:5-7〉 [5]이튿날에 관리들과 장로들과 서기관들이 예루살렘에 모였는데 [6]대
제사장 안나스와 가야바와 요한과 알렉산더와 및 대제사장의 문중이 다 참여하
여 [7]사도들을 가운데 세우고 묻되 너희가 무슨 권세와 누구의 이름으로 이 일을
행하였느냐.

관원들과 장로, 서기관들이 예수 그리스도의 복음과 부활을 외치는 베드

로와 요한을 잡아 옥에 가두고 그들의 사역을 방해했다. 그런데 관원들과 장로, 서기관들은 모두 백성들의 리더였고 우두머리들이었다. 그들은 자신들이 생각이 절대적으로 옳다고 판단했기에 베드로와 요한을 잡은 것이다. 그러나 그들은 오히려 하나님의 일을 방해한 것이다.

교회 안에서도 나름대로는 교회를 위하고 하나님의 영광을 위한다고 하지만, 내 생각과 고집을 앞세우고 나의 기득권을 유지하기 위한 방편이 된다면 그것은 오히려 하나님의 일을 방해하는 것이다.

Q 교회 안에서 장로나 중직자에 의해 생긴 교회 갈등이 있었으면 이야기해 봅시다. 그때 당신은 어떻게 했습니까?

A 옳고 그름이 중요한 것이 아니라 과연 어떻게 하는 것이 생명인가를 먼저 아는 것이 중요하다.

Q 그러면 이때 우리는 어떻게 생명나무를 선택해야 할까요?

A 장로나 중직자들도 교회에서 봉사하기 전에 먼저 말씀을 듣고 은혜 받아야 한다. 그래야 장로들도 하나님 편, 교회 편, 목사 편이 될 수 있다.

2) 그렇다면 어떻게 하는 것이 생명나무를 선택하는 것입니까?

〈민 16:25〉 모세가 일어나 다단과 아비람에게로 가니 이스라엘 장로들이 따랐더라.

모세가 모세를 향해 반역하는 다단과 아비람에게 갈 때 이스라엘 장로들이 좇았다. 즉, 항상 모세의 편에 서서 모세가 하는 일에 조력자와 협력자가 되기를 자원한 것이다. 어느 곳이든지 내부의 분열이 있으면 절대로 대업을 이루지 못한다. 아무리 외부에서 강한 공격이 있다 할지라도 내부끼리 뭉쳐 있으면 어떤 환난과 고난도 이길 수 있다. 옳고 그름을 판단하는 것이 아니라 교회를 살리고 교회의 유익을 구하는 것이 중요하다.

Q 당신은 교회의 편, 담임 목회자의 편에 서서 대변한 적이 있습니까? 이것이 하나님 보시기에 기쁨이라는 것에 대해 어떤 생각이 듭니까?

A 하나님은 부족할지라도 하나님이 세운 사람 편이 되는 것을 칭찬하신다.

〈출 24:9-11〉 9모세와 아론과 나답과 아비후와 이스라엘 장로 칠십 인이 올라가
서 10이스라엘의 하나님을 보니 그의 발 아래에는 청옥을 편 듯하고 하늘같이 청
명하더라 11하나님이 이스라엘 자손의 존귀한 자들에게 손을 대지 아니하셨고 그
들은 하나님을 뵙고 먹고 마셨더라.

말씀에 더욱 은혜를 받고 하나님을 사랑하는 사람이 되어야 한다. 예배에 대한 감격이 사라지면 절대로 하나님 앞에 쓰임 받을 수 없다. 자칫 내부의 적이 될 수도 있다. 그러므로 무엇보다 내가 은혜를 받아야 하고 말씀을 통해 감격과 감동을 경험해야 한다.

〈민 14:6-8〉 6그 땅을 정탐한 자 중 눈의 아들 여호수아와 여분네의 아들 갈렙이
자기들의 옷을 찢고 7이스라엘 자손의 온 회중에 말하여 이르되 우리가 두루 다
니며 정탐한 땅은 심히 아름다운 땅이라 8여호와께서 우리를 기뻐하시면 우리를
그 땅으로 인도하여 들이시고 그 땅을 우리에게 주시리라 이는 과연 젖과 꿀이
흐르는 땅이니라.

10명의 부정적인 보고를 받은 이스라엘 백성들은 한 지휘관을 세우고 다시 애굽으로 가자고 했다(민 14:4). 그때 모세와 아론이 이스라엘 자손들의 온 회중 앞에서 무릎을 꿇는다(민 14:5). 이 모습을 보던 여호수아와 갈렙이 옷을 찢으며 이스라엘 백성들에게 호소하고 있는 것이다. 이것은 영적 지도자를 대신하여 방패막이가 되어야 할 때도 있다는 것을 말해 준다. 자칫 이스라엘 백성들에게 공격을 당할 수도 있는 상황에서 여호수아와 갈렙은 먼저 그들이 이스라엘 백성들 앞에 나와 모세를 대신하여 성난 이스라엘 백성들을 상대하고 있다. 바로 이것이 생명나무이다.

〈행 20:17〉 바울이 밀레도에서 사람을 에베소로 보내어 교회 장로들을 청하니.

바울의 요청과 요구에 전혀 거부 반응 없이 순종했다.

〈행 20:36-38〉 [36]이 말을 한 후 무릎을 꿇고 그 모든 사람과 함께 기도하니 [37]다
크게 울며 바울의 목을 안고 입을 맞추고 [38]다시 그 얼굴을 보지 못하리라 한 말
로 말미암아 더욱 근심하고 배에까지 그를 전송하니라.

사도 바울이 앞으로 순교할 수 있다는 말에 모두가 한마음으로 슬퍼하고 격려해 주고 있다. 담임 목회자의 마음을 알고 그의 마음을 풀어 주며 같이 슬퍼해 줄 수 있는 사람이 되어야 한다.

4. 교회의 갈등은 평신도에 의해 생기기도 합니다.

1) 평신도로 인해 어떤 갈등이 생겼습니까?

〈민 14:1-3〉 [1]온 회중이 소리를 높여 부르짖으며 백성이 밤새도록 곡하였더라 [2]
이스라엘 자손이 다 모세와 아론을 원망하며 온 회중이 그들에게 이르되 우리가
애굽 땅에서 죽었거나 이 광야에서 죽었으면 좋았을 것을 [3]어찌하여 여호와가
우리를 그 땅으로 인도하여 칼에 쓰러지게 하려 하는가 우리 처자가 사로잡히리
니 애굽으로 돌아가는 것이 낫지 아니하랴.

10명의 부정적인 보고를 들은 후 불평이 염병처럼 삽시간에 온 백성들에게 퍼졌다. 그리고 그들은 모세와 아론을 원망하며 한탄하고 있다.

〈민 20:2-4〉 [2]회중이 물이 없으므로 모세와 아론에게 모여드니라 [3]백성이 모세
와 다투어 말하여 이르되 우리 형제들이 여호와 앞에서 죽을 때에 우리도 죽었
더라면 좋을 뻔하였도다 [4]너희가 어찌하여 여호와의 회중을 이 광야로 인도하여

우리와 우리 짐승이 다 여기서 죽게 하느냐.

〈민 21:4–5〉 [4]백성이 호르 산에서 출발하여 홍해 길을 따라 에돔 땅을 우회하려
하였다가 길로 말미암아 백성의 마음이 상하니라 [5]백성이 하나님과 모세를 향하
여 원망하되 어찌하여 우리를 애굽에서 인도해내어 이 광야에서 죽게 하는가 이
곳에는 먹을 것도 없고 물도 없도다 우리 마음이 이 하찮은 음식을 싫어하노라
하매.

〈출 16:2–3〉 [2]이스라엘 온 회중이 그 광야에서 모세와 아론을 원망하여 [3]이스라
엘 자손이 그들에게 이르되 우리가 애굽 땅에서 고기 가마 곁에 앉아 있던 때와
떡을 배불리 먹던 때에 여호와의 손에 죽었더라면 좋았을 것을 너희가 이 광야
로 우리를 인도해내어 이 온 회중이 주려 죽게 하는도다.

이스라엘 백성들은 광야 여정 가운데 마실 물과 자신들이 원하는 음식이 없다는 것 때문에 모세와 아론을 공격했다. 모세와 아론이 이스라엘 백성들을 이끄는 광야 여정 가운데 많은 어려움과 고난이 있었지만 백성들의 공격과 비난은 다른 어려움 못지않게 넘기 힘든 산이었다.

Q **당신의 부정적인 모습으로 인해 교회나 구역에 물의를 일으킨 적이 있습니까? 어떤 경우였고, 앞으로 어떻게 해야 할지 나눕시다.**

A **절대로 교회와 교구, 구역 내에서 기도제목이 되는 사람이 되어서는 안 된다.**

2) 그러면 이럴 때 우리는 어떻게 생명나무를 선택해야 할까요?

우리는 무조건 감사해야 한다. 그리고 기도하면서 찬양해야 한다.

〈살전 5:16–18〉 [16]항상 기뻐하라 [17]쉬지 말고 기도하라 [18]범사에 감사하라 이것이
그리스도 예수 안에서 너희를 향하신 하나님의 뜻이니라.

항상 기뻐하라고 말씀하시는 것은 기뻐할 상황을 초월하여 그렇지 않은 상황에서도 기뻐하라는 뜻이다. 또한 범사에 감사하라는 말씀은 모든 일에 감사하라는 것이다. 왜냐하면 지금 우리에게 부는 바람이 당장은 이해가 되지 않을지라도 언젠가 순풍이 되어 축복의 길로 쉽게 항해할 수 있게 하기 때문이다.

Q **당신은 지금 당장 이해할 수 없는 어려움이 있지만 참고 인내하며 생명나무를 선택했을 때 훗날 어떤 축복과 은혜를 경험했는지 나눕시다.**

A **요셉처럼 고난의 얼룩이 진한 사람도 없다. 하지만 그는 매 순간 주님을 의지했고 바라보았다. 그래서 결국 많은 사람들을 다스리는 위대한 총리가 될 수 있었다.**

〈창 50:20〉 당신들은 나를 해하려 하였으나 하나님은 그것을 선으로 바꾸사 오늘과 같이 많은 백성의 생명을 구원하게 하시려 하셨나니.

〈고후 1:19-20〉 [19]우리 곧 나와 실루아노와 디모데로 말미암아 너희 가운데 전파된 하나님의 아들 예수 그리스도는 예 하고 아니라 함이 되지 아니하였으니 그에게는 예만 되었느니라 [20]하나님의 약속은 얼마든지 그리스도 안에서 예가 되니 그런즉 그로 말미암아 우리가 아멘 하여 하나님께 영광을 돌리게 되느니라.

언제나 그 결과는 선이라는 것을 알고, 인내하며 주님만 바라봐야 한다.

〈시 18:1〉 나의 힘이신 여호와여 내가 주를 사랑하나이다.

이 문제도 생명나무를 선택해야만 해결될 수 있다. 제도를 고치고 정관을 고치고 회의를 한다고 해서 해결되는 것이 아니다. 교회의 체질과 성도들의 신앙의 패턴과 시스템을 생명나무 신앙으로 바꾸어야만 가능한 일이다.

5. 교회 갈등은 서로의 의견 차이나 대립 때문에 생기기도 합니다.

1) 교회 안의 의견 대립으로 인해 어떤 갈등이 생겼습니까?

〈행 6:1〉 그때에 제자가 더 많아졌는데 헬라파 유대인들이 자기의 과부들이 매일의 구제에 빠지므로 히브리파 사람을 원망하니.

히브리파 유대인과 헬라파 유대인들이 구제해 주는 문제로 인해 의견 차이를 일으켜 예루살렘 교회 내에서 갈등이 생겼다. 그러나 의견의 일치가 힘들 경우, 그것은 틀린 의견이 아니라 서로 다른 의견임을 알아야 한다.

〈행 15:37-39〉 [37]바나바는 마가라 하는 요한도 데리고 가고자 하나 [38]바울은 밤빌리아에서 자기들을 떠나 함께 일하러 가지 아니한 자를 데리고 가는 것이 옳지 않다 하여 [39]서로 심히 다투어 피차 갈라서니 바나바는 마가를 데리고 배 타고 구브로로 가고.

Q **기독교의 갈등은 지난 2천 년 동안 본질과 제도와의 갈등이었습니다. 그런 사건 때문에 교회가 몸살을 앓던 이야기가 있으면 함께 나누어 봅시다.**

A **제도가 본질을 앞질러서는 안 된다. 그리고 제도는 본질을 지지해 주고 보완해 주는 방향으로 가야 한다.**

2) 그러면 이럴 때 우리는 어떻게 생명나무를 선택해야 할까요?

먼저 본질을 잡아야 한다. 그리고 생명을 붙잡으면서 우리는 한 공동체임을 기억해야 한다. 나를 반대하는 사람도 한몸이라는 의식이 있어야 한다. 그러므로 지체는 서로 싸우면 안 된다.

〈행 6:2-4〉 [2]열두 사도가 모든 제자를 불러 이르되 우리가 하나님의 말씀을 제
쳐 놓고 접대를 일삼는 것이 마땅하지 아니하니 [3]형제들아 너희 가운데서 성령
과 지혜가 충만하여 칭찬 받는 사람 일곱을 택하라 우리가 이 일을 그들에게 맡
기고 [4]우리는 오로지 기도하는 일과 말씀 사역에 힘쓰리라 하니.

열두 사도는 제도(구제나 공궤)에 집중하는 것이 아니라 본질(기도와 말씀 전하는 것)에 집중했다. 우리도 교회의 여러 가지 정관이나 법칙, 원칙을 따지면서 제직회나 공동의회에서 법을 운운하기보다 먼저 신앙의 본질에 집중해야 한다.

〈고전 12:12-14〉 [12]몸은 하나인데 많은 지체가 있고 몸의 지체가 많으나 한 몸임
과 같이 그리스도도 그러하니라 [13]우리가 유대인이나 헬라인이나 종이나 자유자
나 다 한 성령으로 세례를 받아 한 몸이 되었고 또 다 한 성령을 마시게 하셨느니
라 [14]몸은 한 지체뿐만 아니요 여럿이니.

절대로 우리는 하나임을 알아야 한다.

〈고전 12:25-27〉 [25]몸 가운데서 분쟁이 없고 오직 여러 지체가 서로 같이 돌보게
하셨느니라 [26]만일 한 지체가 고통을 받으면 모든 지체가 함께 고통을 받고 한 지
체가 영광을 얻으면 모든 지체도 함께 즐거워하느니라 [27]너희는 그리스도의 몸이
요 지체의 각 부분이라.

절대로 그리스도 안에서 한 공동체임을 알고 분쟁과 다툼이 없어야 한다.

나눔 갖기 서로 나눔

■ 교회 갈등을 일으키는 경우는 어떤 경우인가?

■ 교회 갈등이 담임 목회자에게서 시작되는 경우는 어떤 경우이며, 그럴 경우 어떻게 생명나무를 선택하는가?

■ 교회 갈등이 부교역자 때문에 생기는 경우는 어떤 경우이며, 그럴 경우 어떻게 생명나무를 선택하는가?

■ 교회 갈등이 장로나 중직자에게서 시작되는 경우는 어떤 경우이며, 그럴 경우 어떻게 생명나무를 선택하는가?

■ 교회 갈등이 평신도에게서 시작되는 경우는 어떤 경우이며, 그럴 경우 어떻게 생명나무를 선택하는가?

■ 교회 갈등이 서로의 의견 차이나 대립 때문에 생기는 경우는 어떤 경우이며, 그럴 경우 어떻게 생명나무를 선택해야 하는가?

무기 삼기 생활 적용

1. 인간의 위기는 하나님의 기회가 될 수 있습니다. 교회 갈등도 마찬가지입니다. 당신은 이를 위해 어떻게 기여하겠습니까?

2. 지금 당신이 교회의 화목을 위해 해야 할 것은 무엇입니까?

3. 교회 생활을 하면서 언제나 하나님 편에, 교회 편에, 주의 종 편에 서는 것이 가장 좋습니다. 이것을 생명나무와 연관하여 이야기해 봅시다.

교회에 갈등과 문제가 생기는 것은 제도가 본질을 섬기지 못하기 때문이다. 즉 교회의 기관, 정관, 회의와 같은 제도적 요소들이 하나님의 말씀, 은혜, 순종, 충성, 희생, 감사 등의 본질적 요소를 억누르고 자기 주장이나 의와 공명심을 드러내려고 하기 때문이다. 그렇다면 제도가 본질을 뒷받침하는 본연의 자리로 돌아가기 위해서는 어떻게 해야 하는가? 바로 생명나무 신앙의 시스템으로 체질 개선을 해야 한다. 교회 성도들이 생명나무를 선택하는 신앙을 회복해야 한다. 그럴 때 교회 안에 은혜가 충만하고 말씀이 충만하고, 감사와 찬양과 아멘과 헌신과 희생이 풍성하게 넘쳐나는 것이다. 그런 교회는 결코 갈등을 일으키거나 분쟁을 하지 않는다. 생명나무 신앙 안에서 하나 되어 늘 감사하고 찬송하며 하나님의 나라와 복음을 위해서 헌신하는 행복한 교회, 행복한 성도가 된다.

멘토링

침례교회의 황태자라고 할 수 있는 유명한 크리스웰 목사님이 계십니다. 그분이 몇 년 전에 돌아가셨습니다만, 세계 침례교회에 미친 영향력은 엄청납니다. 그분은 젊었을 때부터 달라스 제일침례교회를 섬기셨는데 사냥하는 것을 좋아했습니다. 하루는 이분이 사냥을 갔는데 노루가 보이는 것입니다. 그래서 정조준을 하고 노루의 머리를 쏴서 사냥에 성공했습니다. '주여, 사냥 첫 시간부터 순적하게 노루를 만나게 해주셔서 감사합니다.' 이런 마음을 가지고 쓰러져 있는 노루에게 갔는데, 아뿔싸! 노루가 아니라 사람이 쓰러져 있는 것이 아닙니까? 얼마나 큰일입니까?

어떤 여자 분이 노란색 옷을 입고 산에 운동하러 갔다가 갑자기 소변이 마려워서 수풀 속에서 일을 보고 있는데 그만 목사님이 노루로 알고 쏴버린 것입니다. 그래도 사람을 죽였는데 어떻게 목회를 합니까? 아무리 젊고 설교를 잘하고 리더십이 있고 능력이 있어도 침례교단 법으로는 살인을 한 목사는 더 이상 강단에서 설교를 할 수가 없었습니다. 그래서 그는 어쩔 수 없이 교인들에게 버림을 받아야 했습니다.

침례교 운영위원들(장로교로 말하면 장로님들에 해당)은 안타까운 마음으로 기도를 했습니다.

"하나님, 크리스웰 목사님 같은 분이 이런 일을 당하시다니, 얼마나 안타깝습니까? 설교도 잘하고 가슴에 꿈이 있고 리더십도 있고 앞길이 창창한 젊은 목사님입니다. 저희 마음이 이렇게 아픈데 주님의 마음은 얼마나 아프시겠습니까? 그러나 사람을 죽였으니 저희도 어쩔 수가 없습니다. 그러니 크리스웰 목사님과 같은 설교도 잘하고 능력이 많은 후임자를 보내 주십시오." 이렇게 기도를 하는데 성령께서 운영위원들의 마음속에 감동을 주십니다. "종들아, 나는 이미 크리스웰을 용서하였다. 그러니 너희들도 용서할 수 없겠느냐? 그리고 크리스웰 목사님을 너희들의 목자로 받아들일 수 없겠느냐? 진정한 사랑은 허다한 죄를 덮지 않느냐."

운영위원들은 두렵고 떨리는 마음으로 침례교 사무총회를 열었습니다. 사무총회는 장로교회의 공동의회를 말합니다. 그 자리에서 운영위원들이 자기들이 응답 받고 감동 받은 이야기를 성도들에게 했습니다. 그러자 성도들이 이구동성으로 이렇게 말하는 것이 아닙니까? "여러분, 우리가 목사님의 허물을 덮읍시다. 그까짓 제도와 규칙이 무엇입니까? 우리는 더 훌륭한 목사님이 될 수 있도록 받들면 되는 것이 아닙니까? 우리가 만들어진 목사님을 원할 것이 아니라, 우리가 크리스웰 목사님을 그런 목사님으로 만들어 갑시다."

그 회의장에 성령께서 임재하셔서 그들로 하여금 모두에게 생명나무를 선택하도록 역사하신 것입니다. 회의에서 잘못을 따지고 부정적으로 말하는 사람들이 하나도 없었습니다. 모두 다 성령의 감동으로 젖은 눈, 뜨거운 목젖으로 "그래, 우리가 하나님의 감동에 순종합시다. 용서와 은혜를 선택합시다. 우리가 생명나무를 선택합시다"라고 했습니다. 그러면서 모든 성도들이 크리스웰 목사님을 용서하고 허물을 덮었습니다. 그래서 크리스웰 목사님은 다시 달라스 침례교회 강단에 섰습니다.

그는 강단에 설 때마다 눈물샘이 터져났습니다. 이 엄청난 사랑을 받고 엄청난 용서를 한 몸에 받고 보니 그는 설교할 때마다 울었습니다. 특별히 주님의 사랑과 용서, 성도들의 사랑과 우애를 설교할 때마다 엉엉 울었다고 합니다. 목사님이 설교를 하면서 우는데 어찌 성도들이 울지 않겠습니까? 어찌 성도들이 어항 속에 있는 금붕어처럼 눈만 껌벅껌벅 하고 있겠습니까? 온 성도가 설교에 은혜 받고 감동하고 사랑하고 섬기는 은혜로운 교회가 되어서 계속해서 성장을 거듭하였습니다. 그래서 온 달라스를 복음화시키고 달라스 제일침례교회는 미국에서 가장 큰 교회로 부흥이 되었습니다. 그리고 그 목사님과 달라스 제일침례교회의 영향으로 인하여 미국의 침례교회가 부흥을 하였고, 우리나라 몇몇 목사님들이 영향을 받아서 우리나라 침례교회까지 부흥을 했던 것입니다. 그리고 크리스웰 목사님은 미국 침례교회 총회장을 했을 뿐만 아니라 세계침례교회 연맹 총재를 두 번이나 하셨습니다. 얼마 전에 세계침례교회연맹 사무총장 덴톤 로츠 목사님이 왔다 간 적이 있지 않았습니까? 제가 그분에게 "크리스웰 목사님을 아느냐?"라고 물었더니 "잘 안다"라고 하면서 "크리스웰 목사님은 미국뿐만 아니라 세계 침례교회에 큰 영향력을 미친 정말 훌륭한 목사님"이라고 하는 것입니다.

그런데 여러분, 누가 그런 훌륭한 목사님을 만들었습니까? 누가 미국 달라스 제일침례교회의 부흥의 역사를 만들었습니까? 생명나무를 선택하고 주님의 용서와 사랑을 경험한 사람들이었습니다. 그들이 생명나무를 선택하고 주님의 은혜를 선택하였을 때 이런 상상할 수도 없는 엄청난 부흥의 역사를 이루었던 것입니다.

– 소강석 목사의 저서 《생명나무》 중에서

다이어리

제17과를 공부한 후의 삶의 변화와 깨달음을 적고 서로 나눕시다.

생명나무학교 The Tree of Life

18과 생명나무로 교회의 영광을 회복하십시오

여러분은 자기를 위하여 또는 온 양 떼를 위하여 삼가라 성령이 그들 가운데 여러분을 감독자로 삼고 하나님이 자기 피로 사신 교회를 보살피게 하셨느니라(행 20:28).

본문 묵상

사도 바울은 에베소 장로들에게 삼가야 하는 이유에 대해 어떻게 말합니까?

자신들을 감독자로 삼으신 이가 누구라고 말합니까?

감독자로 삼은 이유에 대해 어떻게 말합니까?

생각하기 깨워 보기

현대인들은 교회에 대해서 많은 거부감을 갖고 있다. 전통교회나 대형 교회에 대해서는 더더욱 그렇다. 한스킹은 "현대인들은 영성에 대한 욕구, 하나님의 대한 갈망, 영혼에 대한 갈증은 높아갔지만 상대적으로 기성 교회나 전통 교회에 대한 거부감이 더 커진다"라고 예측하였다. 현대인들은 자신에 대한 존재 불안이나 실존에 대한 향수 때문에 신에 대한 갈망이나 영혼에 대한 염원은 높아가지만, 이상하게 사람들이 모이는 교회에 대해서는 거부감을 갖거나 비판적이다. 그래서 교회의 영광이 훼손당하는 경우를 본다.

그렇다면 우리는 어떻게 다시 한 번 교회의 영광성을 회복할 수 있을까? 하나님께서는 자기 피를 흘려 사신 교회라고 말씀하신다. 이 세상에 교회보다 더 존귀하고 영광스러운 곳은 없다. 그럼에도 불구하고 이 땅의 많은 성도들이 영광스러운 교회론을 잊고 살 때가 많다. 생명나무로 교회의 영광을 회복하는 길에 대해 살펴보자.

명심하기 본문 탐색

이 땅에는 교회가 많이 있다. 그런데 갈수록 교회의 영광성이 땅에 떨어지고 사회의 지탄을 받고 있다. 언론과 방송, 시민단체에서는 교회를 표적으로 공격을 하기도 한다. 심지어 교회 내부에서조차도 교회의 어두운 면을 언론에 제보하거나 파당을 만들어 불필요한 소모전을 하다 결국 교회가 분열하는 경우도 본다. 그러면 도대체 교회는 어떤 곳이고 왜 존재하는 것일까? 교회의 진정한 모습과 본질은 무엇일까?

1. 교회는 이 세상에서 가장 영광스런 공동체입니다.

1) 예수 그리스도께서 피 값으로 사셨기 때문입니다.

〈행 20:28〉 여러분은 자기를 위하여 또는 온 양 떼를 위하여 삼가라 성령이 그들 가운데 여러분을 감독자로 삼고 하나님이 자기 피로 사신 교회를 보살피게 하셨느니라.

교회는 이 세상에서 가장 영광스런 공동체임은 말할 나위가 없다. 교회가 만 명, 10만 명, 100만 명이 모이며 휘황찬란한 예배당을 지어 놓았기 때문에 영광스러운 것이 아니다. 하나님이 성육신 사건을 통하여 그분의 피로 사신 거룩한 몸이기 때문에 이 땅에서 가장 영광스런 공동체인 것이다.

Q 그동안 교회에 대해서 어떻게 생각하고 있었습니까? 진정한 교회의 모습은 무엇입니까? 서로의 생각을 나누어 보십시오.

A 교회는 절대로 건물이 아니다. 그리스도의 피로 사셨기 때문에 교회의 영광성을 회복해야 한다.

2) 교회의 머리와 주인이 예수 그리스도이기 때문입니다.

〈엡 1:22〉 또 만물을 그의 발 아래 복종하게 하시고 그를 만물 위에 교회의 머리로 삼으셨느니라.

교회의 머리와 주인은 오직 예수 그리스도 한 분밖에 없다. 스코틀랜드의 언약도들은 국교도에 반대하여 교회의 머리는 오직 예수 그리스도요, 진정한 교회의 주인과 왕은 예수 그리스도라는 그 신앙 고백 하나를 지키기 위해서 28년 동안 1만8천 명이 순교를 하였다. 영국 북부 지역, 낮에는 비바람이 불고 저녁이면 눈보라가 몰아치는 곳에서 언약도들은 살이 썩고 추위와 배고픔에 쓰러지면서도 주님이 교회의 머리되심을 고백하였다.

감옥은 지붕이 없고 지키는 사람도 없었기에 얼마든지 도망갈 수도 있었다. 하지만 그들은 "우리가 도망가서 뭐하나? 차라리 교회의 주인이 주님이시라는 신앙을 지키고 죽겠다"라고 외치고 최후를 맞았다. 언약도의 부인들은 남편의 시체를 수습해 막달렌 교회에서 닦고 그레이프라이어스 교회 뜰에 매장했다. 이처럼 교회의 머리와 주인이 예수 그리스도이시기 때문에 교회는 영광스러운 공동체이다.

Q 교회의 머리가 예수 그리스도라는 사실을 심각하게 생각해 본 적이 있습니까? 초대 교회 성도들은 이 사실을 지키기 위해서 목숨을 걸어야 했습니다. 오늘날 우리의 모습은 어떻습니까?

A 교회를 위해 그 어떤 희생도 감당할 수 있는 각오가 되어 있어야 한다.

3) 교회는 예수 그리스도의 몸이기 때문입니다.

〈엡 1:23〉 교회는 그의 몸이니 만물 안에서 만물을 충만하게 하시는 이의 충만이니라.

교회가 그리스도의 몸이라 할 때 예수님의 사상, 감정, 의지, 명령, 뜻이라고 하는 하나님의 말씀에 의해 교회가 움직여져야 진정한 교회요 하나님의 살아 있는 진리의 기둥인 것이다. 교회는 세상의 어떤 기관이나 동호회나 사적 모임과는 본질부터 다르다. 자꾸 사회적인 잣대로 교회를 평가하려고 하니까 비판적인 시각으로 보게 된다. 그러나 교회는 신비한 영적 공동체이다. 주님의 몸 된 교회라는 말이다. 그 주님이 몸이 되신 교회이기 때문에 영광스러운 것이다.

Q 교회와 세상의 도덕적 기관이 다른 이유는 무엇입니까? 교회의 진정한 본질과 정체성은 무엇이라고 생각하십니까?

A 교회는 그리스도의 몸 된 교회이다. 도덕적 잣대로 평가할 수 없다.

4) 죄와 죽음, 음부의 권세를 이기는 영원한 생명 공동체이기 때문입니다.

〈마 16:18〉 또 내가 네게 이르노니 너는 베드로라 내가 이 반석 위에 내 교회를 세우리니 음부의 권세가 이기지 못하리라.

이 땅에는 많은 종교가 있다. 그러나 진정한 종교, 참 종교의 기준이 무엇일까? 반드시 두 가지 문제를 해결해 주어야 한다. 하나는 죄 문제이고, 또 하나는 죽음의 문제이다. 그러나 어느 종교, 어느 교주도 이 두 가지 문제를 해결해 주지 못했다.

그런데 기독교는 죄 문제와 죽음의 문제를 완전하게 해결해 주는 종교이다. 교회의 주인 되신 예수 그리스도께서 십자가를 통해 모든 죄를 다 해결해 주셨고, 부활을 통해 죽음의 모든 문제를 다 해결해 주셨기 때문이다. 그러므로 교회는 그리스도의 영원한 생명이 풍성한 생명 공동체이기 때문에 이 세상에서 가장 영광스런 공동체인 것이다. 또 몸 된 교회는 예수 그리스도의 생명 공동체이기에 죽음의 권세뿐만 아니라 마귀의 권세도 교회를 이기지 못한다. 사탄과 마귀의 권세로부터 영원히 승리하는 곳이다.

Q 교회가 다른 종교적 시설이나 기관과 다른 이유는 무엇입니까? 교회의 생명성은 어디에서부터 오는 것입니까?

A 교회는 죽음과 죄의 문제를 해결해 주고 풍성한 생명을 공급하는 곳이다. 교회의 생명성은 그리스도의 영원한 생명 때문이다.

2. 교회는 이 세상에 왜 존재할까요?

1) 하나님의 영광과 그의 목표를 위해 존재합니다.

〈요 4:24〉 하나님은 영이시니 예배하는 자가 영과 진리로 예배할지니라.

〈마 4:23〉 예수께서 온 갈릴리에 두루 다니사 그들의 회당에서 가르치시며 천국 복음을 전파하시며 백성 중의 모든 병과 모든 약한 것을 고치시니.

오늘날 많은 사람들은 교회가 먼저 인간을 위해서 존재하고, 사회를 위해 존재하고, 세상을 위해 존재한다고 생각한다. 물론 틀린 말은 아니다. 잘못된 시각이 아니다. 교회는 사회를 위해 존재하고 세상을 위해 존재하고 인간을 위해 존재한다. 그러나 우선순위를 먼저 정립해야 한다. 교회는 사회와 세상을 위해서도 존재하지만 먼저 하나님의 영광과 그 목표를 위해 존재한다는 사실이다.

교회는 무엇보다도 하나님을 기쁘시게 해 드리고 하나님께 영광을 돌리는 일을 해야 한다. 아무리 시대가 변하고 문화가 달라지고 라이프스타일이 바뀐다고 할지라도 교회만큼은 하나님의 영광과 그 목표를 위해 존재해야 한다.

Q 교회가 존재하는 진정한 목적은 무엇이라고 생각하십니까?

A 교회는 하나님의 영광과 그 목표를 위해 존재한다.

2) 교회 자체를 위해 존재합니다.

〈엡 1:23〉 교회는 그의 몸이니 만물 안에서 만물을 충만하게 하시는 이의 충만이니라.

교회는 주님의 몸이므로 만물 안에서 만물을 충만하게 하는 이의 충만으로 자라고 성장하고 확장해야 한다. 하나님의 거소로서 확장되어 만물을 충만하게 해야 한다. 교회는 예수 그리스도의 몸이기에 교회 자체를 위해서 자라야 한다. 교회 자체를 위해서 계속 부흥하고 성장해야 한다. 바로 이 일을 위해서 교회는 예수 그리스도의 제자로 훈련하고 사명자들을 양육하고 전도한다. 그리고 더 많은 교회가 필요하므로 교회를 개척한다.

건축 무용론을 주장하는 사람들이 있다. 그래서 "나는 상가를 임대해서 목회하리라. 우리 교회는 학교 강당을 사용하리라"고 한다. 다 좋으신 말씀이다. 그분들의 목회철학을 반대하지 않는다. 그러나 나중에는 다 건축을 하는 것을 보곤 한다.

교회가 10~20년 동안만 존재한다면 건물이 없어도 되겠지만 그리스도의 몸 된 교회가 역사 속에서 길이길이 존재하고 유지되며 교회 자체를 위해 부흥 성장하려면 성전을 잘 건축해야 한다.

프라하에 가 보면 종교개혁 이후에 종교개혁자들은 사람 자체에만 관심을 가졌지 건물에는 관심을 가지지 않았다. 그러나 가톨릭은 건물을 지었다. 그러고 나서 동구가 공산화가 되어 종교는 거의 말살되고 말았다. 그러나 동구의 공산화가 무너진 이후 건물이 있는 가톨릭교회는 다시 금세 부흥을 했지만 건물이 없는 개신교는 그 모습조차도 찾아보기 힘들게 되었다. 그만큼 건물의 인프라가 주는 이점도 있으므로 학교 건물, 상가 건물을 임대해서 쓰는 것을 너무 자랑할 필요는 없다고 본다. 교회는 그리스도의 몸이기 때문에 교회 자체를 위해서도 존재한다는 사실을 깨달아야 한다.

Q 요즘 각종 방송이나 언론, 시민단체로부터 한국 교회가 지탄을 받고 있습니다. 특히 교회를 크게 건축을 한다거나 빚을 내서 건축하는 것을 두고 비판하는 경우가 많습니다. 여러분은 어떻게 생각하십니까?

A 본질에 충성하면 교회는 부흥하게 되어 있다. 초대 교회는 베드로의 설교에 3천 명, 5천 명이 회개했다. 부흥하는 교회라면 부흥할 수밖에 없는 그 저력이 있게 마련이다. 부흥은 인위적으로 되는 것이 아니다.

3) 세상을 구원하고 섬기기 위해 존재합니다.

〈마 5:14-16〉 14너희는 세상의 빛이라 산 위에 있는 동네가 숨겨지지 못할 것이요 15사람이 등불을 켜서 말 아래에 두지 아니하고 등경 위에 두나니 이러므로 집 안 모든 사람에게 비치느니라 16이같이 너희 빛이 사람 앞에 비치게 하여 그들로 너희 착한 행실을 보고 하늘에 계신 너희 아버지께 영광을 돌리게 하라.

교회가 하나님을 위해서, 교회 자체를 위한다고 해서 세상과 전혀 무관하다고 생각해서는 안 된다. 교회는 세상을 위해서도 존재한다. 그러므로 부지런히 세상을 구원하고 섬겨야 한다.

교회가 세상의 빛과 소금이 되지 못하고 섬기지 못하니까 사회의 지탄을 받고 언론의 공격을 받는 것 아닌가? 복지부의 통계에 따르면 한국의 복지사업은 기독교가 70~80퍼센트를 차지할 정도로 큰 역할을 하고 있다. 그만큼 한국 교회가 보이지 않는 곳에서 섬기고 있는 것은 사실이다. 각종 수해나 재앙이 있을 때마다 한국 교회가 제일 앞장선 것도 사실이다. 그러나 교회는 더욱더 소외되고 그늘진 곳에 더 많은 사랑의 손길을 뻗치고 빛과 소금의 사명의 역할을 감당해야 한다. 왜냐하면 교회가 세상을 구원하고 섬기기 위해서 존재하기 때문이다.

Q 교회가 세상에 존재하는 이유는 무엇입니까? 이 과를 공부하기 전과 후로 나눠서 생각의 변화를 나눠 봅시다.

A 세상에 교회는 꼭 있어야 한다. 교회 때문에 세상이 정화되는 것이다.

3. 지금은 교회의 영광이 회복되어야 할 때입니다.

1) 교회에 주님의 생명(말씀)이 가득하게 해야 합니다.

〈행 20:32〉 지금 내가 여러분을 주와 및 그 은혜의 말씀에 부탁하노니 그 말씀이 여러분을 능히 든든히 세우사 거룩하게 하심을 입은 모든 자 가운데 기업이 있게 하시리라.

이 세상에 영원한 것은 없다. 세상의 부와 권력과 명예도 사라진다. 인간의 생명도 언젠가는 끝난다. 그러나 영원히 사라지지 않는 세 가지가 있다. 첫째, 주님은 영원하시다. 둘째, 하나님의 말씀도 영원하다. 셋째, 하나님의 뜻대로 사는 그리스도인이 영원하다. 그리고 이 영원한 세 가지를 농축해 놓은 집합체가 바로 거룩한 주님의 교회이다. 교회는 주님이 주인과 머리로 계시고, 하나님의 말씀이 성도의 생의 원리가 되며, 말씀을 따르고 지키는 성도들이 모여 있는 생명 공동체이다. 교회는 죽음의 권세를 영원히 이기고 죄와 저주와 마귀의 권세를 영원히 이기는 생명으로 가득한 곳이다. 생명의 주님께서 교회의 머리와 주인이 되셔서 당신의 몸 된 교회에 주님의 생명을 공급하시기 때문이다.

그러므로 교회는 그리스도의 생명으로 가득할 때 교회의 영광성을 회복할 수 있다. 자꾸 교회 안에서 선악을 판단하고 법이나 정관, 회의만을 강조하면 안 된다. 먼저 주님의 생명을 붙잡아야 한다. 교회의 모든 기관과 법과 회의는 주님의 생명을 뒷받침하고 주님이 왕노릇하는 것을 뒷받침하기 위해서 존재해야 한다. 그것이 진정한 신정주의교회요 주님의 생명이 풍성한 교회이다.

Q 교회 안에 있는 생명의 요소와 제도적 요소, 혹은 본질적 요소와 비본질적 요소를 나누어 생각해 봅시다. 어떤 것이 있을까요?

A 구원과 전도하는 것은 생명이지만 전도를 위한 방법, 물품, 전도 행사는 제도 요소이다. 성도를 양육하고 훈련시키는 것은 생명의 요소이지만 중직자를 세우기 위한 모든 노력과 시도는 제도적 요소이다. 교회 부흥은 본질이지만 부흥을 위한 부교역자 청빙 절차, 내규, 정관 등은 제도적 요소이다.

2) 주님의 로드십이 회복되어야 합니다.

〈엡 1:22〉 또 만물을 그의 발 아래 복종하게 하시고 그를 만물 위에 교회의 머리로 삼으셨느니라.

우리는 똑같이 주님이라고 부르지만 영어로는 두 가지 표현이 있다. 첫 번째는 Savior, 즉 나의 구세주라는 뜻이다. “하나님, 나를 이 어려움에서 구원해주세요. 나를 이 환란 속에서, 나를 이 죄악 가운데서 용서해 주시고 구원해 주세요.” 이럴 때 부르는 주님을 Savior라고 한다. 주님은 똑같지만 어느 부분을 강조하느냐에 따라서 Savior로 부를 수가 있다.

두 번째, 또 다른 주님의 이름이 있다. 바로 Lord이다. 주님은 나의 왕이요, 나의 임금이요, 나를 다스리시는 분이란 말이다. "나를 이 어려움에서, 환란에서 구원해 주세요" 하는 신앙도 중요하지만 "하나님! 나의 삶 속에 오셔서 나를 다스리시고, 나의 통치자가 되시고, 나의 왕이 되시고, 나의 임금이 되시고, 나의 지배자가 되어 주시옵소서"라고 고백하는 신앙이 필요하다. 바로 그것이 로드십 신앙이다. 교회는 로드십 신앙이 회복되어야 한다.

머리가 되시는 예수, 대장 되신 예수, 그분이 교회의 주인이시다. 주님은 교회의 손님이 아니다. 왕이시다. 주인이시다. 다시 말해서 교회가 로드십에 의해서 움직여야 한다는 말이다. 주님이 주가 되시고 주님이 왕이 되셔서 로드십에 의해서 통치되는 교회가 될 때 교회의 영광성을 회복할 수 있다. 바로 그 교회가 주님의 헤드십(headship), 머리 되심이 회복된 교회이다. 주님의 헤드십을 인정하며 헤드십에 의해 움직여지는 교회가 세상의 빛과 소금의 사명도 감당할 수 있다. 교회는 사람의 생각으로 운영되는 것이 아니다. 하나님의 말씀에 의해서, 말씀이 가는 데까지 가고, 멈추는 곳에서 멈추고, 말씀이 시키는 대로 교회가 움직이는 것이다. 이것이 바로 진정한 로드십 교회요, 신정주의 교회이다. 그럴 때 교회는 그 영광성을 회복할 수 있다.

Q 주님을 로드(주인)로 고백하는 것과 세이비어(구세주)로 고백하는 것에는 어떤 차이가 있을까요? 개인의 신앙생활과 교회 생활 차원에서 적용한 후에 이야기를 나누어 보십시오.

A 로드로 부를 때에는 상황과는 상관없이 생명나무를 선택하지만, 세이비어로 부를 때에는 자신에게 유익할 때만 주님을 선택한다.

3) 교회의 도덕성을 회복해야 합니다.

〈마 5:13-14〉 [13]너희는 세상의 소금이니 소금이 만일 그 맛을 잃으면 무엇으로 짜게 하리요 후에는 아무 쓸 데 없어 다만 밖에 버려져 사람에게 밟힐 뿐이니라
[14]너희는 세상의 빛이라 산 위에 있는 동네가 숨겨지지 못할 것이요.

요즘 대형 교회들이 사회에서 지탄을 받고 언론에 공격의 대상이 되고 있다. 그런데 요즘 대형 교회뿐만 아니라 개척 교회에 대해서도 마찬가지가 되어버렸다. "왜 요즘은 이렇게 교회가 많이 생겨나는가? 교회는 사회를 위해서 해주는 일이 과연 무엇이란 말인가?" 바로 이런 궁금증과 반항이 현대인들, 기독교를 모르는 사람들, 혹은 안티 기독교 그룹에 내재하고 있는 내용들이다. 물론 현대인들이 교회에 대한 나쁜 생각을 갖게 된 데에는 교회 자체에도 문제가 있다고 본다. 교회가 교회다움을 세상에 보여주지 못했기 때문이다. 무엇보다도 거룩하고 존엄하고 존경스러워야 할 교회가 세상 사람에게 비난받을 빌미를 보여주었기 때문이라고 본다.

교회와 목회자는 누구보다도 높고 투명한 도덕성을 소유해야 한다. 이 시대와 사회가 기업인들과 부호들은 호화판 삶을 살면 살수록 교회와 그리스도인들에게는 높은 도덕과 청빈한 삶을 요구하고 있기 때문이다. 한국 교회와 목회자들이 조금 더 자성하고 근신해야 할 필요가 있다. 물론 안티 기독교 그룹과 언론이 복음의 본질을 왜곡하거나 공격하는 것은 결코 용납해서는 안 될 것이다. 교회와 성도들은 이런 일이 있으면 목숨을 걸고 싸워야 한다. 그러나 그들의 도덕적 요구와 지탄에 대해서는 겸허하게 교훈으로 삼고 교회의 도덕성을 끌어올려야 한다.

Q 교회의 영광성을 회복하기 위한 세 가지 원리가 제시되었습니다. 내 삶 속에서 그 원리들을 어떻게 구체적으로 실천할 것인지를 나눠 봅시다.

A 주의 말씀과 예배를 회복함으로 로드십 신앙을 회복하여 교회에 충성하는 사람이 되어야 한다. 더불어 교회가 지역사회와 사회봉사를 위해 헌신할 때 방관자가 아니라 적극적으로 섬기며 헌신해야 한다.

4. 우리는 교회의 영광을 생명나무로 회복해야 합니다.

1) 교회의 생명을 회복해야 합니다.

〈계 2:1-4〉 [1]에베소 교회의 사자에게 편지하라 오른손에 있는 일곱 별을 붙잡고
일곱 금촛대 사이를 거니시는 이가 이르시되 [2]내가 네 행위와 수고와 네 인내를
알고 또 악한 자들을 용납하지 아니한 것과 자칭 사도라 하되 아닌 자들을 시험
하여 그의 거짓된 것을 네가 드러낸 것과 [3]또 네가 참고 내 이름을 위하여 견디고
게으르지 아니한 것을 아노라 [4]그러나 너를 책망할 것이 있나니 너의 처음 사랑
을 버렸느니라.

〈계 3:1〉 사데 교회의 사자에게 편지하라 하나님의 일곱 영과 일곱 별을 가지신 이가 이르시되 내가 네 행위를 아노니 네가 살았다 하는 이름은 가졌으나 죽은 자로다.

에베소 교회는 이단을 분별하고 희생의 수고와 인내를 가졌으나 가장 중요한 것을 잃어버렸다. 바로 주님을 향한 처음 사랑을 잃어버린 것이다. 교회의 조직과 기관은 형식적으로 남아서 일을 하고 있으나 생명을 잃어버렸다. 사데 교회도 마찬가지다. 형식적인 교회의 이름은 가졌으나 그 안에 생명력이 소멸되어서 죽은 것이나 마찬가지라는 말이다.

교회는 예수님을 머리로 한 생명 공동체이다. 그러므로 생명보다 중요한 것은 없다. 아무리 옳은 소리를 하고 선악을 구별하고 판단해도, 그것이 다른 사람의 생명을 죽이거나 교회의 생명을 훼손하는 일이라면 결코 선악 간에 판단해서는 안 된다. 창세기 31장을 보면 야곱이 외삼촌 라반에게 잘못한 사실이 드러난다. 야곱은 외삼촌 라반의 집에서 야반도주를 했으며 거기다 라헬이 드라빔까지 훔쳐서 나왔다. 그러니까 윤리적으로 도덕적으로는 당연히 지탄을 받아야 한다. 라반이 얼마든지 선악을 판단하고 해롭게 할 수 있다. 그러나 하나님은 "너는 절대로 야곱에게 선악 간에 말하지 말라"고 하셨다.

교회 안에서 선악을 먼저 말해서는 안 된다. 먼저 옳고 그름을 자꾸 따지려 하지 말고 주님의 생명이 무엇인지 물어야 한다. 그리고 주님의 생명이 댐의 물처럼, 저수지의 물처럼 교회 안에 철철 흘러 넘치게 해야 한다. 교회의

생명을 회복해야 한다. 그럴 때 교회는 전도도 잘하고 서로 사랑하고 섬기며 부흥 성장하는 것이다. 교회의 영광성을 회복하며 사회를 향해 선한 영향력을 행하는 능력을 회복할 수 있다.

Q 교회의 생명을 회복해야 한다는 것을 조금 더 구체적이고 실제적으로 생각해 봅시다. 어떻게 하는 것이 교회의 생명을 회복하는 것입니까?

A 아무리 사실이라 할지라도 교회에 덕이 되지 않는다면 침묵할 수 있는 지혜를 가져야 한다. 또한 내 마음에 들지 않더라도 주님의 영광을 위한 일이라면 참여하며 도움을 주어야 한다.

2) 언제나 내 판단보다 생명을 추구하며 생명을 기준으로 봉사하며 눈물로 씨를 뿌려야 합니다.

〈눅 7:37-38〉 37그 동네에 죄를 지은 한 여자가 있어 예수께서 바리새인의 집에
앉아 계심을 알고 향유 담은 옥합을 가지고 와서 38예수의 뒤로 그 발 곁에 서서 울
며 눈물로 그 발을 적시고 자기 머리털로 닦고 그 발에 입맞추고 향유를 부으니.

마리아는 주님의 발 앞에 엎드려 울며 눈물로 발을 적시고 머리털로 닦았다. 그리고 옥합을 깨뜨려 향유를 부었다. 주님의 사랑과 은혜가 너무도 감사해서 눈물로 씨를 뿌린 것이다. 내 판단보다는 먼저 생명을 추구해야 한다. 그래서 욥은 먼저 하나님을 찬양하는 일을 선택하지 않았는가? 요셉은 아무리 보디발의 부인이 유혹을 하고 동침하자고 시험을 해도 하나님 앞에서 생명을 선택하고 도망을 갔다. 거기서 선악을 따지고 논하다가는 금방 무너질 수 있기 때문이다.

교회도 마찬가지다. 언제나 생명을 추구하며 봉사하고 눈물로 씨를 뿌려야 한다. 교회는 생명이 되는 것을 선택하는 원칙과 우선순위를 세워야 한다. 교회의 모든 기관과 성도, 봉사자들은 무조건 생명이 되는 것을 먼저 선택하고 그것을 우선순위로 삼으면서 봉사하고 눈물로 씨를 뿌려야 한다. 교

회에서 봉사하고 희생하는 것도 자기 공명심이나 의를 내세우기 위해서 해서는 안 된다. 그러다가 자기를 몰라 주면 시험에 들고 다른 사람을 시기, 질투하게 되고, 결국 교회 안에 파당이 만들어지고 분열하고 깨지기 때문이다. 그래서 교회는 생명 중심의 판단과 원칙을 세워야 한다. 그리고 말로만 봉사하는 것이 아니라 눈물로 씨를 뿌리며 헌신하고 충성해야 한다. 그렇게 생명나무 신앙으로 가득할 때 교회의 영광성은 회복될 수 있다.

Q 교회에서 봉사하면서 자기 공명심이나 의를 앞세웠던 경험을 나눕시다. 그 결과는 어떻게 되었습니까? 또는 오직 하나님의 은혜와 사랑을 앞세우며 봉사를 했던 경험과 그 결과에 대해 서로 나누어 보십시오.

A 나의 봉사를 알아주지 않은 까닭에 실망하거나 실족했다면 이는 자기 공명심과 의를 앞세운 것이다. 그러면 봉사하면서도 시험들게 되어 생명력도 사라지게 된다. 하지만 은혜와 사랑을 앞세우면 누가 알아주지 않더라도 주님의 일을 하는 것이기에 기쁨으로 할 수 있는 것이다.

〈계 22:12〉 보라 내가 속히 오리니 내가 줄 상이 내게 있어 각 사람에게 그가 행한 대로 갚아 주리라.

3) 회의도 생명나무 패러다임으로 해야 합니다.

〈행 15:6-9〉 [6]사도와 장로들이 이 일을 의논하러 모여 [7]많은 변론이 있은 후에
베드로가 일어나 말하되 형제들아 너희도 알거니와 하나님이 이방인들로 내 입
에서 복음의 말씀을 들어 믿게 하시려고 오래 전부터 너희 가운데서 나를 택하
시고 [8]또 마음을 아시는 하나님이 우리에게와 같이 그들에게도 성령을 주어 증
언하시고 [9]믿음으로 그들의 마음을 깨끗이 하사 그들이나 우리나 차별하지 아니
하셨느니라.

〈행 13:1-3〉 [1]안디옥 교회에 선지자들과 교사들이 있으니 곧 바나바와 니게르라
하는 시므온과 구레네 사람 루기오와 분봉왕 헤롯의 젖동생 마나엔과 및 사울이

라 [2]주를 섬겨 금식할 때에 성령이 이르시되 내가 불러 시키는 일을 위하여 바나바와 사울을 따로 세우라 하시니 [3]이에 금식하며 기도하고 두 사람에게 안수하여 보내니라.

〈고전 12:25-27〉 [25]몸 가운데서 분쟁이 없고 오직 여러 지체가 서로 같이 돌보게 하셨느니라 [26]만일 한 지체가 고통을 받으면 모든 지체가 함께 고통을 받고 한 지체가 영광을 얻으면 모든 지체가 함께 즐거워하느니라 [27]너희는 그리스도의 몸이요 지체의 각 부분이라.

〈행 6:1-4〉 [1]그때에 제자가 더 많아졌는데 헬라파 유대인들이 자기의 과부들이 매일의 구제에 빠지므로 히브리파 사람을 원망하니 [2]열두 사도가 모든 제자를 불러 이르되 우리가 하나님의 말씀을 제쳐 놓고 접대를 일삼는 것이 마땅하지 아니하니 [3]형제들아 너희 가운데서 성령과 지혜가 충만하여 칭찬 받는 사람 일곱을 택하라 우리가 이 일을 그들에게 맡기고 [4]우리는 오로지 기도하는 것과 말씀 사역에 힘쓰리라 하니.

〈고전 14:33〉 하나님은 무질서의 하나님이 아니시요 오직 화평의 하나님이시니라.

〈전 3:16〉 또 내가 해 아래에서 보건대 재판하는 곳 거기에도 악이 있고 정의를 행하는 곳 거기에도 악이 있도다.

교회에서 회의를 하면 무조건 "법이요!" 하는 사람들이 있다. 그리고 자꾸 부정적인 것을 보고 비판하며 허물을 들추어내는 사람들이 있다. 그런 사람들은 자기 딴에는 옳은 소리를 하고 교회를 위해 일하는 것 같지만 결국에는 자기 심령부터 죽게 되어 있다. 뿐만 아니라 다른 사람도 죽인다.

교회는 그리스도의 몸이요 우리는 지체의 각 부분이다. 그러므로 회의를 할 때도 분쟁이 없어야 한다. 그런데 자기 주장만 앞세우다 보면 교회의 생명력이 떨어지고 인간적인 공명심과 선악 판단만 남아, 교회가 이 파, 저 파로 나누어지고 깨지게 된다. 그러므로 교회에서 회의를 할 때도 생명나무 패러다임으로 해야 한다. 교회의 기관이나 정관, 회의 등은 그 자체가 목적이 아니라 교회의 본질적 요소인 말씀, 은혜, 성령 등을 뒷받침하고 섬기기 위한 도구로서 존재하는 것이다. 교회에서 목회자가 기도와 말씀 전하는 일에 전념할 수 있도록 당회나 제직회 회의를 할 때도 생명나무 패러다임으로 해야 한다. 생명나무 패러다임으로 하지 않는 회의는 오히려 교회를 후퇴시키고 갈등하게 만든다. 그러므로 회의를 할 때도 생명나무 신앙으로 해야 한다.

Q **교회에서 회의를 하면서 발생한 문제점을 본 적이 있습니까? 어떤 일들이 있었습니까? 그때 느꼈던 생각은 무엇입니까? 하나님이 기뻐하시는 회의를 하려면 어떻게 해야 합니까?**

A **제도를 앞세우며 그것이 진정으로 교회를 위한 일이라고 생각하는 것은 오해다. 회의는 올바른 하나님의 뜻을 이루기 위함이지, 내 생각을 관철시키기 위한 목적으로 하는 것이 아니다. 절대로 다툼이나 싸움이 있어서는 안 된다.**

〈전 3:16〉 또 내가 해 아래에서 보건대 재판하는 곳 거기에도 악이 있고 정의를 행하는 곳 거기에도 악이 있도다.

4) 진실을 추구하되 필요하면 교회의 덕과 교회의 위상도 세워야 합니다. 진실을 추구해야 하지만 덕이 더 중요합니다.

〈벧후 1:4-8〉 4이로써 그 보배롭고 지극히 큰 약속을 우리에게 주사 이 약속으로
말미암아 너희가 정욕 때문에 세상에서 썩어질 것을 피하여 신성한 성품에 참여
하는 자가 되게 하려 하셨느니라 5그러므로 너희가 더욱 힘써 너희 믿음에 덕을,
덕에 지식을, 6지식에 절제를, 절제에 인내를, 인내에 경건을, 경건에 형제 우애
를, 형제 우애에 사랑을 더하라 7이런 것이 너희에게 있어 흡족한즉 너희로 우리
주 예수 그리스도를 알기에 게으르지 않고 열매 없는 자가 되지 않게 하려니와.

교회 안에서 법과 원칙을 주장하는 사람들이 있다. 물론 그것도 중요하다. 그러나 사실 법으로만 말하면 법으로 구원받을 수 있는 사람이 어디 있는가? 선악으로 구원을 받고 윤리로 구원받을 수 있는 사람이 어디 있는가? 법으로

말하면 자기부터 죽어야 한다. 우리가 사랑과 은혜와 생명으로 구원받은 것이 아닌가? 그러므로 우리는 법과 원칙을 지키고 진실을 추구하되 교회의 덕과 위상을 먼저 세워야 한다. 진실을 추구하되 덕이 더 중요하기 때문이다.

교회 안에 생명이 풍성하면 법과 원칙 등은 저절로 지켜지게 된다. 생명은 없으면서 마른 나무에서 물을 짜듯이 선악 판단을 하면서 쥐어짜면 교회는 병들고 분열하고 다툼이 일어난다. 그러나 교회 안에 무조건 생명이 창일하면 먼저 생명부터 추구하고 생명부터 선택하게 되어 있다. 교회의 덕을 세우고 위상을 먼저 높인다.

Q **교회 안에서 진실을 추구한다면서 오히려 교회를 어지럽히고 피해를 준 적이 있습니까? 혹은 다른 사람이 그렇게 하는 것을 본 적이 있습니까? 그 때 마음이 어땠습니까? 교회에서 정말 중요한 것은 옳고 그름의 사실입니까, 아니면 교회의 덕과 위상을 세우는 일입니까?**

A **사실보다 중요한 것은 생명이다. 생명을 위해서는 융통성이 있어야 한다.**

5) 최종적인 것도 생명을 선택하는 것입니다.

〈행 21:8-14〉 8이튿날 떠나 가이사랴에 이르러 일곱 집사 중 하나인 전도자 빌
립의 집에 들어가서 머무르니라 9그에게 딸 넷이 있으니 처녀로 예언하는 자라
10여러 날 머물러 있더니 아가보라 하는 한 선지자가 유대로부터 내려와 11우리에
게 와서 바울의 띠를 가져다가 자기 수족을 잡아매고 말하기를 성령이 말씀하시
되 예루살렘에서 유대인들이 이같이 이 띠 임자를 결박하여 이방인의 손에 넘겨
주리라 하거늘 12우리가 그 말을 듣고 그곳 사람들과 더불어 바울에게 예루살렘
으로 올라가지 말라 권하니 13바울이 대답하되 여러분이 어찌하여 울어 내 마음
을 상하게 하느냐 나는 주 예수의 이름을 위하여 결박 당할 뿐 아니라 예루살렘
에서 죽을 것도 각오하였노라 하니 14그가 권함을 받지 아니하므로 우리가 주의
뜻대로 이루어지이다 하고 그쳤노라.

〈삼상 23:1-4〉 1사람들이 다윗에게 전하여 이르되 보소서 블레셋 사람이 그일라
를 쳐서 그 타작 마당을 탈취하더이다 하니 2이에 다윗이 여호와께 묻자와 이르
되 내가 가서 이 블레셋 사람들을 치리이까 여호와께서 다윗에게 이르시되 가서
블레셋 사람들을 치고 그일라를 구원하라 하시니 3다윗의 사람들이 그에게 이르
되 보소서 우리가 유다에 있기도 두렵거든 하물며 그일라에 가서 블레셋 사람들
의 군대를 치는 일이리이까 한지라 4다윗이 여호와께 다시 묻자온대 여호와께서
대답하여 이르시되 일어나 그일라로 내려가라 내가 블레셋 사람들을 네 손에 넘
기리라 하신지라.

바울과 다윗의 공통점은, 최종적인 결론을 내릴 때는 언제나 사람의 말을 듣지 않고 하나님의 뜻을 선택하였다는 것이다. 항상 하나님께 묻고 최종적인 판단을 하였다. 교회는 기관도 중요하고 정관이나 법, 회의도 중요하다. 그러나 최종적인 선택은 생명을 선택해야 한다. 아무리 그것이 사실이고 옳은 것이라 하더라도 교회를 깨뜨리고 성도를 죽이는 일이라면 그 모든 것을 덮고 최종적으로는 생명을 선택해야 한다. 그럴 때 교회도 살고 성도도 살고 자기 자신도 사는 것이다.

그런데 지금 한국 교회는 교회의 비본질적 요소인 회의나 정관, 기관 등이 본질적인 요소인 말씀, 은혜, 성령 등을 억누르려고 하고 있다. 생명을 선택하기보다는 선악 판단의 입장에서 결정하려고 한다. 그러니까 교회가 끊임없이 다투고 분열하면서 교회의 영광성은 땅에 떨어지고 사회의 지탄을 받는 것이다. 그러나 이제 생명나무로 교회의 영광성을 회복해야 한다. 언제나 생명을 선택하고 생명을 높이는 교회가 되어야 한다.

교회는 이 땅에서 가장 영광스러운 공동체이다. 아무리 작은 개척 교회라 할지라도 교회는 가장 영광스러운 곳이다. 참으로 초라한 간판과 녹슨 종탑을 자랑하는 개척 교회, 비가 오면 물이 새고 쥐들이 우글거리는 지하실 개척 교회, 열 명 스무 명도 채 안 모이는 작은 교회, 목회자 사례비 하나도 제대로 주지 못하는 초라한 교회라 할지라도, 그 교회가 진정 주님의 이름으로 개척이 되고 주님의 이름으로 간판과 종탑을 달았으며 여전히 주님의 피 묻은 복음을 전하는 교회라면 가장 영광스러운 공동체인 것이다.

또한 목회자의 대물림이나 세습 문제로 비난을 받는 교회, 목회자가 호화판 삶을 산다고 공격을 받는 교회, 교회 재정이 불투명하게 운영된다고 비난 받는 교회, 은행 돈을 많이 빌려 교회 건물을 엄청나게 크게 지었다고 지탄 받는 교회, 그런 교회도 그 교회가 주님의 이름으로 시작되었고 지금도 여전히 주님의 피 묻은 복음을 전하고 있으며, 주님의 이름으로 대물림이 되었고 주님의 이름으로 예배당을 건축하였으며, 주님의 이름으로 회집되고 예배를 드리고 있다면 그 교회는 여전히 이 세상에서 가장 영광스러운 공동체인 것이다.

그러므로 오늘날 우리 성도들은 먼저 교회의 영광성을 알아야 한다. 그리스도인들이 교회의 영광성을 모르니까 교회가 쇠퇴해가고 힘을 잃어가고 있다. 그러기 위해서는 우리의 신앙이 생명나무 신앙으로 바뀌어야 한다. 교회의 시스템이 생명나무 신앙 중심으로 움직여야 한다. 그럴 때 교회는 다시 은혜 중심, 말씀 중심, 본질 중심으로 모이고 섬기며 하나 되는 것이다. 생명나무로 교회의 영광성을 회복해야 한다.

나눔 갖기 서로 나눔

■ 교회의 진정한 모습과 본질은 무엇인가?

■ 교회는 이 세상에서 가장 영광스런 공동체라고 하는 이유는 무엇인가?

■ 교회가 이 세상에 존재하는 이유는 무엇인가?

■ 교회의 영광이 회복되기 위해 교회 내에 어떤 모습이 있어야 하는가?

■ 교회의 영광을 생명나무로 회복한다는 것은 어떤 의미인가?

무기 삼기 생활 적용

1. 교회의 영광성을 훼손하는 일들에는 어떤 것이 있습니까? 서로 이야기를 나누어 봅시다.

2. 한국 교회의 영광성을 다시 한 번 회복하기 위해서 우리는 무엇을 해야 합니까?

3. 생명나무 신앙으로 교회의 영광성을 회복하거나 높였던 경험이 있습니까? 함께 은혜를 나누어 봅시다.

멘 토 링

피터 드러커는 어느 날 수많은 기자들과의 인터뷰에서 앞으로 미국은 목회적 대형 교회에 의해서 이끌려 갈 것이라고 말합니다. 무슨 말인 줄 아십니까? 목회적 대형 교회가 미국 사회를 이끌어 갈 것이라는 말입니다. 그러면 목회적 대형 교회가 무엇입니까? 대형 교회는 대형 교회인데 기업을 닮은 교회도 아니고 사회화된 교회도 아니고 정치적인 교회도 아닌 순수한 교회의 모습을 가진 대형 교회라는 말입니다. 교회의 존재 목적과 본질과 사명에 서 있는 대형 교회라는 말입니다.

이런 교회는 적어도 비영리 단체의 모습을 보여주고, 아주 투명하고 거룩할 뿐만 아니라, 세상에 존경을 받는 교회다운 교회라는 것입니다. 이런 교회는 세상에 엄청난 영향력을 미치고 파급력을 가지며 시대를 주도해 갑니다. 그래서 미국 사회를 이끌어가게 된다는 것입니다.

클린턴 대통령이 집권할 때는 빌 하이벨스 목사가 클린턴을 상담해 주고 윌로우클릭 처치가 미국을 주도하는 것 같았습니다. 부시 대통령이 집권할 때는 릭 워렌 목사가 상담을 해주고 새들백 교회가 시대의 흐름을 주도하였습니다. 우리 한국 교회도 다시 한 번 교회의 영광성을 회복해야 할 것입니다. 그러기 위해서는 교회와 성도들이 선악과적 신앙의 패턴과 체질을 버리고 생명나무 신앙을 회복해야 합니다. "주여! 생명나무로 교회를 섬기며, 교회의 영광을 회복하게 하옵소서".

– 소강석 목사의 '교회의 영광을 회복하라' 설교 중에서

다이어리

생명나무학교를 마친 후의 삶의 변화와 깨달음을 적고 서로 나눕시다.